関西学院大学研究叢書 第146編

多様性のなかのフランス語

フランコフォニーについて考える

鳥羽美鈴
TOBA Misuzu

関西学院大学出版会

目　次

はじめに …………………………………………………………… 1

第 1 章　フランス語圏の特徴 ………………………………… 7

第 2 章　フランス語の地位の揺らぎ──フランス語 VS 英語？ … 13
　2.1　植民地支配とフランス語使用域の拡大 …… 13
　2.2　英語の流入 …… 17
　2.3　国際組織におけるフランス語使用の減少 …… 20

第 3 章　フランス語と「フランコフォニー」……………………… 37
　3.1　「フランコフォニー」の字義 …… 37
　3.2　「フランコフォニー」と「フランコフォン」という範疇 …… 39

第 4 章　国際組織としてのフランコフォニー …………………… 49
　4.1　フランコフォニー国際組織（OIF）の誕生 …… 49
　4.2　組織の全体像 …… 58
　4.3　コモンウェルス（英連邦）との比較からみる特徴 …… 66
　4.4　フランコフォニー各機関の予算 …… 69
　4.5　組織の活動内容 …… 71
　4.6　フランコフォニー国際組織とフランス語 …… 84
　4.7　加盟がもつ意味 …… 88

第 5 章　フランス語とフランス ………………………………… 113
　5.1　フランスと対外戦略としての「フランコフォニー」…… 113
　5.2　フランスの地域語問題 …… 127
　5.3　フランス語防衛の動きと地域語 …… 135
　5.4　フランコフォニー政策を確立するために …… 139

第6章　フランス語とアフリカ諸国 …………………………… 145
　6.1　アフリカの言語的多様性 …… 145
　6.2　メディアと使用言語 …… 152
　6.3　フランス語の果たす役割と社会的影響 …… 156
　6.4　学校教育とフランス語 …… 161
　6.5　アフリカ諸言語の教育 …… 164
　6.6　コートジボワールの事例 …… 169
　6.7　セネガルの事例 …… 179

第7章　フランス語と旧フランス領の作家 ……………………… 197
　7.1　フランス語で書くということ …… 197
　7.2　フランス語の複数性 …… 199
　7.3　言語選択とアイデンティティ …… 203
　7.4　言語選択がもつ政治性 …… 204

おわりに ………………………………………………………………… 209

参考文献 ………………………………………………………………… 213

年表 ……………………………………………………………………… 229
　1．フランコフォニー国際組織設立の歴史 …… 229
　2．フランスの欧州地域少数言語憲章調印まで …… 230

資料 ……………………………………………………………………… 231
　1．フランコフォニー国際組織加盟国・地域（全75メンバー）…… 231
　2．世界のフランコフォニー（2011年）…… 235

はじめに

　グローバル化が著しい国際社会で、フランス語は世界化する英語に対抗し得る数少ない言語であるといえる。その主な要因には、フランス共和国によるフランス語の保護政策と3世紀以上にわたる植民地主義を挙げることができる。征服地の人々にフランス語を話すよう強制したからだけではなく、20カ国以上の国の人々がフランスの軍隊で戦い、フランス語を習得したのである。

　フランスのサロンの隆盛と科学技術の進歩により、18世紀には、ロシアに加えヨーロッパ中の貴族たちによって、フランス語は文化と洗練された作法の媒体として使用され、知識人の間にも拡がっていった。1782年にベルリン・アカデミーが募集した懸賞論文の課題は、「何がフランス語を普遍的たらしめたのか」（Qu'est-ce qui a rendu la langue française universelle?）というものであったが、フランス語が世界のリンガフランカであることは、当時のヨーロッパの人々の共通認識であった。アカデミーは、フランス人のリヴァロルとドイツ人のシュワッブの2名に一等賞を与えた。フランス語は論理性、明晰さにおいて他のどの言語よりも優れた言語である、と説いたリヴァロルの言葉は広く知られている[1]。

　だが、フランス語の影響力は19世紀末頃から次第に弱まり、以前のような輝きを失い始める。外交用語としての地位が根底から揺らぐのは20世紀になってからであるが、ベルサイユ条約（1919年）がそれまでの外交慣例を破って英語とフランス語の二言語で作成されたのが象徴的である。

　そのなかフランスは、フランス語が外交用語であり続けることに固執した。それは、フランス語が現在そうであるように国連の公用語として採択されるまでに、フランスによってなされた外交努力をみれば明らかであ

る。1945年にサンフランシスコで開かれた連合国会議で国連の創設が討議された際、公用語として選ばれたのは英語、ロシア語、そしてスペイン語であり、フランス語はそこに含まれてはいなかった。フランスは、フランス語を加えるよう積極的に働きかけ、それを実現した。2001年の暮れには、国連職員の採用や昇進の際、国連公用語のうち二言語の知識を求めるよう提案している。これもフランス語の地位保全のための戦略といえる。

英語が世界の共通語、いわば世界語として広く使われるようになった20世紀以降、フランス語の普及に向けたフランスの動きは目を引くが、その対外政策に大きく関与するのが本書で詳細をみることになる「フランコフォニー」である。

通常、大文字のFに始まる「フランコフォニー」(Francophonie) は、「フランコフォニー国際組織」(OIF: Organisation internationale de la Francophonie) を指す。フランコフォニー・サミット加盟諸国・地域とその政府によって構成されるが、2011年8月現在、オブザーバー（19カ国）を含め75メンバーを数える。

「フランコフォニー」(la francophonie) という名詞を英語圏、スペイン語圏、ポルトガル語圏などと並ぶ言語共同体の一つと捉え、「フランス語圏」と翻訳することが多い。しかし、実際の「フランコフォニー」は言語共同体の枠組みには収まらない広義なものであり、「フランス語圏」という訳語はその一面を示すのみである。したがって、本書のなかで、「フランス語圏」と記載するときには、もっぱら言語的側面に着目し、フランス語が人々の公用語あるいは共通語として話されている地域・国家を指すこととし、これより広義なものとして「フランコフォニー」という概念を使用する。

なお、「フランス語圏」あるいは「フランス語圏諸国」といっても、ことはそれほど簡単ではない。それというのも、「フランス語を話す」という明確な基準に基づくようであるが、フランス語圏の国はいくつあるか、世界のフランス語話者は何人か、といった質問に正確に答えることはできないからである。

フランコフォニー国際組織の機関誌『世界におけるフランコフォニーの現況』（*État de la francophonie dans le monde*）において、アルジェリアとイスラエルは「フランス語圏」に含まれる。アルジェリアはフランコフォニー国際組織に加盟してはいないが、国民の多くはアラビア語とフランス語の二言語話者であるとし、フランスや他のマグレブ諸国との密接な関係が認められることも、その根拠となっている。アルジェリアはフランスからの独立後、フランス語排除とアラビア語使用を推進したが、旧フランス植民地でフランス語話者が最も多い。フランス語の日刊紙は30紙以上が流通する。イスラエルについては、フランス語話者が多いことと、フランコフォニー国際組織への加盟を申請していることが指標とされる。それに対して、オブザーバーとしてフランコフォニー国際組織に関わるリトアニア、チェコ、スロバキア、スロベニアには、フランス語学習者やフランス語圏からの移民が比較的多いが、「非フランス語圏諸国」と括られる。

　本書では、上記の『世界におけるフランコフォニーの現況』やフランスの百科事典『キッド』（*Quid*）の掲載方法に準拠して、やや煩雑になるが、フランコフォニー国際組織の最高府であるフランコフォニー・サミットへの加盟国・地域及びオブザーバー（全75メンバー、2011年8月現在）、これにフランス語が日常使用されサミットに特別招待も受けた地域と、フランス海外地域を加えたものを指すこととする〔資料1、2参照〕。

　これまでの特別招待国・地域は、アメリカ合衆国のルイジアナ州、北東部のニューイングランド地方、イタリア北西端のバレダオスタ州、アルジェリアなどである。そして、モルドバのように特別招待国から全権加盟メンバーへの昇格もみられる。

　フランコフォニー国際組織は、創設以降メンバー数を着実に増やしているが、独立を果たした旧フランス領アフリカ諸国から組織設立の足がけとなる連合の話をもちかけられた当初、フランスは「新植民地主義」であると批判されるのを危惧し、これに積極的に関与することはなかった。ところが今、アメリカ中心のグローバリゼーション、あるいは「英語帝国主義[2]」に批判的なフランスは、これを打破するものとしてフランコフォニーを位置づけようとしている。フランスは、フランコフォニー国際組織の

メンバーのなかでも常に最大の出資国であり、フランコフォニー国際組織の本部はパリに置かれている。そのために、フランスが旧フランス植民地諸国への影響力を保持するための機関ではないのか、ひいてはフランス植民地帝国の再現ではないのか、とフランコフォニー国際組織を非難する声は絶えずある。多くの人民の血を代償にしてフランスからの独立を果たしたアルジェリアは、先述したように、今なおフランコフォニー国際組織に加盟しておらず、近隣のマグレブ諸国がメンバーとなっても自国が加盟しない理由に政治問題を挙げている。

しかしながら、東欧諸国や旧フランス領ではないアフリカ諸国をも含むまでに拡大したこの組織を、単なるフランスの「帝国的意志」の体現であるとしては、事実を見誤ることになる。同様に、フランス語普及の観点からのみフランコフォニー国際組織を捉えようとすることは、組織が支持する「多様な言語・文化の共生」という肝要な理念をないがしろにすることになる。言い換えれば、フランコフォニー国際組織をフランス共和主義の延長と捉え、その役割はフランス語の優位を守ることであるとの見方があるが、それは正しくない。

そもそも、フランコフォニーやフランコフォニー国際組織に関わる書籍、*État de la francophonie dans le monde*、*L'Année francophone internationale*、*La Francophonie dans le monde* などの存在に比して、国際組織それ自体の存在がヨーロッパの人々の間でもほとんど知られていない[3]。*État de la francophonie dans le monde*（『世界におけるフランコフォニーの現況』）は、フランソワ・ミッテラン大統領が 1984 年に創設した「フランコフォニー高等委員会」（Haut Conseil de la Francophonie）が 2 年毎に発行している。また、*La Francophonie dans le monde*（『世界におけるフランコフォニー』）は、1986 年から出版社と装丁を変えながらも継続的に発行されてきたが、2010 年から *La langue française dans le monde*（『世界におけるフランス語』）へとシリーズを新たにした。

日本国内では、2003 年 3 月以降、フランコフォニー国際組織の設立を記念して、例年同時期にフランコフォニー・フェスティバル[4]が開催され、ケベック、ハイチ、カメルーンなどのフランス語圏諸国・地域の文化

に触れる機会がある。だが、フェスティバルの趣旨のみならず開催自体、広く知られているとは言い難い。また、フランス語教材やフランス語に関わる研究は、これまでフランス共和国と「フランスのフランス語」、いわゆる「標準フランス語」に重点を置いてきたため、日本人の多くはフランス語からフランス語圏諸国・地域ではなくフランス共和国という一国を連想する。このようにしてフランス語そのものの多様性や、フランス共和国はじめフランス語が使用される社会の言語・文化的多様性が見すごされてきた。

　本書は、かかる問題意識に基づき、フランス語を取り巻く世界の多言語状況に触れながら、フランス共和国と「フランスのフランス語」のヘゲモニー（覇権）を廃したところに成立する「フランコフォニー」という概念を提示し、その周知を図ろうとするものである。

【注】

1　Nadeau ; Barlow［2006］=［2008 : 92-96, 126］
2　ロバート・フィリプソンによって「言語帝国主義」という言葉が広まったが、それは「英語と他の言語とのあいだの構造的・文化的不平等の構築と絶え間ない再構築によって、英語の支配が打ち立てられ保持されること」と定義される（Phillipson［1992 : 47］糟谷・三浦［2000］より引用）。
3　2005年10月から2006年9月にかけて、パリに留学中であった筆者が、ベルギーやルクセンブルクから来た学生に問いかけたなかでも、フランコフォニー国際組織を知るものは少数派であった。
4　1970年3月20日、ニジェールのニアメで開催された会議にて、現在のフランコフォニー国際組織の前身となる文化技術協力機構の創設が取り決められたことを記念して、1990年以降、各地のフランコフォン諸国・地域で同時期に文化的祭典が行われている。日本初のフランコフォニー・フェスティバルは、日本フランス語教育学会の呼びかけのもと、フランス、カナダ、ケベック、ハイチ、カメルーンなどの大使館と、東京日仏学院、日仏会館、リセ・フランコジャポネ、大阪日仏センター＝アリアンス・フランセーズなどの助成と協力を得て開催された（西山［2003］参照）。2007年を例に、その内容をみると、会場の一つとなった東京日仏学院では3月21日、フランコフォニー諸国の郷土料理や民芸品の販売、観光案内と併せてフランコフォンによるライヴが行われた。

第1章
フランス語圏の特徴[1]

　フランス語はフランス共和国においてのみ使用される言語ではない。フランス以外にもフランス語が人々の公用語あるいは共通語として話されている地域・国家は数多くあり、フランス語圏は世界に広がっている。

　フランス語が唯一あるいは他の言語と共に公用語（法律によってその国の公式文書などに使用すべきとされる言語）になっている、もしくは事実

表1　主要な公用語

言語	公用語としている国・地域の数
英語	100
フランス語	54
スペイン語	38
アラビア語	21
ドイツ語	15
ポルトガル語	11
オランダ語	8
イタリア語	8
セルビア語	6
ウルドゥ語	6
ロシア語	6
中国語	5
ルーマニア語	5
ヒンディー語	4
タミル語	4

出典：ラバル大学言語政策研究所ホームページ[2]
注1）主権国家だけでなく、フランスの海外領土であるニューカレドニアやレユニオン（フランス語）、スイスのベルン、フリブール（ドイツ語）、ティチーノ（イタリア語）といったカントン（州にあたる）も計上されている。
注2）香港が英語と中国語でカウントされるなど地域の重複がある。

表2 公用語または特別な地位にある主要言語

言語	国の数
英語	45
フランス語	34カ国と6つのフランス海外領土
アラビア語	21
スペイン語	20
ポルトガル語	7
ドイツ語	6
スワヒリ語	5
オランダ語	4
マレー語（インドネシア語）	4
イタリア語	4
中国語	3

出典：*Quid* 2007［2006：816, 833］

上の公用語（法的規定はないが、行政や放送などで用いられている言語）である国・地域は、表1に確認できるように世界五大陸54カ国・地域にのぼり、英語のほぼ半数ながらも、その他の言語を上回る。

　また、表2をみるが、表1とは統計の時期と出典を異にするだけではなく、主権国家のみを取り上げていることで言語の順位に変化が生じている。しかし、フランス語は依然として英語に次いで多くの諸国が公用語と位置づける言語である。割合からすれば、フランス語は世界の約15%の諸国において公用語であり、アラビア語とスペイン語は約10%、ポルトガル語は約4%を占める。

　フランス語がフランス以外で使用されているように、言語がその言語名となっている国以外で用いられているケースはむろん他にもある。フランス語圏と同様に、同一言語が通用する諸国、諸地域を包括する表現として、ドイツ語圏（la Germanophonie）、スペイン語圏（l'Hispanophonie）、ポルトガル語圏（la Lusophonie）などが挙げられる。

　では、フランス語圏の特徴とは何か。第一に、フランス語圏内においてもフランス語の優位性は決して高くはなく、他の言語圏に比して、「フランコフォニー」成立の問題は言語的多様性の問題となっていることであ

る。

　2006年当時、フランコフォニー国際組織加盟メンバーの総人口は約7億1,000万人であったが、メンバー諸国・地域のフランス語話者の総数は1億7,500万人程度に留まる。さらに、このうち「実質的フランス語話者」といえるのは、メンバー総人口の2割に満たない約1億1,000万人であり、残り6,500万人は「部分的フランス語話者」（限られた状況においてのみフランス語使用能力を有する者）と推定された[3]。2010年現在の世界のフランス語話者数は、少なく見積もっても2億2,000万人近くにのぼる[4]といわれる。

　しかし、フランス語の第一言語話者となると、**表3**に確認できるように、その数値は極端に低くなる。また、中国語、スペイン語、英語はもとより、日本語やジャワ語などよりも話者数が少ないことが分かる。

　ここで重要な事実は、「フランコフォニー」を構成する諸国・地域の多くで、フランス語が他の言語と共存していることである。例えば、2007年4月27日の憲法改正以降、マダガスカル語、フランス語、英語の三言語主義をとる**マダガスカル**であるが、フランス語が教育・文化に関わる分野で広く使用されるのに対して、英語使用が主に経済・商業分野で目立つ。だが、官報などは依然としてマダガスカル語とフランス語で書かれている。そのフランス語は必ずしも大衆に浸透しておらず、とりわけ農村の

表3　第一言語話者数順にみる世界の言語　　単位：百万人

1	中国語（標準語）	1,213	11	ジャワ語	84.6
2	スペイン語(カスティーリャ語)	329	12	ラフンダー語	78.3
3	英語	328	13	テルグ語	69.8
4	アラビア語	221	14	ベトナム語	68.6
5	ヒンディー語	182	15	マラーティー語	68.1
6	ベンガル語	181	16	フランス語	67.8
7	ポルトガル語	178	17	韓国語	66.3
8	ロシア語	144	18	タミール語	65.7
9	日本語	122	19	イタリア語	61.7
10	ドイツ語	90.3	20	ウルドゥ語	60.6

出典：*Ethnologue 2009*[5]

子供たちは就学前にフランス語に触れる機会がほとんどないため、彼らの約75％はマダガスカル語の単一言語使用者であるに留まる。また、ハイチでは、1918年以降フランス語が唯一の公用語であったが、1987年憲法第5条によって、クレオール語がフランス語と同等に公用語と規定された。フランス語は、行政、裁判、学校で使用され、書記言語としての特別な地位を維持してはいるが、ハイチの人々のほぼ全員がクレオール語を話し理解するのに対して、クレオール語とフランス語の二言語話者は15％に満たない。フランス語の他に50近くのアフリカ諸言語が話されているといわれる多言語国家の一つ、マリでは、フランス語を公用語と規定するとともに、13の諸言語を国語と認定するが、ハイチにおいてと同様、実質的なフランス語話者は多くない[6]。

フランコフォニー国際組織の機関誌『世界におけるフランコフォニーの現況』[7]に、フランス語が地域によって、母語、日常語、第二言語、あるいは外国語や少数言語として異なるかたちで使用されている様を確認することができるが、フランス語の使用状況が国や地域で大きく異なっているという点は、他の言語圏にみられないフランス語圏の第二の特徴といえる。

一方、フランス語圏におけるこうしたフランス語使用の度合いのばらつきは、フランコフォニーの限界として度々取り上げられる点でもある。母語話者が決して多くはないフランス語が活性化するかどうかは、諸国におけるフランス語学習者の増減にかかっているといえるが、そのなか期待が寄せられるのはアフリカ大陸における学習者増である。「人口増加や教育分野の伸長が見込まれるアフリカは、2050年には世界のフランス語話者の約85％、言い換えれば、21世紀の半ばには世界のフランス語話者7億1,500万人のうちの5億人以上を抱えることになる。さらに、北の諸国で高齢化が進むなか、15歳から29歳までの若年層にみるフランス語話者の割合は、同年、10人のうち9人がアフリカ出身者になる」[8]ともいわれる。

以上の点を考慮して、本書では引き続きアフリカの事例を積極的に取り上げる。

【注】

1 長谷川秀樹「フランコフォニー研究 2003 年」(http : //www1.odn.ne.jp/cah02840/FRANCOPHONIE) から多くの教示を得ている。2011 年 8 月確認。
2 (http : //www.tlfq.ulaval.ca/axl/monde/index_langues-off.htm)、2010 年 12 月更新版、2011 年 5 月確認。
3 *Rapport du secrétaire général de la Francophonie*〔2006 : 137, 139〕
4 *La langue française dans le monde 2010*〔2010 : 9〕
5 (http : //www.ethnologue.com/ethno_docs/distribution.asp?by = size)、第一言語話者が 300 万人以上いる 172 の言語を取り上げているが、そのうち上位 20 言語を抜粋、2011 年 8 月確認。
6 *La langue française dans le monde 2010*〔2010 : 65-69, 182, 183〕
7 *État de la francophonie dans le monde*〔1998 : 548-553〕
8 *La langue française dans le monde 2010*〔2010 : 49〕

第2章

フランス語の地位の揺らぎ
——フランス語 VS 英語？

2.1 植民地支配とフランス語使用域の拡大

　世界の共通語となった英語を数多くの非母語話者たちが懸命になって学ぶ今、フランス語がかつてその輝かしい地位にあって、ヨーロッパの人々のみならず日本人もがこの名声高き言語の習得に努めた時代は想像し難いものであろう。そこで本書では、フランス語がヨーロッパ以外の大陸にも広がりはじめた 17 世紀以降を中心にその拡大の経緯と知識人の言語認識を概観する。

　フランス語の使用域の拡大、それは北米やカリブ海地域を中心とする植民地の開拓と、アフリカ西部を中心とする奴隷売買の開始による。1534 年、ジャック・カルティエがカナダ東部のセントローレンス（フランス語ではサン・ローラン）湾とセントローレンス（同）川の探索をはじめ、現在のカナダを新フランスと名付けてフランス領であることを宣言した。フランス人のカナダ入植開始は 1604 年からである。17 世紀半ばには現在のアメリカ合衆国の中南部（ルイジアナ）やハイチ（サント・ドマング）、グアドループやマルチニックなどのカリブ海（小アンティル諸島）をも領有し、フランス人が入植する。これによってフランス語が北米やカリブ海地域にも広がっていくのである。

　18 世紀になり、フランスの王朝はヨーロッパでも最大のものとなる。それとともにフランス語は王朝・宮廷・貴族社会の言語となっただけでなく、パリやその周辺地域の商人や民衆たちの日常語としても限定的ながら使用された。また東はモスクワから西はポルトガルまでヨーロッパのほとんどすべての王家や貴族階級の言語ともなった。

19世紀以降、本格的な植民地政策に乗り出したフランスはアルジェリアを始めとするマグレブ地域、西アフリカ、中央アフリカからマダガスカル、中東の一部、インドシナ、そして南太平洋の島嶼群を支配下に治める。こうしてフランスはイギリスに次ぐ植民地帝国を築く。
　そしてよく知られるように、フランス植民地主義の「同化」思想にしたがって、無償の義務教育を定めたジュール・フェリー法（1882年）が規模こそ限定されたものの植民地にも画一的に適用された。植民地の学校に通う子供たちはフランスの子供たちと同じ教科書を使って学び、自らの母語や文化は野蛮なものであるという信念を叩き込まれた。その根幹には、「偉大なるフランスの拡大こそが文明化である」と考えるフランス植民地主義の「文明化の使命」という基本原理がある。18世紀の7年戦争でインド・北アメリカの支配権をイギリスに奪われて以来イギリスの後塵を拝してきたフランスが、イギリスに対する対抗意識と「フランス文明こそが普遍文明である」というフランス中華思想から引き出したものである。また、フランス革命期に奴隷制廃止と普通選挙の実施を強硬に主張したグレゴワール神父がフランス本国における方言撲滅運動の推進者でもあったように、当時、人権の擁護はフランス語という「文明」の言語を通してのみ可能であると考えられていた[1]。
　フランス式の教育を完璧に身につけて高等教育まで達した者は限られるが、それを成し遂げたアフリカの旧フランス領出身者で、「ブラック・アフリカのエリートの一人」と自認する元セネガル大統領、レオポルド・セダール・サンゴール（Léopold Sédar Senghor）が挙げられる。
　サンゴールは、1983年5月、アフリカ大陸の出身者として初めて、フランス語の番人ともいえるアカデミー・フランセーズ[2]の会員に推薦され、84年3月に受諾演説を行ってその一員となった。彼が選ばれた理由は、「本場のフランス人よりも格調高いフランス語で詩と散文をものし、長年にわたってフランス文化のエスプリの保存顕彰とその発展に貢献した」というものであった。植民地時代から独立期にかけて、白人教師から教育を受け、ヨーロッパに留学したアフリカ系エリートに共通するが、サンゴールもまた「限りなくフランス人に近いアフリカ人」[3]、さもなければ

「フランスの人間」[4]であった。

　そのサンゴールの言葉を『エスプリ誌』(*Esprit*)（1962年11月）や『リベルテ』(*Liberté*)（全5巻）より引用して以下にみておこう。ここには、フランスから1960年に独立を果たしたアフリカ諸国の一国であるセネガルのみならず、その他の旧フランス領アフリカ諸国のエリートたちが、当時、フランス語という言語をどのように認識していたかがよく示されている。

　サンゴールによれば、「フランス国外にフランス語が拡がった主な理由、そしてフランコフォニーの誕生の理由は文化的使命（ordre culturel）である」。そして、アフリカにおけるフランス語のアフリカ諸言語に対する優位性を次のように5点挙げる[5]。

　　① エリート間では、母語よりうまくフランス語を話すという事実
　　（①' 国際的に支持されている言語であるという事実）
　　② フランス語の語彙の豊かさ
　　③ 従属文を有するフランス語の構文の正確さ、表現の豊かさ、明晰さ
　　④ フランス語の体系性
　　⑤ フランス語の常に道徳を表明するヒューマニズム

「植民地支配者の言語は自分に強制されたものではあるにせよ、選択の機会を与えられていれば、やはり自分はフランス語を選んでいたであろう」というサンゴールを、旧イギリス領ケニア出身の作家、グギ・ワ・ジオンゴは「彼のフランス語に対する追従は叙情的ですらある」[6]と揶揄する。サンゴールにおいては、英語に対するフランス語の優位もまた明白である。彼が強調するのは、英語にはない「フランス語の明晰さ、理性を増す句読法の記号の豊かさ」、そして、「思考や感情の抽象的概念をも表現できるフランス語の単語の力」である。「私は英語の詩を愛好する。ところが、思考、哲学、政治、科学、技術には、フランス語ほど適した言語はない」[7]と断言されるが、それだけではない。「英語の統語は単純すぎるほど」であるのに対して、「フランス語は、時制、叙法、従属節の豊かさに

特徴がある。時制の重視は、理由と結果の論理的なつながりを示す。また、時制の正確さに加えて仮定法をはじめ多くの叙法があることで、ニュアンスを加えることができる」[8]。

さらに、「アフリカがフランス語教育を導入し、支持し、もし強化する」とすれば、「文化的使命」以外に、「経済、文化的発展を導こうとした政治的理由」[9]があると語られる。前述の「言語そのものの質の高さ」に加えて、「国際語としての地位」[10]を有し、「植民地体制下の残骸のなかに見出されたフランス語というこの素晴らしい道具の利用」[11]によって、近代文明への道が開かれると考えたのである。同時に、「フランス語は、我々自身を理解し、我々相互の協力を進展させるためのよりよい道具である」[12]、すなわち、脱植民地後に弱体化したアフリカ諸国間の関係強化に利用できるものとみなされた。

そして今なお、多くの旧フランス植民地諸国では、フランス語話者の人口比は低いにもかかわらず、商業や教育の場でフランス語が使用され続けている。アフリカ諸国のうちには国内に異なる言語を話す多数の民族集団を抱えるなか、国民統一を円滑的に進めるための手段としてフランス語を公用語とし、その教育に力を入れている国もある。

しかし、フランス語という旧宗主国の言語を旧植民地諸国の人々が独立後も使用しているからといって、それが彼らの自由意志に基づく言語選択の結果であるとは限らない。国内外の行政機関が社会的な地位向上を旧宗主国の言語使用と結びつけ、人々は母語の継承に消極的にならざるを得ないといった要因も考えられるからである。

総じて、フランス語使用域の拡大には、フランスの植民地支配とフランス系移民の流動の歴史に加えて、フランス語にいわば一方的に付与された特権的な価値とそのイメージが大きな役割を演じてきたといえるであろう。それはフランス語を教授言語と規定し、現地の諸言語を軽視または排除してきた植民地主義の遺産でもある。

ところが、フランス語の特権的地位はその後、大きく揺らぐことになる。それまでフランス語が君臨していた台座に英語という言語がのし上がってきたからである。

2.2　英語の流入

　1650 年から 1780 年代までは、英語におけるフランス語の借用が、フランス語における英語の借用を上回っていたが、その後、両言語の関係は逆転していく。20 世紀後半になってもフランス語に占める英語の割合は 2.5 ％であり、数値からみれば少ないようだが、重要なのは、その大半が日常よく使われる単語である[13]という点である。一例として、*leader*（1822 年初出、*le chef d'un parti politique, meneur* の同義語）、*star*（1919 年初出、*étoile, vedette* の同義語）、*week-end*（ジロドゥー（Giraudoux）の作品に 1926 年初出、*la fin de semaine* の同義語）、*marketing*（1944 年初出）、*feed-back*（1950 年初出、*rétroaction* という同義語はほとんど使用されていない）、*scoop*（1957 年初出、1985 年の法令により *primeur* または *exclusivité* という同義語の使用が推奨されたが、借用語はその後も広く使用されている）、*scanner*（1964 年初出、*numériser* の同義語）、*news*（*les informations en général* の同義語）、*mail / E-mail*（*courrier électronique / courriel / mél* という単語も併用される）、その派生語の *mailing*（*publipostage* という単語の使用が公式には推奨される）など[14]が挙げられる。

　こうした事態を、「フランス語への英語の乱入」あるいは「フランス人の英語の濫用」と捉えて憂慮する声は、20 世紀初頭から多くのジャーナリストや作家の間で聞かれた。

　例えば、1912 年 4 月 27 日付のケベックの日刊紙 *La Tribune de Sherbrooke* には、フランス語の熱心な擁護者で、*Dictionnaire de bon langage*（初版 1914 年）の著者として知られるカナダ人のエティエンヌ・ブランシャール（Étienne Blanchard）の署名が入った次のような記事が掲載されている。

　　フランス系カナダ人のナショナリティーを脅かすあらゆる危険のうち最も恐るべきもの、それはイギリス風語法（anglicisme）である。（略）それは、我々をあらゆるところで観察し、つけ狙う敵である。

我々の言語に入り込み、一つのフランス語を追い払うと、勝ち誇ったように手を叩く[15]。

また、フランスの比較文学者ルネ・エティアンブル（René Etiemble）による『あなたはフラングレ（franglais）を話すのか』（1964）は、英語化に警鐘を鳴らす書としてよく知られている。「フラングレ」とは、いうまでもなくフランス語（français）と英語（anglais）の合成語である。そこには以下のようにある。

18世紀から既にイギリスかぶれの連中はいたが、まだ単語の侵入の問題はさほど大きくなかった。しかし、無駄な単語の借用のほうは既に大きな問題となっていた。（略）イギリスかぶれの連中は、英語の単語をフランス語と置き換えるのを拒んだ。（略）ナポレオンがイギリスと戦闘中にも英語の借用は続いたが、イギリスがナポレオンに勝ち、世界一の強国となって、英単語はフランス語にさらに無遠慮に侵入した[16]。

しかし、英語の流入は「学校のフランス語教育も無に帰する」[17]ほどであったとは思えない。アメリカが「フランスの商業・産業を植民地支配するために、外交・文化語として依然として高い地位にあるフランス語を妨害しなければならなかった」[18]というエティアンブルの表現も誇張されすぎている。当時、「フランス軍人が訓練中に英語で互いに話す」[19]といった状況もみられたことを考慮すると、英語はエティアンブルがいう「イギリスかぶれ」や「イギリスひいき」の者によってのみならず、もっと多くの人々に自然なかたちで取り込まれていたと考えるのが妥当だろう。

エティアンブルの前掲の書には、極端に英語化されたフランス語の単語や表現がみられるが、プチ・ラルース事典（Petit Larousse）にも掲載されていない語が多い。そこから、あたかも極端に英語化されたフランス語に取り囲まれて生活していたかのように描かれた当時のフランス語話者にとってさえ、本書を読むのは困難であっただろうと推測される。他方、エテ

ィアンブルは言語と、経済・文化・政治のつながりをよく認識しており、当時の本当の危機は、フランスの政治的影響力の喪失にあった[20]といえる。

1786 年の英仏通称条約の締結時に、イギリス商品が大量に流入して、フランスの産業は不振に陥り、当時の凶作と重なって各地で騒乱が頻発した歴史が想起されるが、20 世紀、フランスの産業が再び危機に直面することになったのは、イギリスに代わり、アメリカの企業の進出が相次いだことによる。当時の切迫感は、フィガロ紙に、「我々の商業、続いて経済は、国際的な金融権力によって間もなく危機に陥るであろう」[21]とあることからも伝わってくる。「国際的な金融権力」とは、むろんアメリカ合衆国のそれを指す。

今日でも、英語のフランス語への「侵入」をフランス語のアイデンティティへの脅威とする論調が聞かれるが、フランス語の歴史をたどれば、言語というものは相互のやりとりにとって養われてきたことに気づく。フランス語は他の言語から借用したと同時に借用されてきた。英語との関係においても同様である。したがって、フランス語が英語の攻撃に曝される、といった見方は成立し得ない。あたかも英語がフランス語に入ったかにみえる単語のうちには、それ以前に、古フランス語から入って英語の語彙として定着したものも数多い。例えば、*toaster*（英語の借用語として 1762 年初出、12 世紀の古フランス語 *toster* に由来）、*sport*（同 1828 年初出、古フランス語の *desport* または *deport* に由来）、*interview*（古フランス語の *entrevue* に由来）などがある。このように、他から入ってきた表現によって、双方が豊かになりながら変化していくのは言語の特質であり、それはむしろ健全な証といえる[22]。

また、フランス語と対置される英語とて多様な変種をもつことが忘れられがちである。現に、南アフリカや、インド、カナダ、その他の諸国の英語母語話者の間で、時に相互理解が困難なほど英語は差異化しつつある。

ジェームズ・ウォーカー著『英語表現への態度』(2000) によれば、調査対象を言語の「純粋性」に固執する「パリの知的エリート」ではなく学生たちにしたところ、英語表現を脅威とする意識は認められなかった。調

査のなかで聞かれた「英語表現の問題だって？　もっと重要なことがあるさ」という声が大衆の態度を代表する。そして著者は、社会のアメリカ化、フランコフォニー国際組織、アカデミー・フランセーズといったものに向けられる人々の態度を分析したうえで、これを「無関心」という言葉で結論づけている[23]。

2.3　国際組織におけるフランス語使用の減少

　現在、英語メディアの通用度は他の言語のものに比べて格段に高く、英語は国際語と呼ばれて多岐の分野でその使用域を広げている。それはこれまでのフランス語の使用域にも及ぶ勢いである。
　フランスがこれまで誇っていた外交用語としての地位は、それと反比例するように下落を見せ始めるが、衝撃的であったのは、1919年のベルサイユ条約がそれまでの外交慣例を破って英語とフランス語の二つの言語で作成されたことであろう。では、その後のフランス語の国際的な地位はどのように推移しているのであろうか。国連、そしてアフリカとヨーロッパの関連組織における言語規定とフランス語の使用状況をみていこう。

2.3.1　国連

　国連では、加盟諸国で使用される130の言語のなかから、英語、アラビア語（1973年から）、中国語、スペイン語、フランス語、ロシア語の6つの言語を「公用語」（langues officielles）に定めている。そのため、これら6つの国連公用語でホームページへのアクセスが可能である。6つの言語は、総会と安全保障理事会の「作業言語」（langues de travail）でもあるが、事務局の作業言語は 英語とフランス語に限られる。
　なお、「公用語」と「作業言語」の区別は明確にされておらず、組織によっては、翻訳する文書の種類に応じて、公用語を使用するか作業言語を使用するかを決定している。あるいは、口頭演説の通訳に使用する言語を公用語とし、文書の翻訳に使用する言語を作業言語として区別している組織もある。いずれの場合にせよ、公用語と作業言語には同数の同言語が選

ばれるか、さもなければ、作業言語の総数は公用語を下回り、公用語と規定された言語のうちのいくつかを作業言語に選定している。

　国連における言語使用の状況を第64回国連総会（2009年9月）にみるが、表4を一瞥すると、フランス語は他言語に比べてかなり優位にあるように見受けられる。しかし、それはこのデータが国連メンバー全体をカバーするものではなく、フランコフォン諸国のうち、第64回国連総会または第35回ユネスコ総会にて代表者が発言した諸国のみを取り上げているためである。フランス語の地位は、フランコフォニー事務総長が度々フランコフォニー・サミットで訴えているように、むしろ「危機的」な状況にあるといってよい。かつて事務総長は、国連総会の最中にアルジェリアとイタリアというフランコフォニー国際組織非加盟諸国がフランス語を使用したのを称える一方、次のように語っている。

　　我々フランコフォニー国際組織のメンバーのうち、フランス語を使用しているのは23カ国のみである。10カ国は英語を使用した。また、多くのメンバーはフランス語の文書を配布する努力をしていない。（略）メンバーが諸国際組織においてフランス語使用を促進しようという努力をしていないのは嘆かわしいことである[24]。

　だが、フランコフォニー国際組織のメンバー諸国に、フランス語使用が減少した責任を押し付けることはできない。なぜなら、国連の制度的な問題を指摘できるからである。

　国連の翻訳者は、原則上、英語を含む3つの言語の運用能力を有することになっているが、ポストの減少に伴ってフランス語の翻訳者は減少しているうえ、彼らの能力も一律ではない。その結果、全文書の85％から90％が英語で書かれ、先述の6つの国連公用語で公式文書を同時提供するという原則には適っていない。通訳者の場合は、母語に加えて2つの国連公用語の運用能力が必要とされる。そして、公式会合においては6つの国連公用語の通訳サービスが利用可能とされるが、公用語の選択は任意で、会合では英語の単一言語使用となることが多い。また、国連公用語以外の言

語の使用も可能であるが、国家が自ら通訳を手配して費用負担しなければならないため、通常は英語が選択される。国連の職員採用の際には、「英語を書いて話す能力が必須」とされるのに対して、フランス語の能力は「あれば望ましい」という程度に留まる。

このように英語使用が優勢であるなか問題視すべき点は、英語を運用できるバイリンガルの外交官を必ずしも擁していない発展途上のフランコフォニー諸国常任代表が交渉から排除されるといった事態が発生していることである。

国連教育科学文化機関（UNESCO ユネスコ）

ユネスコ総会の公用語は、英語、アラビア語、中国語、スペイン語、フランス語、ロシア語、ヒンディー語、イタリア語、ポルトガル語の9言語である（内部規定54条）。

他方、総会の内部規定50条と、執行委員会の内部規定21条に、英語、アラビア語、中国語、スペイン語、フランス語、ロシア語の6つの言語が作業言語であると定められており、総会と執行委員会に関わるすべての公式文書は、これら6つの作業言語に翻訳される。そして、事務局では英語とフランス語の2言語のみが作業言語とされ、上記の文書以外のものは、これら2言語で記される決まりとなっている。しかし、大半の起草文書は英語で作成されており、後からフランス語版が準備されるか、ときには翻訳されないケースもある。非公式の会合における英語の優位も顕著である。

口頭発言での言語使用に関しては、2009年10月に開催された第35回ユネスコ総会を例にみてみよう。これにはフランコフォニー国際組織の70メンバーが参加したが、フランス語のみを使ったのが28メンバーであるのに対して、15メンバーは英語のみを使用し、8メンバーはフランス語とその他の言語を併用、5メンバーは自国の公用語のみを使用するか英語を織り交ぜて発言したことが確認されている。表4は、参加国の一部を示すにすぎないが、ルワンダ、セイシェルのように英語が公用語となっている諸国も含め、フランス語が外国語と位置づけられるブルガリア、カンボジ

アのようなところでも、ユネスコでは国連に比べてフランス語使用が増えていることに注意したい。また、表にはないが、フランコフォニー国際組織非加盟諸国のうちには、アンゴラ、アゼルバイジャン、イラン、ローマ教皇庁のようにフランス語のみを使用した例もある。他方、ドイツ、イタリア、モンテネグロ、そして日本の代表者はフランス語と英語の両言語を併用した[25]。

　国連総会とユネスコ総会における言語使用から改めて確認できることは、第一に、フランス語が唯一の公用語となっている諸国におけるフランス語の優位は、依然として確固たるものであること。第二に、フランス語が複数の公用語の一つである諸国において、アラビア語のように他に国際組織の公用語とされる言語がある場合でも、フランス語が優先使用されること。第三に、フランス語が外国語である諸国においては、英語優位が目立つが、英語やフランス語以外の各国の公用語が国際組織の公用語と重なる場合、カーボベルデ、レバノン、チュニジアの例にみるように、これらの言語（ポルトガル語、アラビア語など）とフランス語または英語が併用される国が多いことである。

表4　国際組織におけるフランコフォン諸国の使用言語

国名	公用語 （フランス語以外）	第64回国連総会 （2009年9月開催）	第35回ユネスコ総会 （2009年10月開催）
I．フランス語が唯一の公用語である諸国			
ベナン	—	フランス語	フランス語
ブルキナファソ	—	フランス語	フランス語
コンゴ	—	フランス語	フランス語
コンゴ民主共和国	—	フランス語	フランス語
コートジボワール	—	フランス語	フランス語
フランス	—	フランス語	フランス語
ガボン	—	フランス語	フランス語
ギニア	—	フランス語	フランス語
マリ	—	フランス語	フランス語
モナコ	—	フランス語	フランス語
ニジェール	—	フランス語	フランス語
セネガル	—	フランス語	フランス語

トーゴ	—	フランス語	フランス語
Ⅱ．フランス語が複数の公用語の一つである諸国			
ベルギー	ドイツ語、オランダ語	フランス語	フランス語
ブルンジ	キルンジ語	フランス語	フランス語
中央アフリカ	サンゴ語	フランス語	フランス語
ハイチ	クレオール語	フランス語	フランス語
ルクセンブルク	ルクセンブルク語、ドイツ語	フランス語	フランス語
スイス	ドイツ語、イタリア語、ロマンシュ語	フランス語、英語	フランス語
カメルーン	英語	フランス語	フランス語
カナダ	英語	—	英語、フランス語
コモロ	アラビア語、コモロ語	フランス語	フランス語
ジブチ	アラビア語	—	フランス語
赤道ギニア	スペイン語	フランス語	—
マダガスカル	英語、マダガスカル語	フランス語	フランス語
ルワンダ	英語、キニャルワンダ語	英語	フランス語
チャド	アラビア語	フランス語	フランス語
セイシェル	英語、クレオール語	英語	英語、フランス語
バヌアツ	英語	英語	—
Ⅲ．フランス語が外国語である諸国			
アルバニア	アルバニア語	英語	—
アンドラ	カタルーニャ語	英語、スペイン語、フランス語	フランス語
アルメニア	アルメニア語	英語	英語
オーストリア	ドイツ語	英語	英語
ブルガリア	ブルガリア語	英語	フランス語
カンボジア	カンボジア語	英語	フランス語
カーボベルデ	ポルトガル語	フランス語、ポルトガル語	—
キプロス	ギリシャ語、トルコ語	英語、フランス語	英語
クロアチア	クロアチア語	英語	英語
ギリシャ	ギリシャ語	英語、フランス語	英語、フランス語、ギリシャ語

第 2 章　フランス語の地位の揺らぎ——フランス語 VS 英語？　25

グルジア	グルジア語	英語	英語
ギニアビサウ	ポルトガル語	英語	—
ハンガリー	ハンガリー語	英語	英語
ラオス	ラオ語	英語	—
リトアニア	リトアニア語	英語	英語
モルドバ	モルドバ語	英語	—
モザンビーク	ポルトガル語	英語、ポルトガル語	英語、ポルトガル語
ポーランド	ポーランド語	英語	英語
ルーマニア	ルーマニア語	英語、フランス語	英語、フランス語
サントメ・プリンシペ	ポルトガル語	フランス語	—
スロバキア	スロバキア語	—	英語
スロベニア	イタリア語、ハンガリー語、スロベニア語	—	英語
チェコ	チェコ語	英語	英語
ウクライナ	ウクライナ語	英語	英語、ウクライナ語
ベトナム	ベトナム語	英語	英語
ドミニカ国	英語	英語	—
エジプト	アラビア語	英語、アラビア語	アラビア語
ガーナ	英語	英語	英語
レバノン	アラビア語	英語、アラビア語、フランス語	英語、アラビア語、フランス語
モロッコ	アラビア語	英語、アラビア語	アラビア語、フランス語
モーリシャス	事実上英語	英語、フランス語	英語、フランス語
モーリタニア	アラビア語	英語、アラビア語	アラビア語
セントルシア	事実上英語	英語	英語
チュニジア	アラビア語	英語、アラビア語、フランス語	アラビア語、フランス語

出典：*2ᵉ Document de suivi du Vade-mecum relatif à l'usage de la langue française dans les organisations internationales, octobre 2010*［2010：9-16］より筆者作成

注1）諸国のフランス語以外の公用語のうち、国連総会ならびにユネスコ総会で公用語とされている言語には波線を、ユネスコ総会のみで公用語に認定されている言語には下線を附してある。

注2）国連とユネスコいずれかの総会で代表者の発言がなく、使用言語が特定できない場合は、ハイフン（—）で示される。

2.3.2　アフリカの組織

アフリカ連合（UA / AU）

　2010年現在、アフリカ連合に加盟する53カ国のうち、30カ国がフランコフォニー国際組織のメンバーでもある。ただし、フランコフォニー国際組織のメンバーであることは必ずしもフランス語圏の国であることを意味しておらず、その数は英語圏の諸国（22カ国）を下回る。英語圏、フランス語圏に、アラビア語圏（8カ国）、ポルトガル語圏（5カ国）、スペイン語圏（1カ国）が続くが、フランス語圏諸国のうち、フランス語を公用語としている国家の代表はフランス語で答弁するのが普通である。

　アフリカ連合の言語規定（憲章25条）には、「連合の作業言語は、可能であれば、アフリカ諸言語、アラビア語、英語、フランス語、ポルトガル語」とあり、2003年からはこれにスペイン語が加えられた。また、アフリカの言語の一つとしてスワヒリ語が明示された。

　しかし、情報発信は、英語、フランス語、ポルトガル語、アラビア語という4つの公用語でなされ、アフリカ連合のホームページをみても明らかなように、なかでも英語とフランス語が多く使用されている。公式会議でも先述の4言語が使われはするが、英語の使用が目立つ。

　報告書でよく使用されるのは、英語とフランス語であるが、両言語の使用範囲には一定の区分が見受けられる。フランス語は、サハラ以南アフリカのフランス語圏諸国に向けた文書において使用されるのに対して、英語は、英語圏の諸国や、中欧、東欧、アジア、アメリカ、そして他の国際組織に関わる文書に使われる。このように、両言語の使用域は等しく二分されるのではなく、英語の使用域がフランス語の使用域を大きく上回っている。起草文書の使用言語をみても、約70％が英語で、フランス語は約30％にすぎない。

　職員の採用には、連合の公用語のうち2つの言語ができる者を優先するとしているが、必須は1言語のみである。そして、求職ポストの通知は4つの公用語でなされているのに対して、申請には英語かフランス語を使用しなければならない。アフリカ連合の本部はエチオピアの首都のアディスアベバに置かれているが、このように英語が有力な地域に本部があること

が、地元の人間、つまり英語話者の採用を後押ししている面もある。

　他方、2008年2月にアフリカ連合委員長に就任したガボン出身のジャン・ピン（Jean Ping）による積極的なフランス語使用が、新たな変化を生んでいる。ピン委員長は英語とフランス語の完全な二言語話者であるといわれるが、多くの英語話者を前にしても、フランス語だけを使用する。その影響もあって、ムウェンチャ（Mwencha）アフリカ連合副委員長は就任以来、毎年2週間、フランスの養成センターに通ってフランス語の習得に努めている。

　また、他の組織と同様、各言語の作業量に見合った数の通訳・校正・翻訳者が配置されていないという問題を抱えるが、それを解消するために、アフリカ連合とフランコフォニー国際組織が連携して、パリ市内の学校で通訳者・翻訳者を養成する計画が進められている[26]。

西アフリカ経済通貨同盟（UEMOA）

　加盟メンバーの以下全8カ国、ベナン、ブルキナファソ、コートジボワール、ギニアビサウ、マリ、ニジェール、セネガル、トーゴはフランコフォニー国際組織のメンバーでもある。

　組織の公用語は、フランス語である。報告書や文書はフランス語で作成され、西アフリカ経済通貨同盟のホームページ（www.uemoa.int）では、フランス語の一言語使用となっている。組織の略称もフランス語のみで、英語名のみのユネスコとは対照的である。そして、幹部全員がフランス語話者である。

西アフリカ諸国経済共同体（CEDEAO / ECOWAS）

　全15カ国が加盟するが、そのうち以下10カ国がフランコフォニー国際組織のメンバーでもある。ベナン、ブルキナファソ、カーボベルデ、コートジボワール、ギニア、ギニアビサウ、マリ、ニジェール、セネガル、トーゴである。

　規定上の公用語は、英語、フランス語、ポルトガル語であるが、情報公開には、フランス語と英語のみを使用している。文書の大半は英語で作成

され、図書館に登録された文書の約3分の1程度がフランス語である。

西アフリカ諸国経済共同体のホームページ（www.ecowas.int）では英語版とフランス語版を確認できる。だが、ホームページアドレスに共同体の英語名が使用されていることからも明らかなように、実質的な第一言語は英語で、公式文書をフランス語ではシステム上閲覧できないことがある。

公式会議では、英語とフランス語の二言語ともによく使われるが、非公式会議となると英語使用が中心的となる。共同体の公用語の一つであるポルトガル語の通訳・翻訳は事実上なされていないといってよい。

職員の採用にあたってはバイリンガルを優先するとしているが、それは必要条件ではなく、各言語の使用者の割合を定める規律もない。その結果、過半数の職員が共有する言語は英語の一言語となっている。職員全体の64.1％が英語話者（そのうち7.4％はフランス語も使用可能）、35.2％がフランス語話者（そのうち64.7％は英語も使用可能）、0.7％がポルトガル語話者（その全員がフランス語、英語も使用可能な3言語話者）である[27]。

中部アフリカ諸国経済共同体（CEEAC / ECCAS）

11カ国の加盟国のうち、フランコフォニー国際組織のメンバーでもある国が10カ国ある。公用語は英語、フランス語、スペイン語、ポルトガル語とされ、公式の会議ではこれら4つの言語が使用されるが、なかでもフランス語の使用頻度が高い。公開文書は、普通、公用語の4言語で閲覧できる。しかし、ホームページ（www.ceeac-eccas.org）上では、フランス語使用に限られる。なお、ホームページアドレスには、フランス語、英語の順番に共同体の略称が並んでいるのが確認できる。

西アフリカ経済通貨同盟と共に、フランス語が優位にある数少ない国際組織の一つといえるであろう。

以上、アフリカの諸組織を西アフリカに重点を置いて概観したが、各組織の加盟国に5割や6割強のフランコフォニー国際組織のメンバーが含まれていたとしても、英語がフランス語より優位に立つ傾向は変わらないこ

とが分かる。英語圏の諸国が多く加盟する東アフリカの共同体についてはここで取り上げなかったが、英語がより優位にあることはいうまでもない。

2.3.3　ヨーロッパの組織
欧州連合（UE / EU）

　欧州統合において、フランスは常に中心的な役割を果たしてきた。欧州連合（以下、EU）の出発点が、1950年5月9日にフランス外相シューマンが発表した「シューマン宣言」にあることは、周知のとおりである。だが、EU 拡大につれて、組織内の英語使用の増加と、フランス語使用の相対的な減少が進んでいる。

　27カ国が加盟する EU は、全加盟国の公用語を EU の公用語とする多言語政策をとり、23の言語を公用語に定めるが（2011年現在）、そのために膨大な予算を割いて通訳や翻訳の人員を配している。EU の原則に立ち返るため、1993年にドロール委員会のもとで発効されたマーストリヒト条約（128条1項）の規定をみるが、そこには「共同体は、加盟国及び地域の多様性を尊重し、同時に共通の文化的遺産を前面に押し出しながら、加盟国の文化の育成に貢献する」として、共同体内部における文化の多様性の尊重が明示されている[28]。2009年12月1日発効のリスボン条約もまた、「連合は文化的、宗教的、言語的多様性を尊重する」（22条）ことを再確認した。そのなか、事実上の公用語とされてきたのが、英語とフランス語の二言語である。

　ところが、ドイツ語やその他の言語よりはるかに優位にあったフランス語は、今や英語によってその地位を追われている。EU 新規加盟の12カ国の代表が加わる会合では口頭の英語使用が増えるなど、加盟諸国の増加が、EU の多言語政策とは裏腹に、英語の単一言語使用を促進しているからである。

　2004年の EU 拡大（キプロス、チェコ、エストニア、ハンガリー、ラトビア、リトアニア、マルタ、ポーランド、スロバキア、スロベニアの10カ国が加盟）に続き、2007年には、ブルガリア、ルーマニアが加盟し

た。これら12カ国のうちマルタを除く11カ国はフランコフォニー国際組織のメンバーかオブザーバーでもあるが、それによってフランス語の使用率が高まることにはつながっていない。

　EU関連組織で働く職員の出身国は、ベルギー20.6％、フランス12.0％、イタリア12.6％、ドイツ9.4％、イギリス7.1％となっており、英語の母語話者が必ずしも優勢であるわけではない。また、2010年の職員採用試験では、母語以外の第二言語をドイツ語、フランス語、英語から選択することを義務づけている。しかし、英語のみ母語話者並みの高い運用能力を求める、あるいは募集や採用プロセスにおいて英語が多用されるなど、言語間の扱いは同等とはいえない。

　通訳が付かない審議が増えたことで、英語を使用する代表者がさらに増加するなど、英語の単一言語使用が進展するなか、遅まきながら2005年11月になって初めて、EUの行政執行機関である欧州委員会（Commission européenne）が言語問題に焦点を当てた報告書を提出した。報告書は、多言語主義の観点から経済、社会、教育問題に言及する。だが、EUにおけるフランス語の近年の使用状況については、『フランス語使用に関する国会報告書』（*Rapport au Parlement sur l'emploi de la langue française*）[29]に詳しい。言語使用の変動にとりわけ敏感なフランスの「文化・コミュニケーション省フランス語・フランスの諸言語総局」が刊行する報告書である。そこで、これを参照しながらフランス語使用の状況をさらにみていくことにする。

　欧州委員会から欧州理事会へ提出される立法草案は、23の公用語で用意されるが、欧州委員会の起草文書の使用言語は、**表5**に確認できる。フランス語は、2004年のEU第5次拡大を経た2005年以降、約10ポイントも使用率を下げたことが分かるが、続いて2009年には初めて10％を下回り、英語の使用率と大きな開きをみせている。

　欧州委員会の諸会合では、参加者の90％以上が英語とフランス語を同程度に運用する能力を持ち合わせている場合であっても、90％以上のケースで英語が使用される。参考までに、2009年11月27日にバローゾ委員長が発表した欧州委員会の27人の新規構成員のうち、17人は程度の差

表5　欧州委員会の起草文書に使用される言語　　単位：%

年号	英語	フランス語	ドイツ語	その他
1996	45.7	38	5	12
1997	45	40	5	9
1998	48	37	5	10
1999	48	35	5	8
2000	52	33	4	8
2001	55	30	4	9
2002	57	29	5	9
2003	59	28	4	9
2004	62	26	3	9
2005	69	16.5	3.7	11.3
2006	73	14.5	2.6	10
2007	73.5	12.3	2.4	11.8
2008	73.6	11.9	2.3	12.2
2009	74.6	8.3	2.7	14.3

出典：*Rapport au Parlement sur l'emploi de la langue française*［2010：99-102］

こそあれフランス語の基本的な知識を身に着けており、特に9人はフランス語を「完璧に運用する」といわれる。

　ここから、欧州委員会においてフランス語話者が減少しているのではなく、彼らによるフランス語の選択使用の減少が先の表に反映されていると考えることができる。フランス語の口頭での使用率が依然として高い、という事実もまた、フランス語話者が決して少なくはないことを示している。

　欧州委員会で取り扱う英語の文書の実に80％は、非英語母語話者によるものである。そのため、他機関においてと同様、時に他言語への翻訳の際に二重手間を要し、欧州委員会においては、非母語話者が作成した英語の文書を「校正」する特別局の設置を余儀なくされている。それが、英語母語話者の需要をさらに高めるのは必至である。

　続いて、欧州委員会委員長と加盟諸国の首脳から成る欧州理事会（Conseil européen）をみておきたい。やはり、ここでも英語が優位であるが、興味深いことは、各言語の使用率が議長の交代に伴って変動していること

表6 欧州理事会の起草文書に使用される言語　　単位：％

年号	議長の出身国	英語	フランス語	ドイツ語	その他の言語	複数言語
2003	ギリシャ	76	14	1	3	6
2003	イタリア	67	22	1	5	5
2004	アイルランド	76	15	1	3	5
2004	オランダ	78	11	1	7	3
2005	ルクセンブルク	59.6	25.2	1.5	8.4	5.3
2005	イギリス	71	10.2	1.4	14.6	2.8
2006	オーストリア	71.8	10	2.4	10.9	4.9
2006	フィンランド	78.1	8.3	0.9	8.7	4
2007	ドイツ	77	8.4	2.3	6.8	5.5
2007	ポルトガル	78.8	7.4	1	9.1	3.7
2008	スロベニア	76.2	7.6	0.8	11.3	4.1
2008	フランス	65.3	16.4	0.7	9.4	8.2
2009	チェコ	84.2	5.9	0.4	6.7	2.8
2009	スウェーデン	78.8	5.4	1.4	10.4	3.9

出典：*Rapport au Parlement sur l'emploi de la langue française*〔2010：99-102〕

である。

　例えば、オーストリアやドイツ出身の議長の時期にのみ、ドイツ語の使用率が2.0ポイントを上回る。また、イタリアやルクセンブルク出身の議長の時期には、フランス語は22ポイントを上回る。さらに、2008年2期に議長がフランス人であったとき、英語の使用率がやや低下するとともに、複数の言語の併用率がそれまでにないほど高くなっていることは注目に値する。だが、2009年の議長の交代によって、その状況は再び一変する〔**表6**参照〕。

　では、コレペール[30]（常駐代表者会議）における言語の使用状況はどうか。ここでフランス語は、英語、ドイツ語と共に通訳が付く体制が整えられている。そのなか、フランス、スペイン、ベルギー、ルクセンブルク、時には、ギリシャ、イタリア、ポルトガルの代表がフランス語で発言するが、新規加盟国（エストニア、チェコ、スロバキア）の代表者たちはフランス語の知識をほとんど持ち合わせていないことが多い。また、近年の例では、フランコフォニー国際組織に加盟する諸国の代表者15人のうちの

4人（ベルギー、フランス、ルクセンブルク、ギリシャ）のみが作業言語としてフランス語を選択した。

　各理事会のもとには各種の作業部会があるが、Antici（常駐代表者評議員）部会、Mertens 部会、PESC（共通外交安全保障政策）部会といった通訳が付かないケースもみておこう。Antici 部会では、議長たちが完璧にフランス語を理解し、内輪ではフランス語を話しているにも関わらず、集会では英語が好んで使用されることが多々ある。それに対して、Mertens 部会では、発言に多用されるのはフランス語である。しかし、完全なフランス語話者のギリシャ人が議長であったにも関わらず、部会の司会は、フランス語ではなく文書草案の言語に基づき英語で進められた事例がある。また、PESC 部会では、意見交換の大半は英語で行われており、フランス語で発言したのはフランス人だけであったこともある。

　その他の作業部会の場合、通訳付きの部会では、通常、各国の公用語で進行されるが、会議が延長となって通訳者がいなくなると英語への移行が目立つ。通訳が付かない部会では、英語使用が大半で、フランス語はまれに使われるのみである。非公式の部会ともなると、さらに一般的に英語が使用されている。また、記者会見には6つの言語の通訳が付くが、部会と記者とのやりとりのなかで、代表者たちはもっぱら英語を使用し、記者の使用言語に応じて時折フランス語を使用するにすぎない。

　毎年、各種の作業部会の専門家たち約 400 人は、フランコフォニー国際組織が設ける「EU におけるフランス語」プログラムに参加し、フランス語の授業を受講しているが、習得あるいは運用には至っていないといえる。

　これまでに挙げた例から、諸国際組織において、主な作業言語としてのフランス語の形式上の地位は変わらないものの、実質的には英語の単一言語使用が広がっていることを十分に見て取ることができる。諸国の公用語が加盟組織の公用語の一つであっても英語を使用する傾向は、とくに非公式な会合で顕著である。

　各組織が奨励する多言語使用を名目ではなく実質的なものとするために

写真1　ルクセンブルクの新聞
Luxemburger Wort（筆者撮影、以下同様）

写真2　3言語表記の紙面
左：ルクセンブルク語
右上：フランス語／右下：ドイツ語

は、職員の採用段階における複数の言語使用への配慮、明確な言語使用規定、各言語の十分な通訳・翻訳者の確保、などが欠かせない。さらに、通訳・翻訳の準備を可能にする分量の文書の準備と期限内の提出、といった関係者の協力と努力が必要不可欠であるといえる。

　なお、上記には取り上げなかったが、米州機関のうちにも、フランス語を公用語の一つとしている機関がいくつかある。米州開発銀行（BID / IDB）や米州機構（OÉA / OAS）、カリブ諸国連合（AÉC / ASC）などである。だが、フランス語話者が米州開発銀行での勤務を希望する場合、英語またはスペイン語の習得が必要とされる。また、米州機構においては、英語とスペイン語の二言語の運用能力を要求されるため、少なくとも三言語話者でなければならない。それぞれのホームページをみると、前者においては、フランス語で得られる近年の情報はほぼハイチに関わることに限られること、後者においては、英語とスペイン語のみでアクセス可能なことから、フランス語は実質的にはさほど重視されていないことが分かる。ここから改めて、組織の公用語規定はその言語の優先的な使用を保証するものではないことが確認できる。

【注】

1　砂野［1997c：324-327］
2　アカデミー・フランセーズは終身会員制であり、会員はリシュリューの決定に基づき、フランス国籍者でなければならないが、サンゴールはフランスとセネ

ガルの二重国籍保有者であった。
3 土屋［1994：101］
4 *Jeune Afrique*［2006：96］。2003 年にウォロフ語の書籍を出版したセネガルの小説家ブバカル・ボリス・ディオプ（Boubacar Boris Diop）（1946–）の言葉であるが、サンゴールと同じセネガル出身の後世の人間の声を代表する。
5 Senghor［1962：838–840］
6 Ngũgĩ［1986］＝［1987：43］
7 Senghor［1993：143, 144］
8 同上［1993：269–271］
9 Senghor［1962：838, 841］
10 Senghor［1977 a：81］
11 Senghor［1962：844］
12 Senghor［1977 a：185］
13 Hagège［1996：107, 115］
14 Bertrand［2011：132–143］
15 同上［2011：144］
16 Etiemble［1964：229, 230］
17 同上［1964：243］
18 同上［1964：239］
19 *Le Monde*［1953. 8. 6］
20 Ager［1999：98–100］
21 *Le Figaro*［1962. 5. 2］
22 Bertrand［2011：144, 145］
23 Walker［2000：507, 508］
24 *Rapport du secrétaire général de la Francophonie*［2006：91］
25 *2ᵉ Document de suivi du Vade-mecum relatif à l'usage de la langue française dans les organisations internationales, octobre 2010*［2010：35–37］
26 同上［2010：39–44］、アフリカ連合のホームページ（www.africa–union.org）、*Rapport du secrétaire général de la Francophonie*［2006：84］
27 同上［2006：85, 86］
28 中村・辻村［2003：164］
29 *Rapport au Parlement sur l'emploi de la langue française*［2010：99–102］
30 加盟諸国から EU に派遣された常駐代表による会議（COREPER：Comité des Représentants Permanents）で、通常、週一回開催される。

第3章
フランス語と「フランコフォニー」

3.1 「フランコフォニー」の字義

　フランコフォニーを支持する者たちによれば、「フランコフォニーは自由な選択であり、衝動であり、出会い」[1]であり、「大きなしなやかさと多様性を特徴とする」[2]。この「フランコフォニー」（la francophonie）とは一体何を意味するのであろうか。フランスを代表するラルース社やロベール社出版のフランス語辞書から字義的に考えてみたい。

　『ラルース百科大辞典』（*Grand Larousse encyclopédique*［1962］）を繰って調べてみると、「フランコフォン」（francophone）という語と共に、「フランス語を話す者」という簡略な定義をみつけることができる。しかし、「フランコフォニー」という語は見当たらない。『ラルース百科大辞典』に、「フランコフォン」という語が載るのは1930年からであるが[3]、「フランコフォニー」に至っては、1960年代においてもまだ掲載されていないことが分かる。

　それが1968年になると、初の『フランコフォニー辞典』が出版され、同年の『キッド』（*Quid*）には「フランコフォニー」に関する長い記述が出現することになる[4]。ここに、日本語で通常、「フランス語圏」と訳される名詞の「フランコフォニー」とは、それより早く現れた形容詞の「フランコフォン」の派生語であることが確認できる。

　「フランコフォン」は、『ラルース百科大辞典』（*Grand dictionnaire encyclopédique Larousse*［1983］）のなかで、「フランス語を話す人々、集団、諸国。またフランス語が公用語である諸国」と定義されている。『ロベール・フランス語遍歴辞典』（*Dictionnaire historique de la langue française*［1992］）ではさらに詳しく、「1880年にオネジム・ルクリュ[5]によって初

めて使用され、1930年前に廃れたが、1960年頃になってとりわけ使用が拡がり、習慣的あるいは普通にフランス語を話す者を意味する」と説明される。

「フランス語を話す」という現実の証言にすぎなかった「フランコフォン」という語が、その使用拡大に伴って、意味の拡張をみたといえよう。それは先にみた1962年と1983年出版の『ラルース百科大辞典』における「フランコフォン」の定義の差異にも示される。

次に、「フランコフォニー」という語であるが、『ラルース百科大辞典』（同上［1983］）や、『新ラルース百科辞典』(*Nouveau Larousse encyclopédique dictionnaire* ［1998］)では、「フランコフォンの国々、そしてフランコフォンの集合体」と定義される。『フランス語ロベール大辞典』(*Le grand Robert de la langue française* ［2001］)では、これに「フランコフォンの特質」という意味が加わるが、「フランコフォニー」を説明するために、「フランコフォン」という語がやはり繰り返されている。

他方、『ロベール・フランス語遍歴辞典』（同上［1992］）の定義は明快である。「フランコフォン」と「フランコフォニー」という二つの語を掲げている前述の辞典と同様に、「フランコフォン」という語の直後に「フランコフォニー」という語を見出せるが、それは「フランス語を母語とする、あるいは（公用語であることが多いが）第二言語とする世界の人々の集団」であると説明される。これは上に掲げた辞典の「フランコフォン」の項にその語義を代入することで得られる「フランコフォニー」の定義と重なる。

すなわち、「辞書と百科事典は〈フランコフォニー〉という語にまず、形容詞〈フランコフォン〉から直接派生したものとして、〈フランコフォン〉であること、そして、フランス語を話す人々から成る集合体、という二つの定義を与えて統合した」[6]のであり、その後の単語の普及に伴って「フランコフォン」と「フランコフォニー」それぞれの意味は拡がりをみせたと要約できるだろう。

90年代になると、「フランコフォニー」の定義には政治という新たな要素が付加される。アシェット社の『フランス語辞書』カラー版（*Hachette le dictionnaire du français*〔1991〕）がそのよい例であるが、「フランコフォニー」はそこで「フランス語を話す人々の政治・文化的集合体（Ensemble politico-culturel）」であると説明される。また、『ロベール・フランス語遍歴辞典』〔1992〕にみるように、「フランコフォニー」は「論争のある概念」となり、「母語としてのフランス語、共通語、そして時に外国語として習得されるフランス語の地位」という抽象的な語義も加わるようになる。

　興味深いことは、「フランコフォン」と「フランコフォニー」という語がこのようにして普及するなか、1970年に設立された「文化技術協力機構」（ACCT: Agence de Coopération Culturelle et Technique）[7]を始めとするフランコフォニー主要機関の多くは、その組織名にいずれの語も入れないよう注意を払っていることである[8]。その理由は、前述のように、「フランコフォン」や「フランコフォニー」という語が、その定義を巡って論争の対象となるほどの意味の拡大をみせ、政治性あるいは一種のイデオロギーを帯びるようになったからであると考えられる。この点に関しては、フランコフォニー国際組織の設立過程をみるなかで、再び取り上げる。

3.2　「フランコフォニー」と「フランコフォン」という範疇

　ここでは、「フランコフォニー」と「フランコフォン」という語が、実際にどのような意味を伴って使用されているのかみていきたい。
　まず、フランスを規範として中心に位置づけ、周辺の「他者」と差別化をはかる意味合いをもって使われている事例が挙げられる。「フランコフォン・ビジネス」や「フランコフォン・コミュニケーション」のような例である。ここで「フランコフォン」という語は、「フランスにおいて」を意味するのみである。こういった「フランス」の形容詞としての用語の使用は、「中心−周辺」モデルで構成されるが、これは植民の歴史によって形成されたものである[9]。
　これとは逆に、フランス以外のフランス語圏の総称として二つの語が使われている事例をベルギーにみることができる。ベルギーでは、ワロン語

（ベルギーのフランス語方言）と首都ブリュッセルのフランス語は一括りに「フランコフォニー」と呼ばれ、同様に、フランス語話者は「フランコフォン」という語によって総括されるようになってきている。「フランコフォニーは包括的概念に対応するので、便利な語」[10]であるとして、「フランコフォン」という語と共に、世界に数あるフランス語の変種間の均衡を保ちながら、これをとりまとめる役割を果たしているといえよう。ただし、フランコフォンであるフランス人たちは、フランコフォンであると自らを形容しない[11]。

　時に「フランコフォニー」や「フランコフォン」という両語は、文学の上にも冠される。例えばケベックでは、「ケベックのフランス文学」という表現は拒絶され、「ケベック文学」という表現が好まれてきた。それが、1986年の第1回フランコフォニー・サミット開催以来、「フランコフォン」という形容詞が世界に輸出されるに伴い、「フランコフォン文学」という総称で呼ばれるようになっている[12]。

　ここで、注意を要するのは、「フランコフォン」は、フランス語で書かれた書物の総称ではなく、「フランス国外」の地域・国家においてフランス語で書かれた書物を指すと広く認識されていることである[13]。そのため、フランスでは往々にして「フランコフォン文学」が「フランス文学」という範疇から、あるいは逆に「フランス文学」が「フランコフォン文学」という範疇から除外される。

　先の「フランス」の形容詞としての用語の使用時とは対象が逆転するが、フランスの書物のみを別扱いとして、その他の地域のフランス語で書かれた書物を一括する姿勢は、同じ「中心－周辺」モデルを成しているといえるだろう。戸田［2006：4］は「帝国」を定義するにあたって、「支配－被支配」と「中心－周辺」の関係に言及したうえで、「帝国」は、「第二次世界大戦後、〈植民地〉をもつ〈公式の帝国〉から、植民地独立を認めたものの実質的な支配－従属関係は変わらない〈非公式の帝国〉に衣替えをした」と述べている。まさにその典型例であるフランス帝国の影響力は、文芸作品の範疇にまで及んでいる。

　「フランコフォン文学」あるいは「フランコフォン世界文学」という名

のもとに、「フランス文学」が入ってしかるべきであるが、フランスで「フランコフォン文学」というと、「フランスではない」というだけではなく、「ヨーロッパではない」という制約を加えることになる。フランス語を話すヨーロッパの人々を除外して、事実上、ポストコロニアルの分野をカバーするのである。

　したがって、ヨーロッパ諸国（スイス、ベルギー、ルクセンブルクなど）のフランス語を使用した文学、歌、映画作品などは、フランスでは一般に「フランコフォニー」とは呼ばれない。そして、非フランコフォニー諸国からフランスへ移住してきたヨーロッパの作家、ベケット（アイルランド出身）やマキネ（ロシア出身）、イヨネスコ（ルーマニア出身）、クンデラ（チェコ出身）等の作品は「フランコフォニー文学」ではなく、「フランス文学」に分類される。

　一方、フランスで生まれ育ったかフランス国籍をもつアフリカ出身の作家の作品は、「フランス文学」ではなく「フランコフォニー文学」に、フランス市民であるセゼール、ファノン、グリッサン、コンデは、「フランコフォニー作家」に分類される。グリッサンなどは、「私はフランコフォニーという一種の曖昧な集合体を決して受け入れることはできない」と明言しており、皮肉という他ない。カナダ、ケイジャン[14]、アンティル諸島、サハラ以南アフリカ、マダガスカル、レバノンのように、「フランコフォニー」と呼ばれるものは、植民地の歴史と関係していなければならず、したがって、一度もフランスに植民地化されたことのない隣国ヨーロッパには適用されない[15]。このように、フランコフォニーがフランスを包摂するのではなく、その下位に置かれることは奇妙な矛盾を招いている。

　フランコフォニー諸文学という言葉自体は最近のものだが、この言葉がカバーしている現実は、古くから存在しているものである。しかし、1945年当時、言語と文化は相互に交換可能な概念ではないにもかかわらず、多様な地理的出自をもつテキスト群が一つの同じ言語を用いているということから、人々はそれらが「フランス文学」という一つの同じ文学に属するとみなしていた。「フランス文学という中心部が、その周辺部を軽々と呑み込んでいた」[16]のであり、人々はフランス文学についてしか語らなかっ

た。1950年代においても、今日なら「フランコフォニー文学」と呼ばれるであろう文学の総体は、無視できない量的な拡がりをもっていたにもかかわらず、「フランス語諸文学関連及び周辺諸文学」あるいは「フランス本土以外のフランス語表現文学」という二次的な枠組みに収められていた。

そのなか、重要な転機となるのは、フランスで権威ある3つの文学賞をフランス人以外の作家が受賞した1958年のことである。マルチニック出身のエドゥアール・グリッサンが『レザルド川』でルノドー賞、そして、いずれもベルギーの作家であるが、フランシス・ヴァルデルがゴンクール賞、フランソワーズ・マレ＝ジョリスがフェミナ賞を受賞した。

ここから、伝統的に「フランス文学」と理解されてきたものと、当時「フランス語文学」や「フランス語表現の文学」と呼ばれ始めていたものとの力関係が大きく変動することになる。まさに60年代初頭に起こったのは、諸フランコフォニー文学の真の「自律化」であり、「自己命名化」である。その後、フランス語を使用した文学の多様性とフランス語そのものの多様性が徐々に認知されるようになり、1986年には、ボルダス社から『1945年以降のフランコフォニー諸文学』というタイトルの書籍が出版されている[17]。

近年では、フランスの大手書店、フナック（Fnac）やジベール（Gibert）のように、フランコフォン作家をその出身地（フランス、マグレブ、ブラック・アフリカ、アンティル諸島など）によって細分類したうえで、作品を陳列しているところもある。しかし、当初からこうしたフランコフォン作家の棚を設けることに書店が積極的だったわけではない。これによって地域化、ひいてはゲットー化を招きかねないと危惧されたからである。

アクトゥ・スッド社（Actes Sud）には、「諸アフリカ」（Afriques）というシリーズがあるが、英語圏とフランス語圏の作家の作品を一様に扱う。また、大手のガリマール社は、「黒人大陸」という新シリーズを始めた。これまで読者の目に触れることの少なかった作家たちに光を当てようとの試みに違いないが、これには「作家があえて表明しようとは思ってもいな

い肌の色による分類に彼らを押し込める」との声や、「中心が周辺を取り戻し、ヒエラルキーを維持する露骨な例の一つ」であるという辛辣な批判の声もある。

　同様に、「フランコフォニー」という範疇も無批判に受け入れられているわけではない。1980年代、アフリカの詩人や作家たちの間には、自らを「完全なフランス」の詩人、作家と考えて、「フランコフォン」と分類されることに激しく反対する声さえあった。出版社にも今なお抵抗感が見受けられる。例えば、南仏のヴァン・ダイユール社（Vents d'ailleurs）は、アフリカや北米、カリブ海などの書籍を多く取り扱うが、社長のジュッタ・ヘプケ（Jutta Hepke）は、諸文学を「ゲットー化」して一定の枠組みに拘束することを危惧するとして、フランコフォニーについて話すことを常に回避してきた[18]。

　ル・モンド・デ・リーブル（*Le Monde des livres*）紙面では、フランコフォニー・フェスティバルのメインイベント開催が間近に迫るなか、「フランコフォン文学に反対」と題する記事（2006年3月10日）を巡って賛否両論が繰り広げられたことがある。その先陣を切ったのは、レバノン出身のフランス語作家アミン・マアルーフ（Amin Maalouf）であるが、彼の主張は次のようである。

写真3　フランコフォニー・フェスティバルの一環、フランコフォン作家の討論会
（2010年3月18日、パリの高等師範学校（École Normale Supérieure）にて）

〈フランコフォニー〉や〈フランコフォン〉という語は、外交や地政界に留めよう。そして、作家たちの書類や荷物、名前、皮膚をくまなく探るのはやめて、〈フランス語の作家たち〉という習慣をつけよう[19]。

「アラブ・フランス文学」や「アフリカ・フランス文学」という範疇も出現しているが、それは、フランス文学や規範としてのフランス語がもつヘゲモニーへの挑戦と位置づけられる。同時に、フランス文学が「フランコ・フランス文学」へと移行することは、それ以上は分割できない唯一の枠組みとみなされている「フランス文学」という概念を揺るがし、そのコーパスを定義しなおす可能性を秘めている[20]。

　ただ、フランスにおいて、フランス国外で発表された文芸作品や他国出身の作家による作品は、フランス語で書かれていても、限られた数の作者を除いて十分な読者を得るには至っていない。それは欧米の作家でも同様で、フランス語で書くカナダ、ベルギー、スイスなどの作家の作品はフランスの読者を得にくい。パリの大きな出版社のように大規模な宣伝手段は使用できず、書かれた内容もフランス社会との関わりが少ない傾向にあることがその一因で、彼らの作品は「地方文学」と分類され、ベストセラーになる望みは少ない[21]。フランスのゴンクール賞やルノー賞の受賞者リストをイギリスのブッカー賞のものと比較しても、「周辺」諸国の文学作品が入賞する割合は低く留まっているのが現実である。

　また、たとえ著名な賞を受賞したとしても、エドゥアール・グリッサン（Edouard Glissant）[22] やパトリック・シャモワゾー（Patrick Chamoiseau）[23]、アマドゥ・クルマ（Ahmadou Kourouma）[24] らの作品は、ルネ・マラン（René Maran）[25] ほどフランスの初等・中等教育の教科書には適用されない。初等・中等教育に比べて大きな自治権を有しているはずの高等教育機関をみても、「フランコフォン文学」という研究枠を設置しているのはソルボンヌ大学はじめ数校に限られる[26]。

　一部の一貫校を除き、フランス語が通常、選択科目として大学入学以降に導入される日本ではどうかといえば、「フランス文学」という範疇のも

とに取り扱われるのは、多くの場合、世界各地から収集したフランス語の文学作品ではなく、フランス共和国に関わるとみなされるものに限られる。「クレオール文学」といった枠組みのもとで、これまでほとんど紹介されてこなかったフランス語の作品を取り上げる試みもいくつかの高等教育機関にみられないでもないが、その数はまだ多くない。

　他方、日本国内の図書館では、「アフリカ文学」という範疇を設けながら、これに該当するとみなされるのは、日本図書館協会が定める日本十進分類法に従って、原作が「ハム諸語・アフリカの諸言語」で書かれている作品に限られることが多い。そして、フランス語で書かれたアフリカの作品は「フランス文学」、英語の作品は「英米文学」に分類されているケースが散見される。例えば、コンゴのブラック・アフリカ文学大賞受賞者エマニュエル・ドンガラの作品『世界が生まれた朝に』、そしてセンベーヌ・ウスマンの『セネガルの息子』や『神の森の木々』等の邦訳が「フランス文学」に分類されていることがある。また、英語で書かれたアフリカの作家の作品のうち邦訳があるものとして、イギリスのブッカー賞2度目の受賞となったクッツェーの『恥辱』、グギ・ワ・ジオンゴの代表作『夜が明けるまで』や『一粒の麦』が挙げられるが、これらの訳書は「英米文学」の棚に並ぶことが多い。使用言語のみならず、作家の活動拠点や国籍等が考慮されている可能性もあるが、「フランス文学」という範疇は、一般には「フランス共和国の文学作品」という印象を与えながら、実際には、「フランス語で書かれた文学作品」であるという広い意味合いをもって使用されていることが窺える。だが、後者の意味合いが正しく理解されていない場合、すべては「フランスの文学」に吸収されてその多様性の輝きを失う。

　以上から指摘できる問題は、「フランスの文学」がその他のフランス語で書かれた文学に対してもつヘゲモニー（覇権）である。「フランコフォニー文学」、「フランコフォン文学」あるいは「フランス語文学」等、名称はいずれであれ、新たな範疇のもとに文化間のヒエラルキーを排除して、今その頂点に立つ「フランスの文学」をも対等なかたちで取り込む必要がある。さらに、これらを等しく市場や教育機関で普及させる姿勢が求めら

幸い、ポストコロニアルの文脈で、フランス文化が複数の文化を伴うフランコフォンのディアスポラに対置されるのではなく、大きなフランコフォニーの一部になる兆しがみられる。このことは、フランス文化の内にあるフランス文学と、フランスの出版社がフランス語を使用する諸国文化に対してもつヘゲモニーに劇的な影響を与え得る。例えば、移民文学をフランス文学より下位や周辺に位置づけ、古典フランス文学の延長にあるにすぎないものとして扱うことを「フランコフォニー文学」は不可能にする。「フランコフォニー文学」に「フランス文学」を取り込むこと、そして、フランスをフランコフォニーのディアスポラの一部とみなすことは、まさに「ポストコロニアルの決定的な一歩」となる[27]。

【注】

1　Léger［1987：13］
2　Deniau［2001：12］
3　Tétu［1988：44］
4　Deniau［2001：11］
5　Onésime Reclus（1837–1916）はフランスの地理学者。
6　Deniau［2001：12］
7　文化技術協力機構は、後に改名されてフランコフォニー政府間機構（AIF）となったのに続き、組織の再編によってフランコフォニー国際組織（OIF）となる。
8　Léger［1987：30］
9　Coursil；Perret［2005：201, 202］
10　Tétu［1988：44］
11　Coursil；Perret［2005：203］
12　Tétu［1988：35］、Joubert［1997］＝［1999：26］
13　*La lettre*［2006.3：5］
14　18世紀にカナダから移住してきたフランス系の住民の子孫で、ルイジアナ州南西部の多数を占める。
15　Eloise［2005：167］、Coursil；Perret［2005：200, 201］
16　Beaudot［2004：90, 91］
17　同上［2004：96–99］
18　Thomas［2005：248］、Delas［2003：43］、Eloïse Brezault "Visages francophones dans

l'Édition française" (*La lettre* [2006. 3 : 7, 8])。
19 *La Francophonie dans le monde 2006–2007* [2007 : 137] より引用。
20 Laronde [2005 : 179–181]
21 Mérand [1977] = [1992 : 10]
22 『レザルド川』にて 1958 年にルノドー賞受賞。
23 『テキサコ』にて 1992 年にゴンクール賞受賞。
24 『アラーの神にも言われはない』にて 2000 年にルノドー賞受賞。
25 『バトゥアラ』にて 1921 年にゴンクール賞受賞。
26 Delas [2003 : 47, 48, 53]
27 Laronde [2005 : 176, 186–188]

第4章
国際組織としてのフランコフォニー

4.1 フランコフォニー国際組織（OIF）の誕生

4.1.1 ルクリュと「フランコフォニー」

　先にも言及したが、「フランコフォニー」という単語を初めて用いたのはフランスの地理学者オネジム・ルクリュである。1880年にルクリュが著した『フランス、アルジェリアと諸植民地』にその定義が見出せる。家庭や社会で話される言語を基準として世界の人々を区分けすることを考えついた彼は、ここでフランス語を話す人々の集団を「フランコフォニー」と名づけた[1]。そこから、フランコフォニーは「フランス語話者からなる地理的空間」という一言語圏を指すことになる。

　エスニックや人種、経済の発展段階で人類を区別することが主流であった当時、言語という基準は斬新であった。しかし、それはフランスの中心性と影響力を強調するものでもあり、「ルクリュは、フランスの権威の強化に貢献した」[2]といえる。

　ルクリュは「人口統計上の話者数というのは、言語の重要性を計る上での基準の一つにすぎず、他に世界への拡散という基準がある」として、「大きな一つの話者集団に話されている言語も、国境外で知られていないなら、文化を

写真4　5色から成るOIFのロゴは5大陸を象徴する（パリ市内）

豊かにする対話を築くことができない」と主張する。

そこには、話者数の上では少数派であるフランス語の優位を世界に話者が散在するという事実から正当化することで、さらなるフランス語普及を目指すと同時に、このフランス語と強い絆で結びついたフランスという一国家の世界における影響力を強化しようという意図が窺える。

4.1.2 再生と発展

フランコフォニーという語とその地理的・言語的概念はルクリュ以降、半世紀以上もの間使われず、代わりに、ベルギーで用いられていた「フランシテ」(francité) という語が、フランス語を話す諸国・地域を包括する概念として一般的に使用された。そして、フランコフォニーという語が再び現れるのは1945年以降である[3]。この時期に再出した要因として、次の2点が考えられる。

第一に、英語に比してフランス語の国際的地位が低下したことである。第二に、第二次大戦後、フランスの海外領土がしばしば熾烈な独立戦争のかたちを伴いながら脱植民地化したことである。1954年にインドシナ、1960年ブラック・アフリカ、そして1962年にアルジェリアが独立している。こうして130年余り存続したフランス植民地帝国は崩壊を迎えるのであるが、三浦［2000：108］が指摘するように、これと同時期（1962年）にセネガル大統領レオポルド・セダール・サンゴール[4]やチュニジア大統領ハビブ・ブルギバ（Habib Bourguiba）[5]がイギリスのコモンウェルス（英連邦）をモデルにしたフランコフォニー構想を提起していることに注意が必要である。

なぜフランスではなく、フランス国外からフランコフォニー運動が起きたのか。これについては、後に詳細をみていくが、フランスにとってアフリカ諸国がフランスとの間に過去とは異なる関係を、とりわけ、フランス文化とフランス語を通じて築きたいと思っていたのは好都合であった[6]。

ただし、旧植民地においてフランス語にその共同体の基盤を見出したのは、言語を習得する機会に恵まれた一握りの者たちである。ベルギーとイギリスが間接統治政策をとったのに対して、フランスは言語・文化ともに

植民地の人たちを自国のそれに同化させようと努めたのであるが、植民地の人すべてに本土と同じく均等な教育機会を与えはしなかった。もともと親フランス的な少数のエリートを育てるのが目的だったからである[7]。

サンゴール自身が「私はフランス語で思考するのであり、母語よりフランス語によってのほうがうまく自己表現できる」[8]と語って、自らを黒人の「情動」と白人の「理性」を兼ね備えた「文化的混血」[9]と捉えていた点も思い起こされてよいだろう。

4.1.3　フランコフォニー国際組織の設立まで

フランコフォニー国際組織の創始者の一人であるサンゴールは、「フランス連合」（l'Union française）が創設された1946年に、フランス国民議会のセネガル代表としてこれへの加盟を表明するが、連合の創設を「旧植民地の人民がフランスと共にフランコフォニーに向けて歩み始めた一歩」であるとして歓迎した[10]。

そして、1950年に最古のフランコフォニー組織として設けられたのが「国際フランス語記者協会」（AIJLF：Association internationale des journalistes de langue française）である。ケベックのドスタラー・オーリアリー（Dostaler O'Leary）記者の呼びかけに始まり、リモージュで開かれたフランスの全国ジャーナリスト組合集会で承認された。1971年に「国際フランス語新聞記者連合」（UIJPLF：Union internationale des journalistes et de la presse de langue française）、2001年には「国際フランコフォン新聞連合」（UPF：Union internationale de la presse francophone）へと名称を改めたが、2カ月ごとに *La Gazette de la presse francophone* という名の機関誌を発行し、200カ国以上で読まれている。

1958年、政権に戻ったド・ゴールが「共同体」（la Communauté）を創設したが、参加諸国の独立によって早々と有名無実化し、1995年には憲法から削除されることになる。「共同体」が存続されなかったことを遺憾として、サンゴールは後に次のような言葉を残している。

　　私は第五共和国憲法より生まれたド・ゴールの共同体をコモンウェル

スに対置する。しかし共同体は 2 年しかもたなかった。ド・ゴールの態度は不可解であるが、1960 年に始まるアフリカ諸国の独立後、憲法改定によって共同体を維持するよりも廃止することを選んだ。(略) 私としては、私たちの独立を承認すると同時に、共同体というフランス風コモンウェルスが維持されなかったことを残念に思った。今でも、フランスとアフリカの独立諸国の関係が曖昧なままなので、それを悔やんでいる[11]。

「共同体」に続くものを模索していたサンゴールにフランコフォニーという構想が膨らむようになったのは、1955 年以降、第二次エドガー・フォール内閣（Edgar Faure）で第四共和国憲法 8 条、海外県・海外領土に関する項の改訂を担当していた頃である。彼にとってフランコフォニーは、「共同体」に代わって宗主国フランスとの新たなつながりを保証する組織と位置づけられる。その後、ブルギバと話す機会があり、両者の間で政治的な一致をみて友好関係を築くとともに、「フランス風コモンウェルス」というアイデアを共に練り始めることになる[12]。このように、50 年代末からフランコフォニーという構想は議論に上るようになるが、「文化技術協力機構」の創設決定というかたちで、それが結実するには 1969 年のニアメ会議まで待たねばならない。

1960 年、ブルギバ、サンゴール、ニジェールのハマニ・ディオリ（Hamani Diori）らがフランスとの文化的・言語的共通点に基づく関係を維持しながら新たな独立国をまとめることを提案している。彼らの提案は、「フランス語を使用するアフリカ諸国・マダガスカル教育相会議」（Conférence des ministres de l'éducation des pays africains et malgache d'expression française）の場で、「フランス語を共有する諸国の教育相会議」（CONFEMEN : Conférence des ministres de l'éducation des pays ayant le français en partage, 以下、フランス語圏教育相会議）[13] の設立決定につながった。これは後に、「フランス語を共有する諸国・政府の青年スポーツ相会議」（CONFEJES）や「文化技術協力機構」（ACCT）と共に教育の普及や、文化、科学面での活動を担い、フランコフォニー関連機関と位置づけられる

ものとなる。

　1961 年 9 月、モントリオールにフランス語普及のための共同体、「部分的あるいは全体的フランス語の大学連合」（AUPELF : Association des universités partiellement ou entièrement de langue française）が創設されるが、カナダにおけるフランコフォニーへの関心の高まりを窺わせるものである。同年には、「アフリカ・マダガスカル連合」（UAM）も創設されている。これは 1964 年に解体された後に UAMCE を経て、1966 年にコートジボワールの大統領ウフエ＝ボワニの提唱によって「アフリカ・マダガスカル共同機構」（OCAM）として再編される。この間の 1963 年には、「アフリカ統一機構」（OUA / OAU）が設立されてアフリカ諸国間の連帯が模索されていることも重要である。

　フランスでド・ゴールが大統領に在任していた当時（1959-69 年）、アフリカ諸国はフランスとの二国間協定を経済、文化、軍事、外交の分野へと広げていた。しかし、この二国間協定では不十分として、1960 年から 70 年までの 10 年間、これらを統合する努力がなされた。1962 年 3 月、サンゴールが前年に設立された「アフリカ・マダガスカル連合」の会議で、二国間協定をフランス・アフリカ諸国・マダガスカルの多国間協定に拡張するよう提案しているのはその一例である。

　フランコフォニー組織の直接的な形成ではないが、『エスプリ誌』（Esprit）（1962 年 11 月）には「フランコフォニー」という語とその概念が再出した。そして、フランス語の文法と詩の教授資格者でもあるサンゴール大統領がこれに国際的な支持をもたせた。フランコフォニーの中核を成すフランス語はそこで、「あなたが話すフランス語という言語、それはフランス国外で輝く太陽である」[14] とまで称揚されている。

　1965 年、ブルギバが西アフリカを周遊中に「フランス風コモンウェルス」の創設を提案するも、フランスは、脱植民地後間もない時期で、そのような組織の設立には時期尚早と考える。

　翌年の 1966 年 6 月、再度サンゴールがアフリカ・マダガスカル共同機構の場で、フランコフォン共同体の計画を投げかける。同年 9 月にケベックのラバル大学で開催された会議のテーマは、「文化としてのフランコフ

写真5　フランコフォニー研究の拠点、ケベック（カナダ）のラバル大学

写真6　ラバル大学構内

写真7　ラバル大学構内の掲示「フランス語を話しましょう」

写真8　ラバル大学文学部の掲示板。学生が世界各国に留学するとともに、各地から学びに来ていることを示す。

ォニー」というものであったが、そこでは、「我々にとって、第一にフランコフォニーは文化である。（中略）フランコフォニーの拠となる議論の余地のない唯一の原則はフランス語の使用である」と明言した上で、なぜ、フランス語に固執するかを滔々と語っている[15]。コモンウェルスをモデルとした共同体の創設を意図しながら、政治的共同体ではなくフランス

語という言語を基盤とした文化的共同体である点が強調されているのは、共同体の創設に消極的な姿勢をみせる旧宗主国フランスへの配慮とも考えられる。

1967年、サンゴールの提案とルクセンブルクの国会議長ヴィクトール・ボドソン（Victor Bodson）の招待に基づき、フランス国民議会代表のジャック・シャバン＝デルマ（Jacques Chaban-Delmas）とドゥニオ率いる国際事務局が中心となり、「フランス語使用議員国際会議」（AIPLF：Association internationale des parlementaires de langue française）[16]がルクセンブルクに設置された。そして、1967年7月24日、ド・ゴールがケベックを訪問して、フランコフォニーに関わる外交が幕を開ける。

ケベックシティーからモントリオールに到着したド・ゴールは、ケベック分離主義者のスローガンである「自由ケベック万歳」（Vive le Québec libre）の文言を含む演説をしたが、彼はフランスを世界政治の大国に押し上げるための戦略的道具としてケベックをみていた。フランスの権力拡大のためには、フランス語圏諸国団体を組織する必要があり、そのためにもド・ゴールはケベック独立を支援した[17]。

1968年2月、ガボンでフランス語圏教育相会議が開催された折、カナダ連邦政府は招待されず、ジョンソン首相率いるケベック州政府のみが主権国家並みの扱いで招待されるという事態が発生した。カナダは教育権を各州に付与し、連邦レベルの教育相をもたないが、このようなかたちでケベック州が優遇された背景には、ガボン政府が経済的に依存していたフランスによる介入があった。4月にパリで開催された同会議においてもケベックは同様の待遇を受けている。

フランコフォニー建設に向けて肝要なのは、これを機に、ケベック＝フランス＝ガボンという連合から外されたカナダ連邦政府が、フランス語圏アフリカ諸国向け援助の大幅な増額を余儀なくされたことである。

1968年にはまた、ニジェール大統領ディオリが指揮するアフリカ・マダガスカル共同機構が、フランス語を使用する諸国の連合となる「文化技術協力機構」の計画を打ち出す[18]。この計画を支持するサンゴールは、翌年1969年1月に「これからは協力すべき時である。フランコフォニーは

イデオロギー（idéologie）ではない。これは精神の連帯に向って歩む人々を活気付ける理想（idéal）である」[19]と高らかに宣言している。

1969年2月17日から20日には、第1回「フランス語を部分的あるいは全面的に使用する諸国の政府間会議」がディオリの呼びかけでニジェールのニアメに開かれる。ここで内部の連帯を図るものとして「文化技術協力機構」（ACCT）の設置が決まる。同年、「フランス語を共有する諸国・政府の青年スポーツ相会議」（CONFEJES : Conférence des ministres de la jeunesse et des sports des états et gouvernements ayant le français en partage）[20]もパリに設立されている。ここでもアフリカ勢のディオリ、ブルギバ、サンゴールらによる働きかけがあった。

そして、翌年1970年に、21カ国・地域が参加するフランス語圏諸国の国際協力機関として「文化技術協力機構」がパリに設立された。その名の通り、文化と技術面の協力が活動目標で、アフリカ諸国が中心であったために、開発がもっぱらの議題であった。機構は実質的にフランコフォニー諸機関の事務局となる。

文化技術協力機構の初代事務局長に任命されたのは、ケベック出身の分離主義者ジャン＝マルク・レジェであった。当初、暫定事務局長であったレジェは、機関の目的を政治的なものではなく、文化・技術的交流の促進に置き、フランスの影響力から独立した多国間援助機構とする予定であった。対するフランスは、自国の二国間援助政策に齟齬を来すような多国間援助機構の設立には消極的で、小規模な機関とすることと、ケベック州政府の参加を望んだ。結果として、機関の規模はフランスの希望に沿って小規模なものとなった。また、ド・ゴールのケベック独立支持の姿勢に合わせてサンゴールとディオリが創立メンバーとして招いたケベックの地位は、1971年10月、加盟国ではなく加盟政府として確立された[21]。

1973年11月、その8年前にフランス語普及委員会を創設していたポンピドゥーが、フランスとの関係維持を願うサンゴールの積極的な働きかけを受けて、第1回フランス・アフリカ首脳会議（Sommet franco-africain）をパリで開催する。ここで、ポンピドゥーとサンゴールが「兄弟以上」の関係であったといわれるほど親密な関係にあった事実は無視できない[22]。

フランス・アフリカ首脳会議はフランコフォニー・サミットの青写真ともいえるが、後に両者の日程には調整が図られる。具体的には、第13回フランス・アフリカ首脳会議が開催された1986年からフランコフォニー・サミットが始まり、翌年1987年には第14回フランス・アフリカ首脳会議と第2回フランコフォニー・サミットが行われるが、1990年以降は原則として隔年1回となり交互に開催されることになる。また、1973年当初11カ国の代表を数えたフランス・アフリカ首脳会議は、徐々に非フランス語圏諸国も取り込み、1996年以降は原則としてすべてのアフリカ諸国に開かれたものとなっている。こうして、今も拡大を続けるフランコフォニー国際組織と参加諸国においても大きな重なりをもつ。

1974年になると、ダカール大学に先述の「部分的あるいは全体的フランス語の大学連合」のアフリカ事務所が公式に開設される。また、ソルボンヌ大学に、フランコフォン研究国際センター（CIEF）が開設された。

さらに1979年、その詳細は国際組織の一機関として後で取り上げるが、「フランコフォニー市長国際会議」（AIMF）が設立される。

1980年5月にニースで開催された、第7回フランス・アフリカ首脳会議では、1979年に続き、サンゴールが「文化交流の促進のための組織的共同体」（communauté organique）の創設案を提出している。11月に再びサンゴールが初回サミットの準備、すなわち正式にフランコフォニー国際組織を創設するため、ダカールに外務大臣を招集したが、最終段階になって、フランスは不参加を決めている。サンゴールはこれについて、「主要な白人（Grands Blancs）同士の戦いのためであり、彼らが同意すれば、初回サミットが開催されるだろう」[23]と述べている。ここでいう「主要な白人」とは、カナダのオタワ政府とこれに対立するケベック州、そしてフランスを指している。

それから6年後の1986年、フランスはミッテラン左翼政権下においてついに待たれていた第1回フランコフォニー・サミットが開かれる。そして、これまでにみてきた組織の一部がフランコフォニー国際組織として編制された。

4.2 組織の全体像

フランスと旧植民地諸国の主導者たちの利が合致したかたちで設立に至ったといえる「フランコフォニー国際組織」(OIF：Organisation internationale de la Francophonie) は、第6回コトヌー（ベナン）サミットで採択されたフランコフォニー憲章によって1995年に認定された組織である。

近年の組織再編まで、「フランス語を共有する諸国の元首及び政府首班会議」いわゆる「サミット」(Sommet：Conférence des chefs d'état et de gouvernement des pays ayant le français en partage)、「フランコフォニー閣僚会議」(CMF：Conférence ministérielle de la Francophonie)、「フランコフォニー常任理事会」(CPF：Conseil permanent de la Francophonie)、「事務総局」(Secrétariat)、これに直接付随する5つの機関から成った。

「フランコフォニー政府間機構」(AIF：Agence intergouvernementale de la Francophonie)、「フランコフォニー大学機構」(AUF：Agence universitaire de la Francophonie)、「TV5（テーヴェーサンク）」、エジプトに位置する

写真9　パリ7区，フランコフォニー事務総局
(Cabinet du Secrétaire général de la Francophonie)

写真10

「アレクサンドリア・サンゴール大学」（Université Senghor d'Alexandrie)、「フランコフォニー市長国際会議」（AIMF: Association internationale des maires francophones）である。そして、これらと制度的なつながりはないが諮問機関である「フランコフォニー議員会議」（APF: Assemblée parlementaire de la Francophonie）がある〔図 1 参照〕。

写真 11

その後、2004 年にワガドゥグで開催された第 10 回サミットで採択が決定した、新フランコフォニー憲章（2005 年 11 月 22 日）第 9 条に従い、2005 年 11 月 23 日以降、フランコフォニー政府間機構はフランコフォニー国際組織へと名称を変えた。実質的にフランコフォニー国際組織へと一本化されたことになるが、フランコフォニー政府間機構を除く 4 つの直接指揮機関とフランコフォニー議員会議は存続している〔図 2 参照〕。

これまで、政治・外交組織としてのフランコフォニー国際組織と行政機関としてのフランコフォニー政府間機構の間には十分な連携がなく、競合することもあった。そのなか、ディウフ事務総長が組織再編に取り組んだ目的は、各機関の役割の明確化と組織のスリム化にある[24]。

以下、フランコフォニー国際組織の各機関の役割と活動内容を概観する。なお、フランコフォニー政府間機構の名称はそこから失われたものの、前フランコフォニー憲章第 2 条 2 項には「フランコフォニー国際組織の唯一の主要指揮機関である」と規定されており、その重要性は無視できないため、ここに取り上げることにする。

* フランコフォニー国際組織（OIF）

本部はパリにあるが、アディスアベバ（アフリカ連合、国連アフリカ経

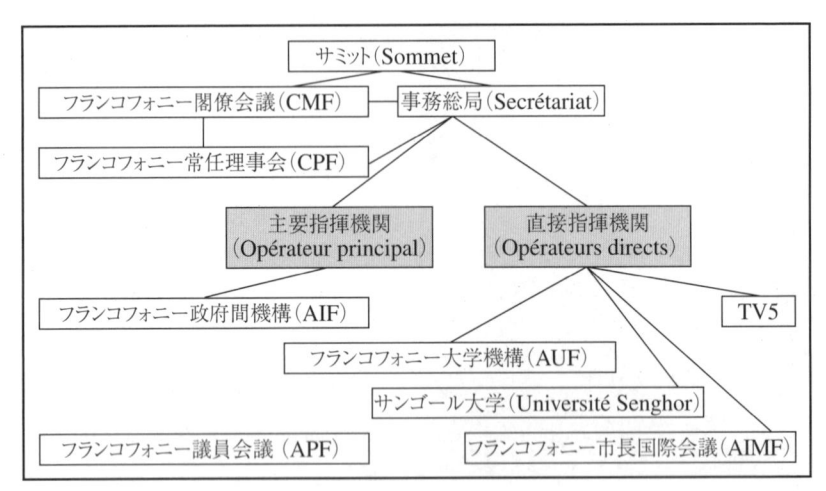

図1 フランコフォニー国際組織（OIF）

出典：フランス外務省ホームページ
　　　http://www.diplomatie.gouv.fr/francophonie/index.gb.html

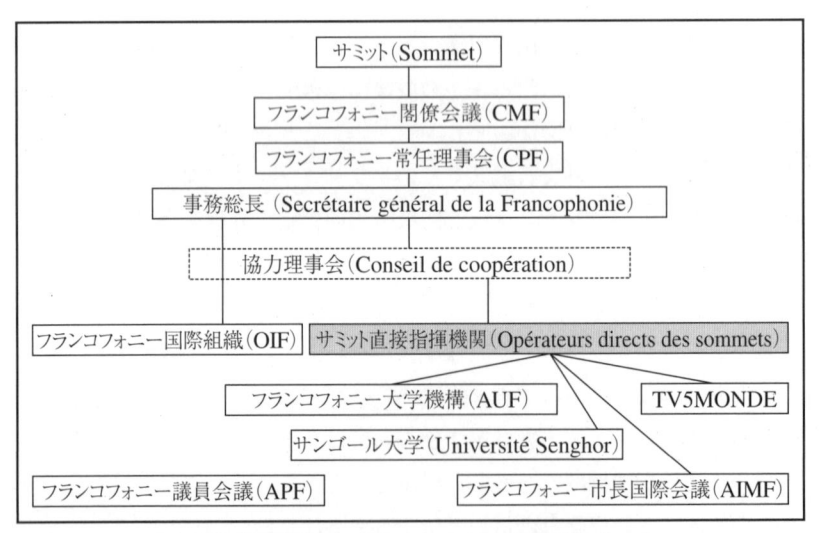

図2 組織再編後のフランコフォニー国際組織（OIF）

出典：*Rapport du secrétaire général de la Francophonie*〔2006：126〕

済委員会兼任)、ブリュッセル (EU、ACP 兼任)、ニューヨークとジュネーブ (国連兼任) に 4 人の常任代表を配備することで、他の国際組織との連携を強化している。また、ロメ (トーゴ)、リーブルヴィル (ガボン)、ハノイ (ベトナム) に地域事務所があり、ブカレスト (ルーマニア) とポルトープランス (ハイチ) には地域支部を置く。

活動内容は多様であるが、次の 4 つの優先課題を掲げている。
・フランス語と言語・文化的多様性の促進
・平和、民主化、人権の推進
・教育・研修・高等教育・研究の支援
・連帯と持続可能な開発のための協力の推進

＊サミット (**Sommet**)

フランコフォニー国際組織の最高決議機関である。1986 年の初回サミットには、42 メンバー (オブザーバーの 3 カ国・地域を含む) が参加したが、翌年 1987 年以降、サミットは原則として 2 年ごとに開催され、現在、75 を数える参加国・地域が集ってフランコフォニー国際組織の主な指針を決定する。

＊フランコフォニー閣僚会議 (**CMF**)

原則的に年に一度開催され、メンバー諸国の外務大臣やフランコフォニー担当大臣が集って、サミットの準備と決定事項の実施を監視する。また、新メンバーの推薦も担っている。

＊フランコフォニー常任理事会 (**CPF**)

事務総長が三カ月に一度、あるいは臨時で開催する。フランコフォニー閣僚会議での決定事項が確実に実行されるよう管理する他、各フランコフォニー指揮機関の活動を評価し、政治的指示を与える。

＊事務総局/事務総長(**Secrétariat / Secrétaire général de la Francophonie**)

1997 年に開催されたハノイ・サミット後に創設された。サミット、

CMF、CPF という三つの機関の管理下に置かれた事務総長が指揮するのが事務総局である。主な任務は、フランコフォニー国際組織の拡大、国際政策の実行、多国間協力政策の調整、の三つである。

*フランコフォニー政府間機構（**AIF**）

　1970 年、「文化技術協力機構」という名で設立されたが、1995 年に「フランコフォニー機構」（Agence de la Francophonie）、さらに 1999 年に「フランコフォニー政府間機構」（Agence intergouvernementale de la Francophonie）へと改名された。2005 年 2 月当時、50 を数えたメンバー間の文化・技術協力の推進を任務とした。また、フランコフォニー国際組織の教育（高度な教育は除く）、訓練、文化、科学・技術、農業、交流、法律、環境・エネルギー分野の活動で指揮を執った。サミットの開催においても中心的な役割を果たした他、フランコフォニー国際組織の他の司令部や「フランコフォニー非政府国際組織」（OING：Organisations internationales non gouvernementales francophones）など関連組織との協力体制強化にあたった。

　当時フランコフォニー政府間機構の最高経営責任者であったロジェ・デエブ（Roger Dehaybe）は、組織の役割を次のように位置づけている。「我々の人材と資金を効果的に使いながら、多数の国家が参加、決定した優先事項と具体的計画に我々が集中して取り組むことで、フランコフォニーという一大家族に寄与すること」。

　例えば、フランコフォニー基金から拠出した 6,800 万フランは、フランコフォニー政府間機構の決議を経て、南アフリカの映画作品（25 本）とテレビ番組の制作費用に充てられた。

*フランコフォニー大学機構（**AUF**）

　本部はケベックにあるモントリオール大学のキャンパス内に設置されており、2011 年現在、世界 94 カ国に位置する 779 の高等教育・研究施設を統括する。そこには、ウクライナの大学 4 校や、2009 年に加盟したキプロスの大学などが含まれる。

第 4 章　国際組織としてのフランコフォニー　　63

　機構の歴史は、1961 年、モントリオールに「部分的あるいは全体的フランス語の大学連合」（AUPELF）が設立されて、391 の大学、研究機関と研究センター間の交流の調整にあたったことに始まる。大学連合の名は当初、「フランス語の大学」という簡潔なものであったが、モロッコのラバト大学長が（アラビア語圏である）自分たちの大学はそこに加わることができないと難色を示した。「部分的あるいは全体的フランス語の大学連合」という冗漫な名称は、こうした意見を考慮した結果生まれたものである。なお、モロッコがフランコフォニー国際組織に加盟するのは 1981 年になってからで、しかも準メンバーという地位からの加盟であった。

　続いて、1987 年に設立された「フランス語ネットワークの大学」（UREF : Université des réseaux de langue française）という組織があるが、科学技術に関わる情報の提供と、訓練・研究プログラムの作成にあたってきた。そして、1998 年、AUPELF と UREF が統合されて「フランコフォニー大学機構」（AUF）となる。

　過去の活動例を東南アジアで数少ないフランス語圏の国の一つであるベトナムの伝統的な日刊紙、ル・クリエにみると、「フランコフォニー大学機構はホーチミン市の高等学校に 6,000 万ドン[25]に値する書籍を過去に提供しているが、さらにベトナムの大学 16 校にフランス語で書かれた書籍を提供する計画である」[26]と報告される。

＊TV5MONDE（テーヴェーサンクモンド）

　TV5 はヨーロッパのフランス語チャンネルである TF1、アンテヌ 2（現在の France 2）、FR3（現在の France 3）、RTBF（ベルギー・フランス語ラジオテレビジョン）、TSR（テレビジョン・スイス・ロマンド）の 5 つが提携して、1984 年にパリに開設した世界初のフランス語の国際衛星放送局である。2006 年、TV5 は TV5MONDE へと名を改める。

　フランス語とフランコフォンの視聴文化を普及させることがその設立目的であるが、世界に向けて 24 時間放映されている番組内容は、映画、スポーツ、フィクション、ドキュメンタリーと多岐にわたる。各地の時差を考慮するとともに、視聴者の多様なニーズに適うよう地域的な番組作りも

行われる。

　1988年にTV5ケベック、1992年にTV5アフリカの創設、1998年にTV5アメリカ、そしてアラビア諸国向けにTV5中東、と放送網は拡大し、現在は世界中をカバーする。2001年3月時点で、TV5の受信世帯数はヨーロッパで6,700万世帯を数え、全ヨーロッパのチャンネルの第4位につき、アフリカ・中東ではこの地域の国際チャンネルのなかで最多の1,300万世帯となった。視聴者数はその後も増加しており、2011年現在、約200カ国・地域に2億1,500万世帯を数える。TV5の知名度は日本でこそ高くないが、フランス語が公用語となっているアフリカ諸国、ひいてはスペイン語圏の南米諸国などでもフランス語に関心のある人々は好んで視聴する。実に、TV5MONDEは、MTVやCNNと並ぶ3大放送網の一つである。

　2002年以降、受信国の使用言語に合わせた字幕付きの番組を増やすことで、非フランス語話者を含め、さらなる視聴者の獲得を目指すが、現在、フランス語、ドイツ語、英語、アラビア語、ポルトガル語、オランダ語、スペイン語、ロシア語、ルーマニア語、日本語（2009年12月開始）、韓国語（2010年12月開始）、ベトナム語、ポーランド語の13言語が字幕に使用されている。

　また、2009、2010年には、インターネットテレビにまでサービスを拡充しており、子供向けのTiVi 5 monde＋に続き、もっぱらアフリカをテーマとしたTV5MONDE＋Afriqueを開設している。後者は、今なお主流である「北」（先進国）のメディアを通して「南」（発展途上国）をみるという姿勢を断ち、「アフリカを別の角度から眺める」ことをスローガンとして掲げるが、それと合わせて世界中の人々がより頻繁にアフリカ制作の番組に触れるようになることが期待される。

＊アレクサンドリア・サンゴール大学（**Université Senghor d'Alexandrie**）

　公式名称は「アフリカの発展のためのフランス語の国際大学」（UILFDA：Université internationale de langue française au service du développement africain）であり、1989年のダカール・サミットを経て、翌年の1990

年、エジプトのアレクサンドリアに開校した。栄養学や厚生医療、行政と経営、環境、遺産運営といった幅広い分野から資格をもつ若手専門家を受け入れ、アフリカの発展のために責任ある仕事を担える人材を育成することを目標に訓練を行う高度教育機関である。2006年時点では、26ヵ国から集った約100人の学生が在籍し、その30％を女性が占めた。

＊フランコフォニー市長国際会議（AIMF）

1979年、ジャック・シラク、パリ市長（当時）のもとに設立された。そして、1993年のモーリシャス・サミット以降、フランコフォニー国際組織のその他の直接指揮機関であるフランコフォニー大学機構、TV5、サンゴール大学と同等のものとして組織に取り込まれた。その役割は、地域運営、電子化されたプログラムの開発、スタッフの訓練といったフランス語圏諸国の都市の活動を推進するために、市長や事務局の間に密な協力関係を築くことにある。「フランス語が公用語である、または交流手段であるか広く使われている48ヵ国」の地方議会議員から構成される。

＊フランコフォニー議員会議（APF）

サンゴール主導により1967年に創設された「フランス語使用議員国際会議」（AIPLF）が、1998年に改名されて現在の「フランコフォニー議員会議」（APF）となった。フランコフォニー憲章によって認定された唯一のフランコフォニー内部議員組織である。

サミットと制度的なつながりはないが、フランコフォニー議員会議の代表は常時サミットに派遣されている。また、フランコフォニー国際組織の諮問機関と位置づけられており、フランコフォニー関連組織と人々の間に民主的なつながりを保証する。

一例として、2001年7月8日から10日にケベックで開かれたAPF第27回会議では、フランコフォニー世界、とりわけ、ベナン、ハイチ、ギニアの政治問題と危機状況に関わる報告書や、フランスの報道の自由と表現の多様化についての意見書などが提出され、そのうちの一部が採択された。

4.3　コモンウェルス（英連邦）との比較からみる特徴

　それでは、国際組織としての特徴とは何か。当時、チュニジアの大統領であったブルギバが「フランス風コモンウェルス」と形容したように、フランコフォニー国際組織はコモンウェルスから多くの着想を得ている。また、1971年にコモンウェルスが、「民族の共通利益に加えて、国際理解と世界平和を追求するために、協議し協力する自発的独立主権国家から成る組織である」と再定義されたことは、これをもとに新たな組織を構想するサンゴールに大きな影響を与えた[27]。サンゴールの言葉を引用すると、「ラテン・アメリカとその二つの旧宗主国スペイン、ポルトガルが注意を払い始めた、1971年に改革したコモンウェルスを参照」[28]して、フランコフォニー国際組織の創設案が練られていく。
　しかし、次の彼の言葉に明らかなように、コモンウェルスをモデルにしながら、政治・経済面よりも文化面に重きを置こうとした。

> コモンウェルスの目的は、世界平和という枠組みのなかで各国の〈富〉、つまり経済的繁栄を追求することにある。フランコフォニー国際組織においてもフラン圏が示すように経済的側面を無視するわけではないが、経済や政治を放棄することなく文化を重視するものである[29]。

　さらにコモンウェルスとの差異を探ると、フランコフォニー国際組織の重要な特徴として以下4点が浮かび上がる。
　第一に、コモンウェルスがモザンビーク、ルワンダを除き旧イギリス領の諸国から成るのに対して、フランコフォニー国際組織には19世紀のフランス帝国に属していなかったメンバーが数多いことである。例えば、カナダ、ベルギー、アフリカ諸国メンバーのうちには旧ベルギー領のブルンジ、ルワンダ、コンゴ民主共和国、旧ポルトガル領のカーボベルデやギニアビサウ、旧スペイン領の赤道ギニア、旧イギリス領のガーナが挙げられ

る。また、東欧諸国やバルカン諸国までもが加盟、もしくはオブザーバーとして参加する。そのため、フランス帝国の延長に位置するものとみなされることの多いフランコフォニー国際組織であるが、そのメンバーは必ずしもフランスと歴史的に密接な関わりをもつわけではなく、フランス語を公用語と定めているとも限らない。

　ここから生まれるフランコフォニー国際組織のメンバー間の文化的、歴史的、あるいは政治的なあり方の違い、その多様性は、フランコフォニーの将来を規定する重要な要素である。これに関わるボドー（Beaudot［2004：95］）の次の言葉は実に的を得ている。

　　フランコフォニーというものは（中略）コロニアルな観念のもう一つの姿にすぎないのでしょうか。実際、私の思うところでは、フランコフォニーがある正当性と将来とをもっているのは、まさにそれが、たとえば私たちが打ちたてようと努力している、様々な差異の真の並立に存しているからなのです。

　逆に、フランス語話者を多く抱えるか、フランスの旧植民地である諸国・地域が必ずしもフランコフォニー国際組織のメンバーというわけではない。政治的問題からメンバーに依然として加わっていないアルジェリアをその代表例に挙げられる。

　第二の特徴は、コモンウェルスが英王室を元首とする君主制を採用しているのとは異なり、フランコフォニー国際組織においては、フランスのような特定の国家が諸メンバーを統率すると規定されてはいないことである。しかし、次のような痛烈な批判の声は今も多く聞かれる。

　　フランスはいまだにフランコフォニーというフランス植民地帝国の廃墟から生まれた概念のまさに中心に居座っている。それは、帝国が創造した言語による結合のない世界を想像することのできなかったサンゴールのような、同化されたポストコロニアル指導者の頭脳から産まれたものである[30]。

それに対して、フランコフォニー国際組織の機関誌『世界のフランコフォンの1年』（*L'Année francophone internationale*）の編集長を務め、フランコフォニー機構の一つである「部分的あるいは全体的フランス語の大学連合」（AUPELF）の総長も経験したミシェル・テトゥ（Michel Tétu）は次のように主張する。

フランスが〈フランコフォン世界〉の中心にいると思われたが、それは正しい。しかし今日は（中略）フランコフォニーが複数の中核をもつようになった[31]。

同様に、ショプラド（Chauprade［1996：22, 23］）はフランコフォニー国際組織が「ネオコロニアリズムの隠された一形態」であり得ることを認めながらも、それを「単なる植民地帝国の遺産」であると規定することに反論する。なぜなら、フランコフォニー国際組織に加盟する諸国は、「フランス革命の普遍主義に基づいた脱植民地化に多くを負っている」からであり、「メンバー諸国間の交流においても、フランス中心とは程遠い」ものであるからだ。先述したように、フランコフォニー国際組織には、フランス帝国の支配下になかった国々が多く加盟していることも彼の論拠となる。

しかし、後にみるフランコフォニー国際組織予算のフランスの拠出割合や総額、そして諸国を加盟に導いたその吸引力を考慮に入れるとき、両者の議論にあるように、フランスの中心性を真っ向から否定するには異論の余地がある。フランコフォニー国際組織メンバー間の商取引もその大半がフランスと諸国との間でなされている。したがって、フランスにおけるフランコフォニー国際組織の位置づけと、これへの関わり方を詳細にみる必要がある。

では、第三に挙げられる特徴は何か。この点は他の国際組織と差別化する上でもっと強調されてしかるべきであると考えるが、それは、主権国家でない地域もフランコフォニー国際組織ではメンバーの一員となり得ることである。現に、フランコフォニー国際組織のメンバーには、カナダのニ

ューブランズウィックやケベック、ベルギー政府とは別に、ベルギー・フランス語共同体といった主権国家でない地域も名を連ねている。これら地域メンバーは、フランスやセネガルといった諸国メンバーと同等の立場で発言することが可能である。

　第四点目に挙げられるのは、フランコフォニー国際組織には経済的に恵まれない国が多いことである。アフリカ・カリブ海・太平洋諸国のうち多くの発展後進諸国（LDCS）メンバーはフランコフォニー国際組織のそれと重なる。コモンウェルスには、イギリスの他に、オーストラリアや、カナダ、南アフリカ共和国、ニュージーランド、インドといった経済大国が加盟しているのに対して、フランコフォニー国際組織には、フランスに並ぶ経済大国はいまのところ存在しない。また、コモンウェルス加盟国のなかの低所得国、ケニアやナイジェリアに、フランコフォニー国際組織加盟国のコートジボワールやコンゴ民主共和国が匹敵しているとは言い難い[32]。

4.4　フランコフォニー各機関の予算

　ここでは、フランコフォニー国際組織の活動を支える予算と諸国・地域の拠出割合をみておこう。『フランコフォニー事務局報告書』（*Rapport du secrétaire général de la Francophonie, de Ouagadougou à Bucarest 2004–2006*［2006：128-132］）によれば、諸機関の2005年度予算は以下のようであった。

機関の名称	2005年度可決予算 （単位：100万ユーロ）
フランコフォニー国際組織（OIF）	83.4
フランコフォニー大学機構（AUF）	41
TV5	88.7
フランコフォニー市長国際会議（AIMF）	5
サンゴール大学（Université Senghor）	2.2
合計	220.3

次に、諸機関について、フランコフォニー国際組織、フランコフォニー大学機構、TV5、サンゴール大学の順に追っていく。

フランコフォニー国際組織　予算83.4（100万ユーロ）の拠出割合

フランス	54.5%
カナダ	21.5%
ベルギー・フランス語共同体	8.6%
スイス	6.6%
ケベック	4.1%
その他	4.7%
合計	100%

フランコフォニー大学機構　予算41（100万ユーロ）の拠出割合

フランス	81.5%
カナダ	6%
ケベック	3%
ベルギー・フランス語共同体	1.5%
（その他）	（8%）
合計	100%

TV5　予算88.7（100万ユーロ）の拠出割合

フランス	75.95%
ベルギー・フランス語共同体	4.79%
スイス	4.79%
カナダ	2.87%
ケベック	1.92%
セネガルとブルキナファソ（2004年）	0.57%
その他の収入（広告、加入料金など）	9.68%
合計	100%

サンゴール大学　予算2.2（100万ユーロ）の拠出割合

フランス	79.5%
カナダ	16%
スイス	3%
ケベック	1.5%
合計	100%

＊現地の手配や準備はエジプトが担っている。

　表から明らかなことは、フランスが常に首位に現れることと、いずれの機関においても予算の拠出割合が50%を上回ることである。また、50以上ものメンバーが加盟しながら、フランス、カナダ、スイス、ベルギーという限られた「北」の諸国が予算の多くを負担していることが分かる。

　そのなか、TV5において、「南」のセネガルとブルキナファソが名を連ねる意味は大きい。さらに肝要な点は、主権国家だけではなく地域が一員として加盟できるフランコフォニー国際組織において、予算の拠出の面でもケベックやベルギー・フランス語共同体に例をみるように、地域共同体が積極的に関与していることであろう。ここでは、カナダ政府とケベック州政府がともに名を連ねるカナダに対して、ベルギーではベルギー・フランス語共同体のみが予算の拠出に関わっているという違いも見て取れる。

4.5　組織の活動内容

4.5.1　［言語、文化、政治、教育］分野別にみる活動事例
言語の分野

　メンバー間でフランス語を共有することを前提として成るフランコフォニー国際組織は、当然、フランス語の普及活動に関わる。

　先述したように、「文化技術協力機構」はフランコフォニー国際組織の前身となるものであるが、ディオリらが起草した文書には、諸言語に関する明確な言及はなかった。同様に、1990年から97年の間の文化技術協力機構の活動報告書に、フランス語教育を除いて「言語」という語は見当たらない。クレオール研究に資金提供するなどしており、フランス語以外の

写真12　国際フランス語教授連合（FIPF）第12回世界大会（XIIème Congrès mondial de la Fédération internationale des professeurs de français）（2008年7月、ケベック）

写真13　フランコフォニー事務総長アブドゥ・ディウフの開会演説（同左）

諸言語を活動の対象外としていたわけではないが、フランス語以外の言語の保護や普及は重要視されなかった[33]。

　後で数値とともに確認できるように、2000年以降も、フランコフォニー国際組織の言語に関わる活動は、「パートナー諸言語」と位置づけられるアフリカの諸言語やクレオール語よりもフランス語の教育と普及に機軸が置かれていることに変わりはない。しかし、「南」では一般にフランス語とは別に日常的に使用される言語があり、フランス語は複数の言語と共存する。こうした多言語状況のなか、近年のフランコフォニー国際組織は、「文化的多様性の擁護」を掲げてフランス語以外の言語の普及に取り組み、活動対象となる言語を確実に広げている。

　フランコフォニー国際組織の実際の活動[34]には次のようなものが挙げられる。

・雑誌『クレオール研究』の出版。
・コートジボワールの大百科事典の電子化を支援。
・セネガルの諸国語による書物の出版。

　また、フランス語にも諸変種があり、この分野での活動も行われている。フランス語圏アフリカ諸国で読み書きされるフランス語の諸変種について叙述した書籍のうちで最も名の知られたものとして、『ブラック・ア

フリカにおけるフランス語の語彙の特徴』があるが、これは1983年にフランコフォニー機関のAUPELFと文化技術協力機構が共同で監修したもので、1988年にUREFが再編してアシェット社（Hachette）から出版された[35]。

文化の分野

　文化面での活動はフランコフォニー国際組織の創設に尽力したサンゴールのヴィジョンを強く反映するものであるが、活動内容は多岐に渡る。

　その一例として、文学賞や音楽賞の設置が挙げられるが、これによって作品の普及とともに有能な若手人材の育成が図られる[36]。また、フランコフォニー国際組織はEUやその他の専門機関と共に、「南」のフランコフォン諸国の映画作品やテレビ番組の制作と普及を支援するが、そのために年間約200万ユーロを拠出し、ベナン、ブルキナファソ、カメルーン、ニジェール、セネガル、チュニジアなどの諸国の制作会社が国際市場に進出することを可能にしてきた。毎年70～80件の企画を受け入れているが、1988年に創設された「南のオーディオ・ビジュアル製品のフランコフォン基金」（Fonds francophone de production audiovisuelle du Sud）を通して、これまでに資金援助した作品は1,600本を超える[37]。

　同じような基金には、「南のフランコフォン出版物支援基金」（Fonds d'appui à la presse francophone du Sud）がある。世界各地で開催される本の見本市へのアフリカの出版社の参加を支援するなどして、フランス語書籍の普及を目指す。基金は、コートジボワールの「フラテルニテ・マタン」[38]やセネガルの「ソレイユ」[39]など、フランス語圏アフリカ諸国の出版物の電子化の他、中東で唯一のフランス語日刊紙であるレバノンの「ロリオン・ル・ジュール」（*L'Orient le jour*）への補助金としても活用された[40]。

　文化活動拠点の設置も進められている。農村や発展途上国の人々の新聞や書籍、すなわち情報や知識へのアクセスを促進することを目的として、1986年以降、アフリカのフランコフォン諸国を中心に設置されたのが、「読書と文化活動センター」（CLAC：Centres de lecture et d'animation culturelle）である。ベナンに 20 カ所、ブルキナファソに 17 カ所、マダガスカルに 22 カ所など、一国に複数のセンターを置くが、今やアフリカ、インド洋、カリブ海、中東の 19 カ国に 229 カ所を数えるだけではなく、今後さらに増設される見込みである。センターは、16 歳未満の若者や教育システムから遠のいた女性の多くによっても利用されており、予防接種やエイズ撲滅キャンペーンなどの保健活動も行っている。2008 年から 2010 年までの利用者は約 600 万人である[41]。

　類似した文化センターとして、2006 年のフランコフォニー・サミットで創設が取り決められた「知識の家」（MDS：Maisons des Savoirs）があり、デジタル文化や知識への容易で安価なアクセスを可能にすることを目的としている。ここでは、TV5MONDE の番組を利用したフランス語学習ができる他、DVD や書籍をはじめ、各種メディアに自由に触れられる。2009 年にベトナムに設置されたのをかわきりに、2010 年にはモルドバ、ブルキナファソに開設された。

　他に、フランコフォニー国際組織は、スポーツ・文化の祭典といえる「フランコフォニー大会」を開催する。1989 年に初めてモロッコの二都市で開催されて以降、場所を移して 4 年に 1 回程度の割合で行われている。2009 年 9 月 27 日から 10 月 6 日にかけてレバノンで開催された第 6 回大会には、2,500 人以上の若いスポーツ選手や芸術家が 40 のメンバー国・地域から参集した[42]。

政治の分野

　サンゴールや二人の事務総長の出生地であるアフリカに関わる活動として、監視員の派遣がある。国連がコートジボワール、ハイチ、ブルンジ、コンゴ民主共和国といったフランコフォニー諸国で繰り広げる平和維持活動の一環である。フランコフォニー事務総長のアブドゥ・ディウフは次のように語っている。

　　フランコフォニー国際組織は国連と共に、危機と紛争を防止するシステムを設けようとしている。フランコフォニー国際組織が国連に代わ

るものでないとすれば、このように、その経験を世界平和に役立てられるし、そうすべきである[43]。

　2003年1月2日以降、事務総長に就任したディウフは、フランコフォン空間、とくにサハラ以南アフリカで様々な紛争を目にしてきた。その彼がバマコ宣言にしたがって2003-2004年の間に行ったのは、次の6カ国、中央アフリカ、コモロ、コンゴ民主共和国、コートジボワール、ハイチ、ギニアビサウへのフランコフォン専門監視員の派遣である。バマコ宣言は、アフリカ統一機構が2000年11月30日、12月1日にマリのバマコで開催した会議で採択された。事務総長はこれに準じることで、アフリカにおける紛争の解決、危機的状況の緩和、平和の奪還と民主主義や人権の確立を目指す。
　2004年には、コートジボワール、コンゴ民主共和国、ジブチ、モーリタニア、チャド、トーゴ、ギニアビサウといった18の諸国に30人近くの選挙委員団を派遣した。そして、バマコ宣言4条に規定された「自由で信頼できる、透明な」選挙の実施を支援した。
　2005年にトーゴとモーリタニアでクーデタが起きた際には、フランコフォニー国際組織の歴史上初めて、民主主義の破綻と深刻な人権侵害に関わるバマコ宣言5条3項が適用された。まず、事務総長は規定の手続きに従い、2005年2月と8月、通常の会期外であったが即座にCPFを召集し、バマコの規定に抵触する両国の行動を非難した。それから協力支援を停止し、トーゴ代表が決定機関に参加することを一時禁止とした[44]。モーリタニアに対しては、2008年8月、再度のクーデタに際して、フランコフォニー国際組織メンバーから一時外すといった制裁措置も取られている[45]。
　コートジボワールを事例にさらに詳細をみると、2002年9月に勃発した内戦後、フランコフォニー国際組織は、西アフリカ諸国経済共同体やアフリカ連合、フランス、国連などが進める平和維持活動に、フランコフォニー機関CPFを通じて次のようなかたちで関与した。

・特別審議会を招集し、人道的支援、紛争調停の活動について議論（2002年12月17日）。
・アフリカの知識人による平和のための会合組織の支援（2002年12月23日、コトヌーにて）。
・監視員としてリナ・マルクーシ和平合意（Linas-Marcoussis）の議論に参加（2003年1月15日）。

また、コートジボワールのメディアの強化支援を行った。コートジボワールでは、2003年の動乱のさなかに2人のジャーナリストが命を落としており、2004年4月、「平和に回帰するためのイボワール人（コートジボワール人）ジャーナリスト連合」(Ajirp: Association des journalistes ivoiriens pour le retour à la paix) が設立された。それに対して、フランコフォニー国際組織は、メディアが「情報提供に加えて、全イボワール人の公平と和解の精神を培う」という役割を果たすのを支援するために新たな派遣団を送り、報道長やジャーナリストとの対談を実施した[46]。さらに、「選挙プロセスにおけるメディア」をテーマとしたジャーナリスト連合によるシンポジウムの開催（アビジャンで、2006年5月3日から5日に開催）を支援するなどした[47]。

教育の分野

フランコフォニー国際組織は、国連やユネスコと共に発展途上国の教育制度の現状を調査し評価する活動にも関わる。例えば、ブルキナファソのワガドゥグで国際的なアトリエを開催して、専門員に教育制度の評価方法を学ばせるとともに、専門員の交流を促進するなどしている。また、教員養成のための政策支援を行う他、各地域で開催したセミナーの資料をインターネット上で公開して情報の共有を図る。

地域の教科書作成を促進するため、編集関係者の支援も行う。特に、ベナン（2005年には10種の初等教育用フランス語教科書を出版）、コンゴ（フランス語、数学、市民教育の教科書を出版）、ギニア（初等教育の教科書を出版）、ニジェール（読み書き練習帳、平和教育のための教科書を出

版)、コンゴ民主共和国（中央アフリカのフランコフォン文学選集の教育手引きを出版）といった諸国での成果が報告されている[48]。しかし、前述のニジェールの教科書がベルギーのアルファ社（Alpha）[49]から出版されている例にみるように、必ずしも現地の出版社から発行されるには至っていない。

その他、2009年には、国連の平和強化委員（Commission de consolidation de la paix（CCP）des Nations unies）と協力して、委員会の優先リストにある2国のフランコフォニー国際組織加盟国、中央アフリカとブルンジで平和維持活動を実施しているが、中央アフリカで警察学校の警察官養成能力の強化を支援するなどの活動も行っている[50]。

4.5.2　他の国際組織との活動

フランコフォニー国際組織には旧ポルトガル植民地や旧スペイン植民地の諸国も多く加盟するが、ポルトガルやスペインも加盟する他の言語圏組織と共同で活動することもある。

その一例として、2001年3月20日と21日にパリで開催された「3つの言語圏がグローバル化に挑む」と題するシンポジウムが挙げられる。これには、フランス、モザンビーク、エクアドル大統領と以下5つの組織が参加した。**イベロアメリカ連合（OEI）**、**ポルトガル語諸国共同体（CPLP）**、**イベロアメリカ協力局（Secib）**、**ラテン連合（Union Latine）**、そしてフランコフォニー国際組織である。アフリカのモザンビークはポルトガル語圏、中南米のエクアドルはスペイン語圏であり、議題に掲げられた3つの言語圏とは、フランス語圏、ポルトガル語圏、スペイン語圏を指すが、フランコフォニー国際組織は後者の2言語圏と共に英語による画一化、グローバル化に異議を唱えた。なお、**ラテン連合に加盟する39カ国のうち13カ国**（アンドラ、カーボベルデ、コートジボワール、フランス、ギニアビサウ、ハイチ、モナコ、モザンビーク、ルーマニア、サントメ・プリンシペ、セネガル、ドミニカ共和国、モルドバ）はフランコフォニー国際組織のメンバーでもある（2011年現在）。

他方、主に英語圏の諸国からなる**コモンウェルス**とも協調している。

2011年現在、両組織に同時加盟している主権国家は11カ国（カメルーン、カナダ、ドミニカ、モーリシャス、セントルシア、セイシェル、バヌアツ、ガーナ、モザンビーク、キプロス、ルワンダ）で、組織間の交流は双方のサミットへの参加やシンポジウムの共催などというかたちで行われている。例えば、1999年9月、カナダで開催された第8回フランコフォニー・サミットにコモンウェルスが、同年11月には逆にフランコフォニー国際組織がオブザーバーとしてコモンウェルス・サミットに招待された。2000年1月には、「民主制と多元社会」をテーマとするシンポジウムをカメルーンの首都ヤウンデで共催し、同年11月には**EU**とアフリカ・カリブ海・太平洋諸国（ACP: African, Caribbean and Pacific Group of States）との間で貿易協定を締結するため、ACP諸国の首脳向けセミナーをジュネーブにて共同で開催するなどした[51]。

1991年にジンバブエの首都ハラレで人権と民主制の擁護を宣言し、1995年にその実行グループとして英連邦閣僚会議運営委員会（CMAG: Commonwealth Ministerial Action Group）を組織したコモンウェルスを、ドン・マッキノン（Don Mckinnon）コモンウェルス前事務総長は、その分野の先駆的組織であると語ったことがある。この時、同じ目標に向かって活動する国際組織として**アフリカ統一機構**や**太平洋諸島フォーラム（PIF: Pacific Islands Forum）**[52]と同時にフランコフォニー国際組織の名前を挙げている[53]。

このように、フランコフォニー国際組織がコモンウェルスと手を組むのは、とりわけ人権や民主制の基礎がいまだ確立されていない諸国に対する支援活動においてである。次のフランコフォニー憲章第1条1項に規定されるように、それはフランコフォニー国際組織の主な活動目的の一つでもある。

> フランコフォニー国際組織は、フランス語の共有によって作られたメンバー間のつながりを自覚しており、平和・協力・発展のためにこのつながりを活用したいと願いながら、以下の支援を目標に掲げる。民主制の確立・発展、紛争防止と法治国家・人権の擁護、諸文化・諸文

明の対話の増大、相互理解による人々の接近、経済発展の促進に向けた多国間協力活動による連帯の強化－これらにおける支援である。

〔フランコフォニー憲章第1条1項〕

さらに、フランコフォニー国際組織はアラブ世界とも関係をもつ。「教育、科学、文化のためのイスラーム組織」（Isesco）他、特に**「アラブ連盟」（LEA : Ligue des États arabes, League of Arab States）**とのつながりが強く、アラブ連盟の22メンバーのうちフランコフォニー国際組織との共通メンバーは8カ国（コモロ、ジブチ、エジプト、レバノン、モロッコ、モーリタニア、チュニジア、アラブ首長国連邦）である（2011年現在）。1999年9月、アラブ連盟が第8回フランコフォニー・サミットに招かれたことで、両組織間の関係が生まれ、2000年5月には、フランコフォニー国際組織とアラブ連盟が共同で、「フランコフォニーとアラブ世界：諸文化の対話」というテーマでパリのアラブ世界研究所にてシンポジウムを開催している。主にフランス語圏におけるアラブ文化の普及と、アラブ世界におけるフランス語の普及を目指した両者の活動は、同時に、世界の多様性を保持し、促進しようとするものである[54]。

これ以前、前フランコフォニー事務総長のブトロス・ガリは、アラブ連盟大使として、北アフリカのアラブ諸国とサハラ以南アフリカ諸国の対話を構築しようと何年も試みてきた。そして1977年3月には、**アラブ連盟**と**アフリカ統一機構**が共同参加のサミットを開催したが、思わしい成果をあげることができず、フランコフォニー国際組織を通してそれを引き続き追求した。2002年になって、フランコフォニー・サミットが初めてベイルートというアラブ世界の都市で開催されたことは、その成果の一つともいえる。ガリが開催前に「北と南、さらにアラブ世界とヨーロッパ世界の対話を広げるのに役立つであろう」と語った同年のサミットのテーマは「諸文化間の対話、言語の多様性」であった。

4.5.3　フランコフォニー国際組織の年間予算内訳

フランコフォニー憲章前文に、「フランコフォン諸国の経済的発展と飛

躍によって、フランコフォニーは世界で認められるものとなるであろう」とあるのと呼応するように、フランコフォニー事務総長は諸国間、諸組織間の活動の連携の必要性をかつて次のように強調した。

　　発展途上国の半分がフランス語圏であり、我々にとって連帯は意味あるだけでなく、必要不可欠なものである。（略）我々は経済を発展させて、南北の不平等を是正しなければならない。（略）1997年のハノイ・サミットと、1999年にモナコで開催された初のフランス語圏経済・財政相会議以降、フランコフォニー国際組織はノウハウを共有できる経済空間の建設に専念している。フランコフォニー国際組織の目標は、恵まれない者たちに、明白で公平な基準に則って、自国を守り、交渉する能力を与えることである。（略）フランコフォニー国際組織の年間予算は2億ユーロで、世界銀行、EU、その他の専門組織のような貸付機関ではないが、国際貿易組織のような国際交渉のなかで低所得国の声を届ける[55]。

　以下、フランコフォニー国際組織の年間予算の内訳〔表7-1参照〕をみながら、フランコフォニー国際組織の活動内容を数値とともに捉えたい。フランコフォニー国際組織の予算総額は、1979年当時、約1,000万ユーロであったが、1995年には約5,100万ユーロ、2009年には8,900万ユーロと大幅に増加している（2010年の予算総額は8,100万ユーロとやや減少）[56]。この3分の2（2009年は約43,735,000ユーロ）が活動計画の実施に充てられており、表7-1はその内訳を示す。
　先に確認したフランコフォニー国際組織の優先課題にしたがい、大きく4つの項目に分けられている。「A フランス語と言語・文化的多様性の促進」、「B 平和、民主化、人権の推進」、「C 教育・研修・高等教育・研究の支援」、そして「D 連帯と持続可能な開発のための協力の推進」である。
　表7-2に確認できるように、言語・文化に関わる活動には最多の予算が充てられているが、分野別割合（34％）が示す通り、他の分野の活動を圧倒するような数値ではない。ただし、分野横断的な活動も少なくなく、

例えば、フランス語に関わる活動は、AだけではなくCの項目にも見出せる。また、発展途上のフランコフォン諸国支援に関わる活動は、Dだけではなく Aやその他の項目にも関わる〔表7-1参照〕。そのため、正確な数値を見極めにくいのは事実であるが、フランコフォニー国際組織が「言語共同体」という枠組みを超えて、「南」の開発や支援にも力を入れるなど多岐に渡る活動を展開していることが改めて確認できる。

表7-1 フランコフォニー国際組織の年間予算の内訳（2009年）

単位：ユーロ

A	フランス語と言語・文化的多様性の促進	14,828,000
A 1-1	言語・文化的多様性のなかフランス語使用の増加 ・EUにおけるフランス語 ・アフリカの諸国際組織におけるフランス語 ・諸国際組織にフランス語使用監視局の設置 ・アフリカの諸言語・クレオール語とフランス語の調和政策 ・他の言語圏との協力 ・通訳・翻訳の支援金	3,600,000 1,900,000 1,100,000 100,000 200,000 100,000 200,000
A 1-2	フランコフォン文学と大衆の読書の促進 ・5大陸の賞とフランコフォン若手作家の賞 ・フランコフォンの文学サロン・見本市への参加 ・受賞作の翻訳 ・諸国における読書の大衆化政策の推進 ・CLAC（読書と文化活動センター）ネットワーク	2,500,000 150,000 200,000 150,000 700,000 1300,000
A 2-1	多様性尊重のなか諸国文化の表現を推進 ・芸術家の流動性を促すための支援金 ・芸術家の市場進出の促進 ・オーディオビジュアル製品の販売促進 ・オーディオビジュアル製品の開発 ・映像制作の支援金 ・テレビ制作の支援金	3,735,000 830,000 615,000 250,000 140,000 950,000 950,000
A 2-2	公営・私営の文化機関の設立支援 ・文化的多様性の保護及び促進に関する条約適用への参加 ・公的及び専門機関の機能強化 ・文化企画制作者の養成 ・文化産業の経済的支援 ・文化産業ネットワークの設置	1,560,000 270,000 400,000 120,000 220,000 550,000
A 2-3	デジタル文化受容の推進 ・世界情報社会サミットのコミットメントの実施 ・インターネットガバナンスへのフランコフォン諸国の関与支援 ・フランコフォン発展途上国への国際規制に対応した戦略推進 ・デジタル製品の生産とアクセスの推進	3,433,000 400,000 250,000 150,000 2,633,000
B	平和、民主化、人権の推進	11,900,000
B 1-1	民主的制度の強化及び民主的ガバナンスの促進 ・法的制度とネットワークの強化 ・民主化と人権の制度とネットワークの強化 ・統合と発展のための人権とガバナンスの促進	1,740,000 650,000 685,000 405,000

B 1-2	民主的プロセスと生活補強	3,440,000
	・選挙監視	560,000
	・APF(フランコフォニー議員会議)における協力推進と外交強化	995,000
	・報道の自由促進	485,000
	・メディアの多様性強化	1,400,000
B 1-3	人権と民主的文化の促進	1,330,000
	・人権、民主化、平和に関わる情報と教育の普及	750,000
	・フランコフォニー国際組織の国際的価値の高揚	300,000
	・国際的な政策の適用推進	280,000
B 2-1	民主主義、人権、自由の保障の監視強化	1,750,000
	・情報網と人的ネットワークの動員	775,000
	・監視と早期警察システムの制度化	500,000
	・情報システムの構築	475,000
B 2-2	危機と紛争の予防と平和的解決	1,870,000
	・バマコ宣言5章の適用におけるフランコフォニー事務総長の政治的・外交的主導権の発動	800,000
	・紛争地域における OIF の外交的地位の確保	570,000
	・平和と安全のためのフランコフォン協調戦略の評価と深化	500,000
B 2-3	危機後の移行支援と平和構築	1,770,000
	・政治的安定に向けた対話の文化の定着	420,000
	・制度的・法的支援の実施	410,000
	・選挙プロセス支援	940,000
C	教育・研修・高等教育・研究の支援	8,172,000
C 1-1	諸国の教育政策の効率性向上	3,240,000
	・国家教育計画策定と学校教育機関における男女共同参画の推進	870,000
	・多言語状況と結び付けたフランス語教育・学習の効率性向上、第二言語または外国語としてのフランス語の教材と教育方法の近代化	2,370,000
C 1-2	学校教育機関の人事管理と教授能力の強化	2,882,000
	・教職員の能力強化	1,070,000
	・モデル事業 MDS(知識の家)の明確化	600,000
	・CLAC と MDS に備品・教材の支給	150,000
	・初等教育教員養成における OIF / AUF (TICE / FAD) の連携活動	500,000
	・地域の教科書づくり支援	352,000
	・教科書づくりに関わる人材の育成	210,000
C 2-1	教育実施体制の整備と社会参加・就職に向けた教育改善	2,050,000
	・専門的・技術的能力育成の国家政策策定、実施と追跡調査	1,250,000
	・中途退学者の能力向上と識字化の統合的教育戦略の推進	800,000
D	連帯と持続可能な開発のための協力の推進	6,757,000
D 1-1	持続可能な開発のための国家戦略策定と実施要件の改善	610,000
	・持続可能な開発のための国家戦略策定と制度的実施能力の強化	310,000
	・持続可能な開発のための情報提供の強化	300,000
D 1-2	持続可能な天然資源とエネルギー管理の推進	1,139,000
	・持続可能な開発のための環境管理ツール使用の増強	389,000
	・エネルギーの持続可能な利用のための能力の強化	470,000
	・エネルギー政策の策定と実施のための能力の強化	280,000
D 1-3	開発のための資金へのアクセスの改善	750,000
	・開発のための公的支援へのアクセスの改善	570,000
	・重債務低所得国の債務管理能力の強化	180,000

D 1-4	地域共同体が持続可能な開発プロセスに参加する能力の強化	1,330,000
	・貧困削減における地域共同体の主導権の増強	675,000
	・国家による貧困削減と地域経済の安定化	320,000
	・非公式経済から公式経済への移行における地域の主導権の強化	335,000
D 2-1	フランコフォン発展途上国の多国間交渉への参加の推進	2,278,000
	・環境と持続可能な開発に関わる国際交渉へのフランコフォン発展途上国の参加能力の強化	430,000
	・多角的貿易交渉におけるフランコフォン専門家の増員	460,000
	・通商政策の策定、協議、実施における ACP 諸国の能力の強化	1,128,000
	・地域経済統合の障害の削減	260,000
D 2-2	フランコフォン発展途上国における情報格差の是正	650,000
	・情報通信技術の共同利用の推進	350,000
	・科学技術能力の強化	300,000
E	超領域的活動	1,778,000
F	活動計画の評価・検証	300,000
	合計	43,735,000
	（内　外部資金）	(878,000)

出典：*OIF-Programmation 2006-2009*［2006：181-197］より筆者作成

表 7-2　フランコフォニー国際組織予算の分野別割り当て（**2009 年**）

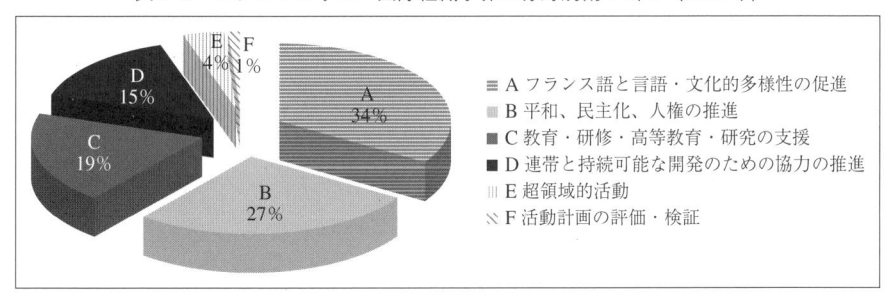

- A フランス語と言語・文化的多様性の促進
- B 平和、民主化、人権の推進
- C 教育・研修・高等教育・研究の支援
- D 連帯と持続可能な開発のための協力の推進
- E 超領域的活動
- F 活動計画の評価・検証

出典：*OIF-Programmation 2006-2009*［2006：181-197］表 7-1 より筆者作成

　予算総額からみれば、その他のフランコフォニー諸機関の予算を加えても約 2 億ユーロであり、例えば EU の 2009 年の予算総額約 1,150 億ユーロ（2010 年は 1,229 億ユーロ）[57]と比較すると微々たるものである。それゆえにこそ、効率的かつ効果的な予算の運用が求められるといえるが、それと合わせて、言語・文化に関わる活動に対する今後の予算割り当ての推移が注目される。

4.6 フランコフォニー国際組織とフランス語

フランコフォニー国際組織の広範にわたる活動をみてきたが、ここでは改めて、組織におけるフランス語の位置づけを考えたい。

まず、「フランコフォニー組織の最高決議機関」と位置づけられるフランコフォニー・サミットに関してであるが、その正式名称は、「フランス語の使用を共同とする諸国の元首及び政府首班会議」(Conférence des chefs d'état et de gouvernement des pays ayant en commun l'usage du français) であったが、93 年のモーリシャス・サミット以降、「フランス語を共有する諸国の元首及び政府首班会議」(Conférence des chefs d'état et de gouvernement des pays ayant le français en partage) へと変更された。

その意図は様々に憶測される。これは、「フランス語がもはやパリとフランスの独占物ではなく、使用国全体が共同で管理する国際語であることを宣言するものである。(略) 国際社会でのフランス語の地位を維持するには、フランス一国では力不足であり、フランス語使用諸国の力を重視せざるをえないからであろう」[58]。あるいは、日本語によって両者の違いは表現し難いが、いずれも「共有する」ことを意味する「コマン (commun) からパルタージュ (partage) へのサミット名称の変更は、より包括的なモデルとするためであり、言語的ヘゲモニーを解消しつつ形成されていた合法性に挑戦する措置といえる。しかし、これでフランスのフランコフォニーという支配が終了したことは全く意味しない」[59]。

名称の変更後も残る「諸国」(des pays)、「フランス語」(le français)、「有する」(ayant) という単語の位置を比較すると、変更後は「諸国」と「フランス語」との距離が縮まることで、両者の結びつきの強まりを感じさせる。また、「フランス語使用」に代わって「フランス語」が「有する」という動詞の直接目的語となったことで、「諸国」の対象は拡がりをみせる。フランス語を「使用」するか否かという自問から「諸国」を解放するからである。

フランコフォニー国際組織の関係者たちが、このようにフランス語の位

置づけに大いに注意を払ってきた背景には、フランス語が国際語としての地位を引き続き低下させていること、逆に、組織としては拡大を続けるなかで、言語状況、とりわけフランス語の位置づけや使用頻度を異にする諸国が多く加盟するようになったことがある。アジアからは 91 年にラオ語を公用語とするラオスと、93 年にはカンボジア語を掲げるカンボジアが、そしてヨーロッパからは、同じく 93 年にブルガリアとルーマニアがフランコフォニー国際組織に加盟している。周知のように、これら 2 国の公用語もフランス語ではなく、それぞれ、ブルガリア語とルーマニア語である。

　ラオスでは、1975 年にフランス語の義務教育に終止符が打たれたため、1975 年から 1990 年代の間に教育を受けた世代は、フランス語よりも英語を用いており、行政においてもフランス語使用はもはや義務づけられていない。また、ルーマニアには、EU 諸国のうちで最多のフランス語学習者がおり、2008 年から 2009 年には、174 万人を数えた。しかし、2009 年秋に採択された教育改革は、バカロレアの外国語試験に 1 言語のみを課すこととしたため、フランス語学習者の減少を招いている[60]。

　一方、フランコフォニー国際組織においてフランス語が依然として重要な位置を占めていることは、サミットへの参加申請時にフランス語の使用状況が審査対象となっていることに確認できる。なお、サミットへの参加形態は四種ある。［A］全権を有するメンバー（Statut de Membre de plein droit）、［B］準メンバー（Statut de Membre Associé）、［C］オブザーバー（Statut d'Observateur）、［D］特別招待（Statut d'Invité spécial）である。準メンバーとオブザーバーは、原則上サミットとフランコフォニー閣僚会議（CMF）の議論に参加する資格をもたず、さらにオブザーバーは、フランコフォニー常任理事会（CPF）とこれらの委員会連合の会合への参加権をもたない。そして特別招待国はサミットのみに参加可能であるが、各回の申請が必要である。

　オブザーバーとしての参加申請に当たっても「オブザーバーとしての参加申請は、申請時点におけるフランス語の使用形態の如何にかかわらず、フランス語使用の発展を促進しようとする意志に基づかなければならな

い」〔フランス語を共有する諸国の元首及び政府首班会議への参加規約及び条項第3章B項〕と定められる。また、準メンバーから全権を有するメンバーへの移行は自動的なものではなく、これも正式な申請に基づくが、地位の変更に当たっては、「準メンバー時の状況に比べて実質的な進歩と進展が示されなければならない」とある。その進歩と進展とは、「フランス語圏諸国との協議と協力」においてと同時に、「フランス語の使用」におけるものであり、ここに「準メンバーのさらなる取り組みが反映されなければならない」[61]と規定される。

しかし、フランコフォニー国際組織加盟国・地域におけるフランス語話者の比率が総じて低い点から、フランス語話者の比率が高いことは加盟の必須条件ではないことが明白である。考慮されるのは、現状や短期的な成果というよりもフランス語使用の増大に向けた取り組みとその意思表示であるといえる。

また、フランコフォニー政府間機構（AIF）では、2005年2月当時、50の国家・地域から成る政府間組織として以下のような加盟規定を設けていた。「フランス語が加盟申請を行う国の公用語でないとしても、それは加盟を妨げることにはならない。しかしながら、加盟申請を行う国の内部でフランス語が占める位置が加盟容認の判断基準となる」。

だが実際には、フランコフォニー政府間機構のホームページ[62]上で明確に分類されたように、50の加盟諸国・地域のうちフランス語を唯一のあるいは他言語と並ぶ公用語と定めるのは29メンバーにすぎず、残る21メンバーは、言語の地位規定としては曖昧な「フランス語を共有する」という枠組みのなかに提示された。フランコフォニー政府間機構の活動もフランス語の普及に留まるものではなく、前フランコフォニー憲章10条では「フランス語の発展とパートナー言語・文化の促進に貢献する」よう定めていた[63]。

現在、フランコフォニー国際組織が目指すのは、フランス語普及のみではなく、多言語・多文化の普及である。むろん、フランコフォニー国際組織の機関誌にも明記されるように、多言語・多文化主義の姿勢はフランス語普及を見据えた上でのことではある。

フランス語の今日の影響力は文化的・言語的多様性によって広まるものなので、フランコフォニーにおける多言語主義の様相を追い、他の言語圏の研究を進める必要がある。フランス語の地位と使用は、いうまでもなく我々の最大の関心事である[64]。

20世紀の多言語主義を推進する世界的動向のなかで、単一言語主義という論理がフランス語の普及を抑止するという理解に至ったフランコフォニー国際組織は、1989年のダカール・サミットで初めて次のように多文化の奨励を表明した。

諸文化の単一化とグローバル化という極度の危険を前にして、フランコフォニーは自己の存在を主張しなければならない。このなかでフランス語、諸国の言語や文化の連帯はしたがって必要不可欠なものである[65]。

フランコフォニー国際組織は「文化の対話・交流そして混合」[66]の場と位置づけられ、理念の中心には、「多様性」の尊重と「連帯」の強化が据えられるが、それは、フランス語内の複数性をも含意している。フランコフォニー事務総長アブドゥ・ディウフは次のように詳述する。

フランコフォニー共同体の諸国が特に注意を払わなければならない価値観は、文化的多様性である。我々は均質化した世界を望みはしない。だからといってグローバル化に反対するわけではないが、サンゴールがたゆまず説いてきたような連帯した世界、諸文化間の対話が可能であるような世界を望む。この対話が存在し、実りあるものとするためには、互いの差異によって豊かになるような強固で革新的な文化的多様性が必要である。文化的多様性の第一形態は諸言語のあり方である。諸言語の多様性といっても、まずは一言語における多様性である。不変の辞書に固定された唯一のフランス語など存在しない。ケベックのフランス語は正確にはセネガルのフランス語と異なるし、セネ

ガルのフランス語はフランスのものとは異なる。フランスにおいてさえ、プロヴァンスのフランス語とパリのフランス語は同じではない。（中略）言語というものは生きているのであり、それを残さなければならない[67]。

ここでは、フランスのフランス語やそれとは異なるケベックやセネガルのフランス語といった地域の変種も対等に容認する姿勢が示される。問題は、諸言語の多様性を容認するのみならず、今後それがさらなる実行力を伴って、諸言語の保護・普及の活動に活かされるかどうかであろう。諸言語の多様性の重要性を説くとき、それが大言語の保持だけを意味するものであってはならず、危機言語や少数言語をも考慮する必要があるのはいうまでもない。

さらに、グローバル化は英語の単一言語使用を推し進めるだけではなく、多言語主義にも結びつき得るということを忘れてはならない。今日、ブラジル、ロシア、インド、中国（いわゆるBRIC）の政治・経済的影響力が高まりをみせているが、これら諸国は言語文化的に大きく異なる。しかし、その習得が有用とみれば、人々は諸国の複数の言語を習い、使用するようになるだろう。現に、ブラジルの重みが増すとともにポルトガル語の重要性が高まりつつあるため、南米南部共同市場（MERCOSUR）のスペイン語圏加盟諸国においてポルトガル語教育の義務化への動きもみられる。

4.7 加盟がもつ意味[68]

フランコフォニー国際組織の母体たる文化技術協力機構が設立された1970年当初から加盟していたメンバーは、カナダや西欧のベルギー、フランス、ルクセンブルクといった諸国、そして他の多くは旧フランス領アフリカ諸国である。一例としてベナン、ブルキナファソ、ブルンジ、コートジボワールといった名前が挙げられるが、これらの諸国では実質的なフランス語話者数は総じて少ないものの今でもフランス語は公用語あるいは

国語と規定されている。

　その後、加盟諸国・地域の数は着実に増加しているが、既に言及したようにアフリカからはポルトガル領であったカーボベルデ、ギニアビサウ、サントメ・プリンシペといった国々も名を連ねるようになった。これらの国々でフランス語は公用語や国語の地位にはなく、フランス語話者人口も多くはない。ヨーロッパからは、リトアニア、チェコ、スロバキア、スロベニアなど一般に非フランス語圏とされる東欧諸国の多くがオブザーバーとなっている。1970年代にはアフリカ諸国のメンバー数がヨーロッパ諸国を大きく上回っていたが、90年代以降になると、その数に迫る勢いで中・東欧諸国のフランコフォニー国際組織への接近が相次いだ〔資料1参照〕。アジアからはタイが、また近年では他地域のドミニカ共和国やアラブ首長国連邦なども顔を覗かせている。加盟形態がオブザーバーに留まるところも多いが、ここ5年の間にオブザーバーから準加盟、あるいは準加盟から全加盟へと加盟形態を変えたケースはあり、今後、オブザーバー諸国・地域が地位を上げる可能性はある。

　サミットの開催地も、西欧、北米、アフリカから、インド洋、アジア、アラブ世界へと広がってきた。そして、2006年のサミットは、ルーマニアの首都ブカレストという東欧の地で初めて開催された〔年表1参照〕。

　では、フランコフォニー国際組織への加盟は諸国・地域にとってどのような意味をもつのだろうか。

4.7.1　戦略的パートナーとの友好的関係の構築

　おそらく第一に挙げられるのは、経済的な関係強化であろう。フランコフォニー国際組織のメンバーの多くは低所得国であり、高所得国に数えられるのは、フランス、ベルギー、ルクセンブルク、スイス、カナダの5カ国のみである。人材開発指数のリストをみても、その底辺部に加盟国のブルンジ（173位）、マリ（174位）、ブルキナファソ（175位）、ニジェール（176位）といった名前をみつけることができる（2002年）。こうした状況下にあって、諸国は経済的に恵まれたフランコフォニー国際組織メンバーから多くの資金援助を受けている。これら被援助国にとって、フランコフ

ォニー国際組織加盟による相互の関係強化は欠かせないものであるはずだ。もっとも、主な援助国は上記5カ国に限定され、フランスが最大の出資国となっている。

　第二に、政治的な関係の強化が挙げられよう。とりわけ、中・東欧諸国にとって、フランコフォニー国際組織はEUやNATO加盟といった外交政策を可視化し、促進させ得る国際フォーラムと位置づけられる。諸国にとってフランコフォニー国際組織の大きな魅力とは、何よりもEU原加盟国のフランス、ベルギー、ルクセンブルク、これにカナダを加えたNATO原加盟国がそのメンバーであることであろう。さもなければ近隣諸国ひいては、その枠組みを超えた諸国との友好的関係の構築が見据えられているはずである。

旧スペイン・ポルトガル植民地諸国（ガーナ、赤道ギニア、カーボベルデ、ギニアビサウなど）

　2006年からフランコフォニー国際組織に加盟したガーナにあっては、周囲のフランス語圏諸国との関係強化を求めてこれに加盟したことが明らかである。それは、スペイン語圏の赤道ギニアやポルトガル語圏のカーボベルデ、ギニアビサウといった国々も同様で、フランコフォニー国際組織への加盟は、地域統合への足掛かりとなる。

　1998年時点で、赤道ギニアには約1,000人、カーボベルデには約5,000人[69]のフランス語話者が確認されたが、2005年には赤道ギニアに2万人、カーボベルデでは2万5,000人に増加した。これは、近隣諸国との関係が強化されて、隣国からの移民の流入が増えたことに起因する[70]。

　カーボベルデ、ギニアビサウ、サントメ・プリンシペ、モザンビークはフランコフォニー国際組織メンバーであると同時に、「ポルトガル語諸国共同体」（CPLP : Comunidade dos Países de Língua Portuguesa）の加盟国でもある。この点に関しては興味深い事実がある。

　1996年、ポルトガルと旧植民地であった6つのポルトガル語諸国、アンゴラ、ブラジル、カーボベルデ、ギニアビサウ、サントメ・プリンシペ、モザンビーク、全7カ国によって「ポルトガル語諸国共同体」が創設

されたが、1979年にフランコフォニー国際組織に加盟したギニアビサウに続き、カーボベルデ（1996年）とサントメ・プリンシペ（1999年）がフランコフォニー国際組織に加盟した年が、この創設時期（1996年）とほぼ重なることである。

　国軍運動のクーデタ（1974年）に始まる四月革命以降のポルトガルは、旧アフリカ植民地には背を向けて、1986年にはECに加盟するなど、ヨーロッパとの関係を深めることに力を注いだ。それから10年を経て、ポルトガルの企業が運営するモザンビークでの水力発電事業からの収益を回復するために、そこで続いていた戦争を終わらせて、政情の安定化を図ろうとするなど、実益重視型の政府が旧植民地の政治に再び関与するようになる。「ポルトガル語諸国共同体」創設はこの時期に当たる[71]。旧植民地側が、関与の手を伸ばし始めた旧宗主国と再び関係を強化することになる言語共同体への加盟と同時に、フランス語圏への参加を意味し得るフランコフォニー国際組織への加盟を決めたのはなぜか。

　イギリスとフランスによる植民地支配の歴史を有し、英語とフランス語の両言語を公用語としているカナダ、バヌアツ、カメルーンなどが、コモンウェルスと同時にフランコフォニー国際組織のメンバーであることと、その意味は異なるはずである。

　2001年5月時点において、カーボベルデの経済が国際協力によって立ち直りつつあるものの依然として不安定であることや、ギニアビサウが国内予算の80％を外部の援助に頼っている[72]ことを考慮すると、フランコフォニー国際組織への加盟決定は、経済援助への期待と結びつく。ポルトガル語諸国共同体の6倍以上の加盟国数を誇るフランコフォニー国際組織には北側諸国も複数含まれる。

　セネガルの国家教育行政長官（当時）アブドゥライ・カマラ（Abdoulaye Camara）は自国の今後の経済発展計画はドナーのふるいにかけられるため、これに受け入れられるガバナンスが求められることに言及した後、他の言語圏諸国とフランコフォニー国際組織の関係に触れて、以下のように断言する。

ガンビア、そしてカーボベルデ、ギニアビサウといったポルトガル語圏諸国がフランコフォン空間に加入しよう、あるいはフランス学校に着手しようとするのは、経済的な理由でしかないだろう[73]。
(筆者注＊旧イギリス領のガンビアは、2011 年現在、フランコフォニー国際組織には未加盟である。)

赤道ギニアとフランコフォニー国際組織との関係も、経済的なものに始まるといえる。1985 年に中部アフリカ諸国中央銀行発行の CFA フラン使用を開始してフラン圏に加わった後の 1989 年になって、フランコフォニー国際組織の前身たる文化技術協力機構に加盟しているからである。そして 1997 年 9 月に、フランス語をスペイン語に次ぐ第二公用語に規定するなどして、フランスとの友好関係の強化を図っている[74]。

言語面で注目したいのは、同じようにポルトガル語が公用語に掲げられるなか、「モザンビーク解放戦線」(FRELIMO) が 1962 年の結成以降ポルトガル語を解放運動の際に使用していたのに対して、ポルトガル領ギニア(現ギニアビサウ)とカーボベルデにおける民族解放運動組織「ギニア・カーボベルデ独立アフリカ党」(PAIGC) は、ポルトガル語をベースとしたクレオール語を使用していた点である。クレオール語が公用語のポルトガル語以上に社会に広く浸透していたのである。なお、「ギニア・カーボベルデ独立アフリカ党」は 1963 年 1 月に武装闘争が開始される前の 1956 年 9 月、アミルカル・カブラル (Amílcar Cabral) の指導下にアフリカ本土のポルトガル領ギニアで創設された。カブラルはポルトガル語を指してポルトガル人がギニアビサウに残した唯一の「善」であるといい、これを敵視していたわけではない[75]。

サントメ・プリンシペでも、公用語のポルトガル語の他、主要な言語としてサントメ語、プリンシペ語、アンゴラール語、そしてカーボベルデ出身の移民が話すクレオール語を含めると 4 種類のクレオール語が共存する。クレオール語話者の人口比はサントメ・プリンシペで 85％、カーボベルデでは 98％ にもなる。2006 年にはフランコフォニー国際組織にモザンビークも加わり、「ポルトガル語を公用語とするアフリカ諸国」[76]がほぼ

出揃ったが、モザンビークでは、ポルトガル語の話者がいまだ全国民の半数を超えておらず、複数の現地語が使われている[77]。このように、ポルトガル語圏と称されはしてもこれらの諸国はむしろフランコフォニー国際組織の理念につながる言語の多様性を体現しており、ポルトガル語による旧宗主国とのつながりのみに固執する必然性はない。

　フランス語使用を求めるフランコフォニー国際組織の加盟規定とて、難題にはなり得なかった。よく知られてはいないが、ギニアビサウではフランス語は中等教育で第二言語として学ばれるものであるし、カーボベルデでは中等教育でポルトガル語、英語と共に教育科目となっている。そしてサントメ・プリンシペでは、中等教育で大半の生徒がフランス語を外国語として英語より先に学ぶ[78]。こうした言語的つながりのみならず、アフリカのポルトガル語圏諸国指導者でポルトガル植民地体制反対派のうちには、フランスとの協力を進め、その後西アフリカのフランス語圏やフランスに亡命した者が多いという事実もある[79]。

リトアニア、チェコ、ハンガリー、ポーランド

　フランコフォニー国際組織機関誌において非フランス語圏に分類されているリトアニアであるが、フランス語は約260校の中等教育機関で第一外国語として、約140校で第二外国語として学ばれる。また、フランス語専門書店が出現し、メディアにおいてもフランス語使用が広まっていると報告される。チェコにおいても、各種組織がプラハでフランコフォニーの日を設け、フランス語圏諸国の大使や大臣を招いたり、フランス語教育の促進に取り組むなどしている。

　このように、フランコフォニー国際組織のオブザーバーとなった諸国は組織内においてさらに上位の地位を得るためにフランス語を普及させようと努力し、同時にその姿勢を強くアピールするが、フランス語圏世界への参加それのみを彼らの目標とみるべきではない。1994年、バルト三国として最初にNATO加盟申請を行ったリトアニアであるが、ローマ駐在リトアニア大使のニダ・ダルマンタイト（Nida Dalmantaite）は明言している。

ベルリンの壁崩壊後、中・東欧諸国は徐々にフランコフォニー国際組織に政治的期待を抱くようになった。フランコフォニー国際組織は外交政策を可視化し、促進させてくれる国際フォーラムであると考えているのである。この意味で、EU と NATO のメンバー諸国がその最初の目標となったのは明白である[80]。

表8　ヨーロッパのフランコフォニー国際組織（OIF）メンバーと EU、NATO
（OIF 加盟年を基準に配列）　　　　　　　　2010 年現在

	OIF 加盟年	EU 加盟年	NATO 加盟年	フランス語話者比率(%)	公用語・国語（通用語）
中・東欧					
ブルガリア	1993	2007	2004	4	ブルガリア語
ルーマニア	1993	2007	2004	9	ルーマニア語（ハンガリー語）
モルドバ	1996			25	モルドバ語（ロシア語）
ポーランド	(1997)	2004	1999	1	ポーランド語
アルバニア	1999		2009	10	アルバニア語
リトアニア	(1999)	2004	2004	2	リトアニア語
スロベニア	(1999)	2004	2004	2	スロベニア語
チェコ	(1999)	2004	1999	1.5	チェコ語
マケドニア	1999			7	マケドニア語
スロバキア	(2002)	2004	2004	1	スロバキア語
クロアチア	(2004)		2009	0.6	クロアチア語（セルビア語他）
ハンガリー	(2004)	2004	1999	0.4	ハンガリー語
セルビア	(2006)			−	セルビア語
ウクライナ	(2006)			0.6	ウクライナ語
ラトビア	(2008)	2004	2004	0.9	ラトビア語
ボスニア・ヘルツェゴビナ	(2010)			−	ボスニア語・クロアチア語・セルビア語
エストニア	(2010)	2004	2004	−	エストニア語
モンテネグロ	(2010)			−	モンテネグロ語
西欧					
ベルギー	1970	1952	1949	64	フランス語・オランダ語（ドイツ語）
フランス	1970	1952	1949	100	フランス語
ルクセンブルク	1970	1952	1949	72	フランス語・ドイツ語・ルクセンブルク語

モナコ	1970			78	フランス語
スイス	1996			50	フランス語・ドイツ語・イタリア語・ロマンシュ語
アンドラ	2004			40	カタルーニャ語（スペイン語・ポルトガル語・フランス語）
ギリシャ	2004	1981	1952	4	現代ギリシャ語
オーストリア	(2004)	1995		5	ドイツ語
キプロス	2006	2004		4	ギリシャ語・トルコ語

出典：フランコフォニー国際組織、EU、NATOのホームページ等を参照して筆者作成。

注1) OIF加盟年にカッコのあるものはオブザーバーである。また、ハイフン（−）はデータが得られなかったことを意味する。

注2) 中・東欧と西欧の分類はフランコフォニー国際組織機関誌に準拠する。

表8に確認できるように、リトアニアが2004年にEU、NATOに加盟するより早く、1999年3月に中・東欧のチェコ、ハンガリー、ポーランドがNATOに加盟を果たしているが、リトアニアがオブザーバーとしてフランコフォニー国際組織のサミットに参加したのは実に1999年10月のことである。チェコ、ハンガリー、ポーランドが第一次拡大国としてNATOに正式加盟を果たすと、バルト三国は西のNATOと東のロシアの狭間に取り残された。その結果、バルト三国が国家安全保障政策として西欧安全保障構造への統合を必然的に選択し、EU加盟に向けてこれまで以上に積極的に取り組むようになった時期である[81]。

ハンガリーのフランコフォニー国際組織への接近は遅く、2004年にオブザーバー参加だが、ポーランドは1997年10月にオブザーバーとして、またチェコは1999年10月に同じくオブザーバーとして参加している。チェコにおいて、この時期はやはりEU加盟へのより積極的な取り組みと時期を等しくする。外交政策の目標をNATO、EU、WEUへの加盟に置いて西側世界への参加を目指しながらも、EUに対して距離をおき独自の改革を進めたクラウス政権が倒れた後、チェコは1998年選挙を経て成立した社民党のゼマン政権のもとで、EU加盟への準備を集中的に行った。特に1999年からは90年代なかごろの遅れを取り戻すべく、急速に準備が進められた[82]。

ルーマニア、バルカン諸国（クロアチア、マケドニア、アルバニア）

　1993年2月に欧州協定に調印したルーマニアと、同年3月に調印したブルガリアは、同年12月にフランコフォニー国際組織に加盟して2004年のNATO加盟と2007年になって果たされたEU加盟に備えていた格好である。EU諸国と比べて経済的に大きな格差があり、まだEU加盟の予定がみえないバルカン諸国のうち、クロアチアは2003年2月にEUに加盟申請をした後、2004年になってフランコフォニー国際組織のオブザーバーとして、また、マケドニアとアルバニアは1999年に準加盟国としてフランコフォニー国際組織に加盟した。さらにマケドニアは2001年3月にフランコフォニー国際組織全権メンバーへの格上げ申請を行っているが、その翌月4月にはEU加盟の前段階となる安定化連合協定（SAA）に調印した。アルバニアはこれに遅れて2003年にEUと交渉を開始したが、2006年6月、安定化連合協定の署名に至る[83]。

　マケドニア、アルバニア両国が希望したフランコフォニー国際組織全権メンバーへの地位変更は、2004年のサミットではその決定を見送られ、次の2006年第11回サミットで実現した。

スロベニア

　独立後、1996年6月になってEU加盟申請と欧州協定調印を済ませたスロベニアは、1999年10月にフランコフォニー国際組織にオブザーバーとして参加している。この前年、フランスのユベール・ヴェドリーヌ（Hubert Védrine）外務大臣が初めてスロベニアを訪問し、またスロベニアのヤネス・ドルノウシェク（Janez Drnovšek）首相がフランスを公式訪問することで両国の政治的対話は強化された。1999年には、スロベニア外相ボリス・フォルレック（Boris Frlec）がパリを訪問して両国はパートナー関係を確立し、同年のNATOサミットでは、フランスがスロベニアとルーマニアの優遇的地位の確保を支持した。そして、2001年4月26日にフランスを再訪したドルノウシェク首相は、フランスの国民議会議長レイモン・フォルニ（Raymond Forni）からスロベニアのEU加盟を全力支援するとの約束を取り付けたうえ、シラク、ジョスパンと会談後に、フラン

コフォニー事務総長のブトロス・ガリと会って、大学間の連携の必要性などを語り合っている[84]。

　スロベニアにとってフランスは、「ヨーロッパとユーロ・北大西洋（EUとNATO）地域の戦略的パートナー」と位置づけられており、実際、EUとNATO加盟に至るまでに多大な援助を受けた。

　同様に、フランコフォニー国際組織へのオブザーバー参加にあたっても、フランスによる積極的な支援があったが、この際にフランスは、スロベニア国内のフランス語の水準に不満を表明し、EU加盟を実現するためにもフランス語の地位と運用能力の向上を図るよう指示している[85]。現に、スロベニアの外務省にはフランコフォニー国際組織担当事務局が置かれているが、フランス語の普及にはあまり積極的ではないといわれる[86]。

　冷戦終焉後、91年のソ連のクーデタと解体、ユーゴスラビアの民族・地域紛争の泥沼化のなかで、中・東欧は、東（ロシア）と南（バルカン紛争）に対する安全保障としてのNATO加盟、民主化・市場化導入による安定と発展のためのEC／EU加盟、そして「ヨーロッパへの回帰」を強く望んだ[87]。この「ヨーロッパ回帰」という目標は、一つには安全保障上の不可避的な選択という意味をもっていたが、同時に国民的アイデンティティの回復という心理的な背景によっても支えられていた[88]。そのために上記諸国はEU及びNATOへの加盟を外交の最大目標に掲げ、国内の様々な構造改革を推し進めた。

　これらの地域にとって、フランコフォニー国際組織とは「ヨーロッパへの回帰」を想起させるものなのではないだろうか。フランコフォニー国際組織には既にみたように、多くのアフリカ諸国やアジア諸国までもが加盟するが、EUやNATOの原加盟国がフランコフォニー国際組織においても設立当初からのメンバーであるという事実によって、とりわけフランスの存在感ゆえにヨーロッパの共同体と同一視される面があるのではなかろうか。スロベニアにおいて「フランコフォニー国際組織加盟は世界における自国の位置を見出す新たな扉を開くもの」[89]、との見方が示されるが、上記諸国はフランコフォニー国際組織への加盟による世界とのつながり、

そして何よりも、ヨーロッパとのつながりを求めたのではないか。これが正しければ、アフリカ諸国にとってそうであったように、フランコフォニー国際組織への加盟は、ここでも地域統合への懸け橋として機能していることになる。

4.7.2　文化的意義——アイデンティティの維持

　フランコフォニー国際組織への加盟がもつ第三の意味として、文化的な意義付けを見出せる。フランスや、諸国内のフランス語共同体にとってフランス語文化はそのアイデンティティと密接な結びつきをもつもので、これを何としても絶やさずに維持していきたい思いが強い。この点がフランス語文化を普及させようと努めるフランコフォニー国際組織の目標とまさに合致するところである。後で個別に取り上げるが、カナダ、ベルギー、スイスのように、国内に複数の言語共同体を抱え込んでいる場合、フランコフォニー国際組織への加盟は国内のフランス語話者を支持するという立場表明にもなる。例えば、カナダでは英語とフランス語という二つの公用語が不均衡な様相を呈するなか、1969年の公用語法制定によって公的バイリンガル主義をとる。そして、これと合わせるように、1931年の加盟以降コモンウェルスにおいて積極的に資金を提供してきたカナダは、1970年にフランコフォニー国際組織に加盟した。こうすることで、国内に存在するフランス語共同体を支援し、国内の二言語性を際立たせようとしているのであろう。

ケベック、ニューブランズウィック

　フランコフォニー国際組織には、コモンウェルスと異なる重要な相違点があることを既に指摘した。フランコフォニー国際組織には主権国家でない地域も独立した一員として加盟することができるという点であり、カナダのケベック州やニューブランズウィック州、そしてベルギーのフランス語共同体といった主権国家でない地域も名を連ねる。

　英語とフランス語を州の公用語とするニューブランズウィックと異なり、フランス語のみを公用語とするケベックでは、1977年制定の「州法101

写真14 フランス語と英語の二言語表記（ケベック）

写真15 フランス語のみで記された交通標識（同左）

号」、別名「フランス語憲章」の前文に以下のように明記されている。

> 大半がフランス語話者（フランコフォン）である人民に特有の言語であるフランス語は、ケベックの人々が自らのアイデンティティを表明することを可能にさせる。

　フランス語とこの言語を通して表現される文化を多くの人々が自らのアイデンティティと強く結び付けるケベックにとって、フランコフォニー国際組織への積極的な関与は、上記の憲章を打ち出すための唯一の方法でもあった。その関わりは、ケベックの独立を支援するド・ゴール率いるフランスとケベック対カナダという構図が極立った60年代後半に遡る。

　1968年2月にガボンで開催されたフランス語圏教育相会議で、フランスの介入により、カナダ連邦政府を差し置いて、ケベック州政府のみが招待されたことは先述した通りである。

　だが、1969年1月、コンゴのキンシャサ会議では、ケベックとカナダの立場が一転する。この時、カナダ連邦政府は教育問題に関しても単一の主権を主張した。また、ケベック州と並んで他の3つの州もフランス語圏カナダを代表したため、ケベックの分離独立派の期待は裏切られることとなる。

　文化技術協力機構の設置を決めた1969年2月の第1回ニアメ会議では、ピアソン政権を継いだ強固な連邦主義者トルドーによって、ケベックとフ

ランスが望んでいたケベックへの国際的地位の供与は妨げられた。

1970年3月の第2回ニアメ会議では、開催国ニジェールのディオリ大統領自身は第1回会議に倣って、オタワのみを招待する予定であったようだが、フランス政府がカナダとは別の代表団としてケベックも招待すべきであるとニジェール政府に圧力をかけたのみならず、他のフランス語圏アフリカ諸国もケベックを支持するよう働きかけた。その結果、文化技術協力機構の設立という大儀のために妥協したカナダから、ケベックは政府として参加する許可を得ることになった[90]。

ケベックにとって、フランコフォニー関連の会議は主権国家並みの地位を得て、オタワ政府とは別に外交権を振るい、州政府の利益にかなった議論を行える可能性を秘めた場と位置づけられる。

近年、カナダと同様に、ケベック、ニューブランズウィック両地域にとって、主要な貿易相手国であると同時に、フランコフォニー国際組織のメンバー諸国よりも経済的に負うところが大きいのはアメリカである。しかし、フランス語というアイデンティティの表象を維持するために、フランコフォニー国際組織への加盟を通じた他地域との関係強化にも期待が寄せられている。「フランス語のソフトウェアやフランス語による伝達網を開発するには、多大な資金と人材が必要なため、一政府では不可能であり、協力が一つの解決法になる」[91]とは、前ニューブランズウィック州政府間関係担当副大臣のリアヌ・ロワ（Liane Roy）の言葉である。

カナダ

コモンウェルスにおいて、長らく最大の出資国であったカナダは、近年、拠出額においてイギリスに次ぐ位置にある。2001–2002年の間の予算の負担率は、イギリスが30％（3,396,852イギリスポンド）に対してカナダは19.07％（2,159,266ポンド）、続く2002–2003年の間には、イギリスが30％（3,430,821ポンド）に対して、カナダは19.07％（2,180,859ポンド）であった[92]。

このように負担率が以前より減少してはいるが、1931年の加盟以降、コモンウェルスおいて積極的に予算を負担してきたカナダは、さらにフラ

表 9 カナダにおける諸言語の母語話者数（2006 年）

単位：人

地域	言語（母語）	合計
カナダ	合計	31,241,030
	英語	17,882,780
	仏語	6,817,650
	英仏語以外	6,147,840
	英語と仏語	98,625
	英語とその他	240,010
	仏語とその他	43,340
	英仏語とその他	10,795
ケベック	合計	7,435,900
	英語	575,555
	仏語	5,877,660
	英仏語以外	886,280
	英語と仏語	43,335
	英語とその他	16,200
	仏語とその他	31,350
	英仏語とその他	5,515
ケベック以外	合計	23,805,130
	英語	17,307,225
	仏語	939,990
	英仏語以外	5,261,560
	英語と仏語	55,290
	英語とその他	223,810
	仏語とその他	11,990
	英仏語とその他	5,280

出典：カナダ国勢調査 2006 年

ンコフォニーに加盟することで、二言語二文化間の均衡を保とうとした。

　表 9 から、カナダにおいて、英語話者が多数派であることは一目瞭然であるが、英語とフランス語の二言語話者はケベックも含めて、さほど多くないことにも注目したい。**表 10** からは、英語とフランス語の二言語話者のうち英語を使用する人々は、カナダ全体ではフランス語使用者の 2 倍以上になることが分かる（英語使用 51.0％、フランス語使用 24.6％）。ケベックではそれが逆転するが、ケベック以外の地域の総計をみると、両言語の使用率は大きな開きをみせる（英語使用 72.7％、フランス語使用 9.5％）。続いて、英語とフランス語以外の一言語を母語とする人々をみると、カナダ全体で英語使用（81.1％）はフランス語使用（5.7％）を大きく上回

表10　母語別にみる言語使用率（2006年）

単位：％

地域	母語		第一に使用する公用語			
	言語	合計	英語	仏語	英語と仏語	英仏語以外
カナダ	合計	100	74.2	23.1	1.1	1.6
	英語	100	100	0	0	0
	仏語	100	0.5	99.5	0	0
	英仏語以外	100	81.1	5.7	4.9	8.3
	英語と仏語	100	51.0	24.6	24.4	0
	英語とその他	100	99.8	0.2	0	0
	仏語とその他	100	10.0	90.0	0	0
	英仏語とその他	100	44.3	14.5	41.2	0
ケベック	合計	100	11.9	84.2	2.9	0.9
	英語	100	99.5	0.5	0	0
	仏語	100	0	100	0	0
	英仏語以外	100	32.0	37.6	22.7	7.7
	英語と仏語	100	23.4	44.0	32.7	0
	英語とその他	100	98.3	1.7	0	0
	仏語とその他	100	0.8	99.2	0	0
	英仏語とその他	100	24.2	23.6	52.2	0
ケベック以外	合計	100	93.7	4.0	0.5	1.8
	英語	100	100	0	0	0
	仏語	100	3.3	96.7	0	0
	英仏語以外	100	89.4	0.3	1.9	8.4
	英語と仏語	100	72.7	9.5	17.9	0
	英語とその他	100	100	0	0	0
	仏語とその他	100	34.0	66.0	0	0
	英仏語とその他	100	65.2	5.0	29.7	0

出典：カナダ国勢調査2006年

ることが分かる。ケベックで、同様の話者のフランス語使用（37.6％）はわずかに英語使用（32.0％）を上回るものの、ケベック以外では、英語の使用者が圧倒的に多くなる（英語使用89.4％に対して、フランス語使用は0.3％にすぎない）。

　このように、話者数からみて圧倒的に英語が優位にあり、地理的分布からも二つの公用語が不均衡な様相を呈するなか、カナダは1969年の公用語法（The Official Languages Act）の制定によって公的バイリンガル主義（Official Bilingualism）をとる。それは、1960年代に台頭したケベック分離独立運動を抑えるためであり、カナダ全体を制度上バイリンガル化し

て、ケベック州以外のフランス語系の言語権も保護するのが得策と考えたためであった[93]。

この頃は、カナダが文化技術協力機構の設立（1970年）に向けて力を注いだ時期と重なる。カナダはフランコフォニー・サミットの創設（1986年）にも中心的な役割を果たしたが、そもそもサミットの案は、当時のカナダ首相ピエール＝エリオット・トルドー（Pierre Elliott Trudeau）[94]が提出したものであり、1975年8月に彼の案をサンゴールが当時のフランス大統領ヴァレリー・ジスカール・デスタン（Valéry Giscard d'Estaing）[95]に投げかけて、1976年10月に条件付きでサミット開催許可を得るに至った。トルドーは文化技術協力機構で1982年にも再度「サミットを設けない限り、有効なフランコフォニーの計画は一部欠けたままになる」[96]として、その必要性を強調している。ただし、カナダ国内ではケベックとオタワに意見の相違が続き、ようやく話が軌道に乗ってきたのは、自由党のトルドーに変わり、進歩保守党のブライアン・マルルーニー（Brian Mulroney）[97]が政権を握るようになってからである。

カナダがフランコフォニー・サミット設立に大きく関与したわけは、現在カナダ連邦政府が提示しているフランコフォニー政策のあり方にも窺える。「国内的には、フランコフォニー国際組織に関与することで国内の二言語性を際立たせ、国内のフランス語集団を支持・促進する」。対外的には、「カナダにとってフランコフォニー国際組織は米州機構（OAS）とコモンウェルス同様に、自然な影響力をもつ空間」であり、「フランコフォニー国際組織のメンバーとして、カナダの主要目標は、民主的・文化的・経済的価値を促進すること」[98]である。

カナダでは、英語とフランス語という二つの大言語が公用語に掲げられるなか、フランコフォニーはフランスと異なり、対外政策のみならず対内政策とも位置づけられる。

総じて、カナダによるコモンウェルスとフランコフォニー国際組織、両組織への加盟とは、英語共同体と同時にフランス語共同体を支持することを意味するのであり、これは国内のバイリンガル政策を裏打ちすることにもなる。

ベルギー・フランス語共同体

　ベルギーでは、北部のフランデレン地域と南部のワロン地域の間で言語紛争が絶えなかったため、1980年代から地方分権化と連邦化が推進され、連邦化はひとまず1993年に完結した。1993年の憲法改正によって、フランス語とオランダ語（フラマン語）が併用されるブリュッセル首都圏地域、オランダ語圏のフランデレン地域、そして東部の一部ドイツ語圏を除いてフランス語圏となっているワロン地域から構成される連邦制に移行したのである。ベルギー・フランス語共同体とは、このうちブリュッセルとワロン地域のフランス語圏を指す。

　ベルギーがフランコフォニー国際組織に加盟したのは1970年であるが、

写真16　フランス語とオランダ語の二言語表記（ブリュッセル郊外）

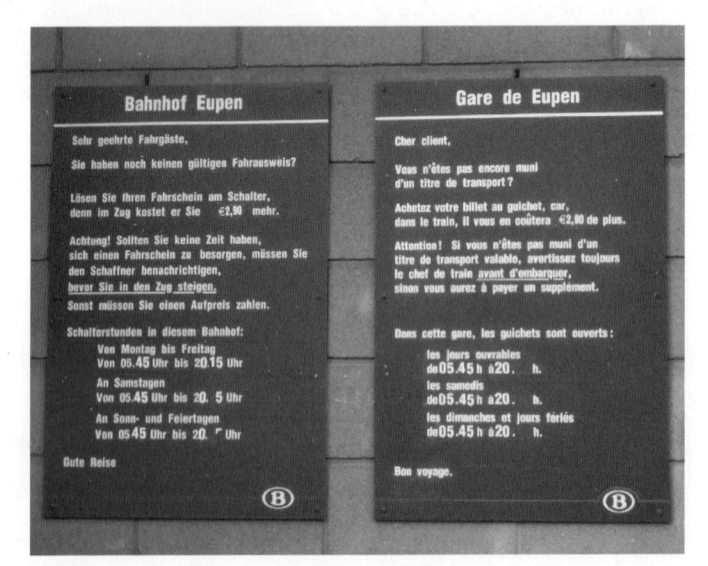

写真17　ドイツ語とフランス語の二言語表記（ユペン（ベルギー））

加盟当初は連邦化への初期段階にあったことになる。1968 年 3 月 31 日の総選挙後に政権に復帰したガストン・エイスケンス（Gaston Eyskens）が率いる政府は、文化的自立に関するフランデレン系住民の間で広くみられる懸念とワロン系住民の経済に関する要求とを調和させた。そして 1921 年の完全普通選挙制度の創設以来修正されていなかった憲法改正に取り組んだ。その結果、フランス語文化共同体、オランダ語文化共同体、ドイツ語文化共同体という 3 つの文化共同体の存在が公式に認められることになった（改正憲法第 59 条の 2）。1970 年 12 月 18 日、首相が「議会は結合と連帯のなかで、より地域化されたベルギーという非常に重要な作品を完成したばかりだ」と述べたのに対して、議員たちは起立し喝采してこれに答えている[99]。

　こうしたなか、ベルギー政府のフランコフォニー国際組織への加盟は、あたかもオランダ語文化共同体とドイツ語文化共同体を差し置いて、フランス語文化共同体を積極的に支持する姿勢を示しているかにみえる。しかし、ともにフランコフォニー国際組織のメンバーとなったベルギーとベルギー・フランス語共同体のフランコフォニー政府間機構への関与形態は異なり、フランス語共同体がフランコフォニー政府間機構に加盟したのに対して、ベルギー政府はそのメンバーとなっていない。

　フランコフォニー国際組織のメンバーであってフランコフォニー政府間機構に加盟していなかった 13 カ国・地域があるが、ベルギーの他は、2004 年から準メンバーになった 2 国（アンドラ、ギリシャ）とオブザーバーとして参加した 10 カ国（アルメニア、オーストリア、クロアチア、リトアニア、グルジア、ハンガリー、ポーランド、スロバキア、スロベニア、チェコ）である。なお、カナダ政府は、ケベック州やニューブランズウィック州と共にフランコフォニー国際組織とフランコフォニー政府間機構の双方に加盟していた。

　ベルギーとベルギー・フランス語共同体のフランコフォニーへの関わり方の違いは、フランコフォニー政府間機構への加盟・非加盟という事実だけにとどまらない。ベルギー・フランス語共同体がフランコフォニー政府間機構の前身たる文化技術協力機構当時を含めて、フランコフォニーに関

わるほとんど全ての事業に資金を拠出しているのに対して、ベルギー連邦政府は、サミット・メンバーに座を占めるのみで、一切の出資に関与していない[100]。例えば、ワロン地域政府はフランコフォニー国際組織による文化・技術協力に関わり、アフリカのフランス語圏諸国とベトナムに向けて教育と技術を提供している[101]。

スイス

　フランス語、ドイツ語、イタリア語、ロマンシュ語という4つの言語を公用語とするスイスには、カントンと呼ばれる23の州がある。このうち、ジュネーブや、ボォーという4つのフランス語圏の州と2つのバイリンガル（フランス語・ドイツ語）の州を総合してスイス・ロマンドと呼ぶことがある。しかし、このようなフランス語共同体がフランコフォニー国際組織やフランコフォニー政府間機構にメンバーとして現れることはない。またスイスの加盟にしても、1996年と決して早くはない。なぜであろうか。その理由をカナダやベルギーに比べて実質的なフランス語話者人口が少なかったから、という事実だけに還元してよいものだろうか。

　筆者が共同インタビュー[102]を実施した在仏スイス大使でフランコフォニー組織改革・新規加盟国委員長のジャン＝ピエール・ベトバリア（Jean-Pierre Vettovaglia）は、スイスが「中立国である」ということをフランコフォニー国際組織への参加の遅れの理由として提示した。

　これには、スイスがこれまで一度もフランコフォニー国際組織の活動的なメンバーとなったことがないのはドイツ語圏の首都ベルンの躊躇があったためといわれる[103]ように、国内においても国家が中立性を維持する必要があったことを付け加えるべきであろう。

　スイスでは、ドイツ語、フランス語、あるいはイタリア語が主要言語となっている地域では、連邦やバイリンガル地域の規則のもとに置かれることはなく、地域住民が話す言語だけで行政が行われる。したがって、外来者は同化を受け入れるか、よそへ行くかを自ら選択しなければならない。これに対して、ドイツ語圏のベルンに赴任することになったフランス語圏、あるいはイタリア語圏からの役人がとりわけ激しく反対している。こ

のため、ベルンがフランス語、ドイツ語、イタリア語という主要言語を各文化と結び付きのあるものとみなし、言語問題に極めて慎重になっていたことが、スイスのフランコフォニー国際組織への加盟に影響したと想定される。ここでは、ベルギーと同様にスイスがフランコフォニー国際組織への加盟を国内のフランス語共同体の積極的な支持表明と同一視していたことが示される。

ジブチ

　国土面積が 23,200 km^2 で四国の約 1.3 倍にすぎない小国ジブチは、ティグリニャ語やアラビア語を実質的な公用語とするエリトリアと、アムハラ語を公用語と定めるエチオピア（第二公用語または主要外国語として英語も学校で学ばれる）によって片隅に押しやられる格好で位置する。

　このジブチの教育相であったジェマ・エラベ（Djema Elabé）は、「我々の国境はフランス語である」[104]と語っている。フランス語がアフリカでも、地理的に隣接し、民族・文化的にも似通った他国とは異なるものとして自国のアイデンティティを表明するための本質的な要素となり得ることを示す例といえるだろう。

　これらの諸国・地域にとって、フランコフォニー国際組織への加盟はフランス語と結びつく自分たちの共同体のアイデンティティを主張し、その認知を求めることであるだろう。とりわけ主権国家でない地域にとって、他のメンバー諸国と対等なかたちで加盟できるフランコフォニー国際組織はその絶好の場であるに違いない。また、組織内ではフランス語を共有する共同体間の関係強化が見込まれる。

　フランコフォニー国際組織が推し進めようとする多様な諸文化・諸言語間の対話において、諸メンバーによる「アイデンティティ」の主張がその妨げとなることはない。たとえ加盟メンバーがフランス語以外の言語に自国のアイデンティティを求めたとしても、あるいは、フランス語にアイデンティティを見出して周辺地域から自己を差別化しようとしているとしても、「対話」は実現可能なものである。コミュニケーションの理論家ドミ

ニク・ウォルトン（Dominique Wolton）が言及するように「グローバル化のなかにあって、アイデンティティはもはやコミュニケーションの障害ではなく、その条件となる」[105] ものと心すべきである。現フランコフォニー事務総長も「連帯とは、均一化という意味ではない」[106] と明言している。そして、フランコフォニー国際組織においては差異こそが奨励される。

　我々のスローガンは、むしろ〈我々の差異を培おう〉というものである。各自が自分のアイデンティティ、すなわち言語を守ることが大切である[107]。

【注】

1　Deniau［2001：9-12］
2　Hagège［1996：138］
3　Tétu［1997：14］
4　1906-2001 年。政治家であり詩人でもある。大統領在任 1960-1980 年。
5　1903-2000 年。チュニジア独立運動の指導者。大統領在任 1957-1987 年。
6　Hagège［1996：139］
7　江口［1992：70, 71］
8　Senghor［1962：838］
9　砂野［1997 b：227］
10　Senghor［1988：160］
11　Senghor［1977 a：440-441］
12　Senghor［1993：134, 263］
13　詳細は、ホームページ（www.confemen.org）で確認できる。
14　Senghor［1962：844］
15　Senghor［1977 a：80, 81］サンゴール強調。
16　後に APF（フランコフォニー議員会議）となる。
17　櫻田［1999：160］
18　Senghor［1988：160］
19　Senghor［1977 a：193, 194］サンゴール強調。1969 年 1 月 24 日にキンシャサで行われたロータリークラブでの講演であるが、同時期にキンシャサではフランス語圏教育相会議が開催された。
20　詳細は、ホームページ（www.confejes.org）で確認できる。
21　櫻田［1999：440-442］

22 サンゴール自身、「ポンピドゥーは常にフランスにおける私の一番の友であり、最も誠実な友であった」(Senghor [1988：164]) と語っている。
23 フランスがダカールの会議に参加しないという公式声明をサンゴールが確認したのは 10 月であったという (Senghor [1988：165])。
24 *La lettre* [2006.3：17]、*Rapport du secrétaire général de la Francophonie* [2006：123]
25 ドン (VND) はベトナムの通貨で 2003 年 5 月当時、1 円あたり約 128 ドン。したがって 6000 万ドンは約 47 万円に相当する。
26 *Le Courrier* [2003.5.5]
27 Senghor [1988：172] はコモンウェルス原則の宣言前文から本文を引用。
28 Senghor [1993：135, 136]。70 年までにコモンウェルスに加盟したアフリカ諸国は 10 カ国以上で、そこには次のような国が含まれる。ガーナ (1957 年加盟)、ナイジェリア (1960)、ウガンダ (1962)、ケニア (1963)、ザンビア (1964)、ガンビア (1965)、モーリシャス (1968)。
29 Senghor [1988：173]
30 Eloise [2005：151]
31 Tétu [1997：20]
32 Chauprade [1996：84, 85]
33 Chaudenson [2001：9–19, 33]
34 *Rapport du secrétaire général de la Francophonie* [2006：48]
35 Dumont [2001：29, 96, 97]
36 *Rapport du secrétaire général de la Francophonie* [2006：52, 54]
37 *La langue française dans le monde 2010* [2010：226]
38 電子版 (http：//www.fratmat.net) は 2006 年 11 月から www.fratmat.info に移行されるとともに、フラテルニテ・マタングループの様々な情報やサービスの掲載を始めた。
39 紙媒体は 1970 年、電子版 (http：//www.lesoleil.sn) は 1998 年に開設された。
40 *Rapport du secrétaire général de la Francophonie* [2006：65]
41 *Rapport du secrétaire général de la Francophonie* [2010：22]
42 *La langue française dans le monde 2010* [2010：202, 203, 209]
43 フランコフォニー国際組織のホームページ (http：//www.francophonie.org/presse/discours/infos.cfm?num=219)、2007 年 3 月確認。
44 *Rapport du secrétaire général de la Francophonie* [2006：13, 34–36]
45 *Rapport du secrétaire général de la Francophonie* [2010：38]
46 *La Francophonie dans le monde 2004–2005* [2005：208–210, 301, 304]
47 *Rapport du secrétaire général de la Francophonie* [2006：21]
48 同上 [2006：94–100]

49 アルファ社 (Alpha) の情報は次のホームページに確認できる。http : //publications.alphabetisation.be
50 *Rapport du secrétaire général de la Francophonie* [2010 : 42-44]
51 *La Francophonie dans le monde 2002-2003* [2003 : 84, 91]
52 1971年8月、第1回南太平洋フォーラム (SPF : South Pacific Forum, PIFの旧名称) 首脳会議がニュージーランドのウェリントンで開催されて以来、大洋州諸国首脳の対話の場として発展した。現在、オーストラリア、ニュージーランド、パプア・ニューギニア、フィジーなど16カ国・地域が加盟し、フィジーに事務局を構える。政治・経済・安全保障等幅広い分野において域内共通関心事項の討議を行う (日本国外務省のホームページ参照　http : //www.mofa.go.jp/mofaj/area/pif/gaiyo.html、2002年10月付)、2008年4月確認。
53 コモンウェルス前事務総長の演説 (Speech by the Commonwealth Secretary-General, Royal Society of Arts, Scotland, Glasgow, 14 October 2004, http : //www.thecommonwealth.org/Templates/Internal.asp?NodeID = 140690)、2008年4月確認。
54 *La Francophonie dans le monde 2002-2003* [2003 : 93]
55 *Le Soleil* [2004. 11. 23] 筆者強調。
56 フランコフォニー国際組織のホームページ (http : //www.francophonie.org/Le-budget.html)、2011年12月確認。
57 欧州委員会予算総局のホームページ (http : //ec.europa.eu/budget)、2011年12月確認。
58 新倉 [1997, 1999：増補4]
59 Thomas [2005 : 242]
60 *La langue française dans le monde 2010* [2010 : 143, 147, 165]
61 フランコフォニー国際組織のホームページ上に掲載された「加盟の地位と方式」 (Statuts et modalités d'adhésion) の項を参照 (http : //www.francophonie.org/membres/statuts_et_adhesions)、2007年3月確認。
62 フランコフォニー政府間機構のホームページ (http : //agence.francophonie.org/agence/pays/statut.cfm)、2005年2月確認。
63 *La francophonie dans le monde 2002-2003* [2003 : 21]、Tétu [1997 : 246, 247]
64 *La francophonie dans le monde 2004-2005* [2005 : 13]
65 Renard [2001 : 114, 120]
66 *État de la francophonie dans le monde* [1998 : 546, 547]
67 *Libération* [2004. 3. 25] 筆者強調。
68 鳥羽 [2006 a : 34-37]、同上 [2006 b : 117-125]
69 *État de la Francophonie dans le monde 1997-1998* [1998]
70 *La Francophonie dans le monde 2004-2005* [2005 : 24]
71 Birmingham [1993] = [2002 : 284-286]

第 4 章　国際組織としてのフランコフォニー　　111

72　*L'Année francophone internationale*〔2002 : 156, 165〕
73　*L'Administration publique des pays francophones à l'aube des années 2000*〔1998 : 76〕
74　Chaudenson〔2000 : 94, 95〕
75　市之瀬〔2004 : 114〕
76　カーボベルデ、ギニアビサウ、サントメ・プリンシペ、モザンビークにアンゴラを加えた 5 カ国を総称して「ポルトガル語を公用語とするアフリカ諸国」（PALOP : Países Africanos de Língua Oficial Portuguesa）と呼ぶ。
77　市之瀬〔2004 : 79-81, 113, 142, 143〕、*La Francophonie dans le monde 2006-2007*〔2007 : 86-89〕
78　*La Francophonie dans le monde 2006-2007*〔2007 : 91〕
79　Chaudenson〔2000 : 92-95〕
80　*L'Année francophone internationale*〔2002 : 90-92〕
81　志摩〔2001 : 247, 248, 255〕
82　中田〔2003 : 123-148〕
83　*L'Année francophone internationale*〔2002 : 85-89〕、日本国外務省ホームページ。
84　スロベニア政府広報室ホームページ（http : //www.uvi.si/eng/government/press-releases/id/index.print.html）。
85　スロベニア政府広報室ホームページ（同上）。
86　*La Francophonie dans le monde 2002-2003*〔2003 : 27〕
87　羽場〔2003 : 174〕
88　小森田〔2001 : 203〕
89　スロベニア政府広報室ホームページ（同上）。
90　櫻田〔1999 : 159-443〕
91　Grisé〔1995 : 182, 183〕
92　コモンウェルスのホームページ（www.thecommonwealth.org/sgreport/appendix3a.html）参照。なお、当時 1 ポンドは約 190 円。
93　今日のカナダの公的バイリンガル主義の基盤となっているのは、1969 年公用語法を全面的に改定した「1988 年公用語法」である（矢頭〔2008 : 67-77〕）。
94　1919 年生まれ。61 年モントリオール大学教授となる。65 年自由党下院議員となり、67 年法相と検事総長を兼任。68 年自由党党首に選ばれ、68-79、80-84 年の二度にわたりカナダ首相を務めた。69 年公用語の制定などフランス系カナダ人の待遇改善や 70 年「カナダ方式」による中国との国交樹立など対米依存からの脱却、82 年自主憲法を制定させるなど新しい展開をみせる。84 年引退。
95　大統領在任 1974-81 年。
96　Tétu〔1988 : 136, 137〕
97　1939 年生まれ。83 年進歩保守党党首、下院議員を歴任し、84 年カナダ首相とな

る。93 年退任。
98 カナダ外務・国際貿易省のホームページ（http : //www.international.gc.ca/foreign_policy/francophonie/menu-en.asp）、2008 年 4 月確認。
99 Dumont ［1993］=［1997 : 112, 113, 136］
100 *L'Année francophone internationale* ［2002 : 37］
101 ベルギー社会福祉環境省のホームページ（http://www.environment.fgov.be/Root/tasks/atmosphere/klim/pub/natcom/natcom1/natcom1_fr.pdf）。
102 2005 年 9 月 19 日、パリ市内の在仏スイス大使館にて長谷川秀樹氏と筆者（鳥羽）が共同インタビューを実施。
103 Picoche ; Marchello-Nizia ［1996 : 53, 54］
104 Deniau ［1998 : 39］
105 Wolton ［2004 : 15］
106 *Le Soleil* ［2004. 11. 23］
107 *La Croix* ［2004. 11. 26］

第 5 章

フランス語とフランス

　多くの国際機関において英語使用の広がりに伴い、フランス語の使用率が低下していることは既に確認した通りだが、これに危機感を強めるのがフランスである。言語使用に関わる報告書を精力的に作成していること、そして、これら報告書のなかでフランス語の後退に繰り返し言及していることが、フランスのフランス語にかける威信と、世界語として首位から英語の次位へと追いやられたことに対する危機感を示す。

　例えば、『フランス語使用に関する国会報告書』(*Rapport au Parlement sur l'emploi de la langue française*)のなかで、今後さらに拡大が見込まれる EU における通訳・翻訳者の不足という事態を前に、フランス語の使用が再三強調されている。時を遡るが、1994 年末にフランスのラマスール欧州問題担当相（当時）が、EU の作業言語を英語・フランス語・ドイツ語・スペイン語・イタリア語の 5 言語に限ることを提案して、中小国と欧州議会から反発を招いたこともあった。それでは、フランスは「英語支配」からフランス語を守るために、どのような対策をとってきたのであろうか。

5.1　フランスと対外戦略としての「フランコフォニー」

5.1.1　国外へのフランス語普及

　フランス語の統合を維持するために、フランスには何年にもわたり多くの政府機関が創られてきたが、その一つとして挙げられるのが用語委員会である。

　1966 年にド・ゴールのもとで創設された「フランス語の保護・拡散高等委員会」(Haut Comité de défense et d'expansion de la langue française)は、1973 年には「フランス語高等委員会」(Haut Comité de la langue française）と名前を変える。その役割は、1635年にルイ13世の宰相リシュリューによって創設され、国語の制定、新語の監査、そして辞書の編纂を目的とするアカデミー・フランセーズの役割と極めて類似している。1966年に創設された高等委員会は、フランス語の純粋性の保持と用語問題の取り扱い規制を、1973年以降のものは、それに加えてフランス文化の普及とフランス語圏諸国との提携などの役割を担った。この機関は、1984年、1989年と、その後、何度か分割されたが、主な役割は変わっていない[1]。

しかし、英米語を中心とする外来語の流入規制と追放の取り組みは成功せず、1975年のバ＝ロリオル法ではついに商品の名称、説明、宣伝にフランス語の使用を義務づけた。ド・ゴールに代わり、ポンピドゥーのもとで出されたこの法令は、フランス語の保護と、アメリカ化の拒絶の頂点を示すものである[2]。

それでもなお、英米語を中心とする外来語の大量流入は止まず、1992年には共和国憲法の第2条にある、国旗、国家、そして「自由、平等、友愛」という標語の規定に、「共和国の言語はフランス語である」との追記がなされ、さらに94年のトゥーボン法制定へと続くことになる。

その過程で注目すべき点は、フランス国内から英語を排除しようとするのみならず、フランス国外の英語による一言語支配体制にメスを入れようとするかのような動き、すなわち国外に向けたフランス語普及の積極的な活動が同時にみられることである。例えば、前述の用語委員会は1990年になってカナダ大使館代表や、ケベック大使、スイス、ベルギー、文化技術協力機構をも委員会に取り込んだ。そこには、フランスを植民地主義的なアプローチから解放したい思いと、他国・地域の委員会メンバーによって各地域におけるフランス語の新語の移植を効果的に進めてもらいたいという意思が反映されている。

そして、近年のさらなる英語の影響力の拡大に併せて盛んに語られるようになってきたのが、一義的にはフランス語使用域の拡大を目指した「フランコフォニー」である。それは、「世界規模に同一で一貫した語彙を移植するにあたって、推敲過程でフランス語圏諸国の新しい直接関与がある

ために前途有望」[3] とみられるフランスの新しい対外戦略といえる。フランコフォニーは、「フランス語に地位を取り戻し、またアメリカのヘゲモニーに対抗する盾を形成する組織」[4] とも形容される。

5.1.2 ド・ゴールとフランコフォニー

　フランコフォニー国際組織の設立に至るまで、フランス本国よりも積極的な旧フランス領アフリカ諸国の働きかけがあったことを既にみてきた。だが、ここで改めてフランス中央政府側から、これへの関わりをみていきたい。

　端的にいえば、時のシャルル・ド・ゴール（Charles de Gaulle, 1890–1970年，大統領在任 59–69 年）はフランコフォニーに対して消極的な姿勢をみせ、フランスとのつながりを求めるアフリカ諸国からは不満の声が漏れるほどであった。パリに招かれたチュニジア大使モハメッド・マスムーディ（Mohammed Masmoudi）がブルギバ大統領の名で読み上げた文書のなかには、「ブルギバの提案に対するフランスの歓待は、私たちには励ましにならないと思われる。（略）フランスの報道がチュニジア（筆者注＊ここではブルギバを指す）の提案について書いたことは、さらに私たちを苛立たせた」[5] とある。

　ド・ゴールは新植民地主義であるとの批判を危惧し、フランコフォニー国際組織の設立に介入するには時期尚早と考えていたのである。フランスの世論は準備されておらず、ド・ゴールの側近もまた前向きな姿勢をみせようとはしなかった。例えば、当時の外務大臣、モーリス・クーブ・ド・ムルビル（Maurice Couve de Murville）は二国間関係を重視すべきであると考え、コモンウェルスのような組織を創ろうなどとは思わなかった[6]。政府関係者が何よりも恐れたのは、フランコフォニー共同体のような政治的組織がそこに参加するのを拒否するであろう国々とフランスとの二国間関係を害することである[7]。

　ここで想起すべきは、フランス政府が過去に設けた三つの組織、「フランス植民地帝国」、「フランス連合」[8]、そして「共同体」[9] のいずれも永続的な連合の保証とならなかった苦い経験を有することである。

「フランス連合」がほぼ有無をいわせぬ植民地の再編であったのに対して、「共同体」は参加の是非を海外領土自身が決定すると定めていることに両者の相違があるが、「共同体」への不参加とは、すなわち独立である。このときのド・ゴールの意図は明白で、独立は阻まないがその場合はフランスからの経済支援は受けられない、というものであり、その意味では「共同体」は連合の延長である。ところがこの「共同体」は参加国諸国の独立によって早々と有名無実と化し、1995年には憲法からも削除される。他方、第三共和制の「フランス植民地帝国」から、第四共和制の「フランス連合」、第五共和制の「共同体」へと変化してきたシステムは、「協力」という言葉で表現されるかたちに行き着いた、ともいえる。フランスは文化を外交の重要な分野の一つとして位置づけた最初の国であるが、この「協力」政策においては、文化の分野の重視が著しい特徴となっており、文化協力として、フランス語とフランス文化のうちとりわけ前者の普及に主眼が置かれてきた[10]。

　1965年には、フランス語を共有し担っていくことを宣言した最初の国際協定、「フランスとケベック間の文化的協約」（L'entente culturelle du 23 novembre 1965 entre la France et le Québec）が締結されている。フランスは、これまで保っていた沈黙を破って、いよいよフランコフォニーに関わり始めたといえる。ここで今一度、フランコフォニー国際組織設立までの経緯を思い起こしておきたい。この頃、「フランス語を共有する諸国の教育相会議」（1960年）や「フランス語使用議員国際会議」（1967年）といった多国間組織が誕生しているのであった。

　だが、ド・ゴールはその後もフランコフォニーに関して控えめな姿勢をとり続けた。1966年10月28日の記者会見で、彼が唯一答えるのを拒否したのがフランコフォニーに関するダホメの新聞記者の質問であり、公式にフランコフォニーについて語ったことはない。あるとすれば、ケベックの首相であったダニエル・ジョンソン（Daniel Johnson）の死去を知って、1968年に「フランコフォニーにとって大きな損失である」と述べたのみである[11]。

5.1.3 ポンピドゥーからミッテランまで

　1970年、文化技術協力機構が設立されたが、フランスはその計画を支え、そこに参加はしても、過度の喜びをみせてはいない[12]。他方、国際舞台におけるフランス語の重要性を強調し、その支配的地位を維持する活動は積極的に行われた。ジョルジュ・ポンピドゥー（Georges Pompidou, 1911–74年，大統領在任69–74年）[13] は、1973年のEU第1次拡大[14] を前に、次のように発言している。

　　フランス語が今のようにヨーロッパの第一の作業言語でなくなるとすれば、ヨーロッパは完全なヨーロッパではなくなるだろう。なぜなら、英語はもはやイギリスだけのものではなく、アメリカの言語であるからだ[15]。

　当時、フランス語はヨーロッパ関連組織で第一の作業言語であり、ドイツ語、イタリア語、オランダ語が併用されていた。ここで、ポンピドゥーはイギリスの加盟と引き換えにEU内部でフランス語を使用し続けることを受諾させた上、1971年のヘス・ポンピドゥー協定（Les accords Heath-Pompidou）を通して、イギリスの官僚がフランス語で教育を受けることを義務づけるプログラムを用意させた[16]。
　フランスのこういった姿勢と相まって、文化技術協力機構は間もなく、アフリカ諸言語を排除してフランス語の普及を目指すもの、あるいは、フランスの新植民地主義の体現であると非難されることになる[17]。そのためであろう、1975年には、サンゴールが時の大統領ヴァレリー・ジスカール・デスタン（Valéry Giscard d'Estaing, 1926年–，大統領在任74–81年）にフランコフォニーの会合を設ける提案をしていたが、それがフランス語を共有する国家と政府の会議、いわゆるフランコフォニー・サミットとして実現したのはミッテラン政権になってからである。フランコフォニー機関の役割を国家間の文化的、政治的仲介と定めたうえ、他の国々が主導権を握りフランス新植民地主義と批判される懸念が減ってから、フランスのフランコフォニー国際組織に関わる動きが加速したといえる[18]。

その間のフランス大統領とフランコフォニー運動を率いたサンゴールとの関係も無視できない。1962–66 年、1969–74 年の間、ポンピドゥー大統領のもとで経済財務大臣を務めていたジスカール・デスタンは、サンゴールに対してド・ゴールが抱いたような敬意も、ポンピドゥーのような友情関係ももたず、数字にもっと関心のある新たなリーダーに会うことを望んでいた[19]。サンゴールもジスカールを好んではいなかった[20]ようだが、こうした二人の冷めた関係は、ポンピドゥーとの親密な関係がサンゴールのフランコフォニーという構想の実現を大きく後押ししたのとは逆に、その進展を遅らせたといえるだろう。

　また、「言語活動家」ともいえるサンゴールの熱心なフランス語擁護の姿勢が時勢に逆行するものであったことが、次のエピソードに明示される。アフリカの数学教員連合の議長であったサンゴールの知人が、ニューヨークで開催された世界数学会議に参加した。そこで司会を務めた知人が当然のごとくフランス語で会議を進行したところ、アメリカ人の参加者らが激怒して、「この黒人は、向こう見ずだ。フランス人でさえ英語で発言しているというのに、フランス語で司会進行するなんて」[21]とロビーで彼を罵っていたというものである。それは、フランコフォニーのジレンマでもあり、サンゴールによればこのジレンマは、同様に「ジスカール・デスタンを悩ませた」[22]。

　1982 年になると、ミッテランが記者会見でフランコフォニーへの情熱を認める[23]に至る。もっとも、フランス語を核とするフランコフォニーの創設を構想し、フランスがそのなかで中心的な役割を果たすことを期待してフランスの大統領の動向を見守っていたサンゴールは、それに早くから気づいていた。「フランスのミッテランがフランコフォニーという問題に大いに関心があるのを私は知っていて、文字より精神にこだわった」[24]とは、サンゴールの言葉である。彼は同様に、「貿易関係の悪化が第三世界の発展を妨げている問題に関して、ミッテランは 1981 年 9 月 1 日にパリで開催された途上国に関する国連会議で、(中略) 諸国間の連帯の必要を提案している」[25]ことを注視する。

　その後、ミッテラン大統領が発する政令に基づき、1984 年にフランコ

フォニー諸機関のうちフランス政府の直轄機関で最高レベルのものとして、「フランコフォニー高等委員会」が設置される。また、1986 年には、「首相付フランコフォニー担当副大臣」（Secrétariat d'État auprès du Premier ministre chargé de la Francophonie）のポストが新設され、1988 年に名前を変えて、「外務大臣付フランコフォニー担当大臣」（Ministre délégué auprès du ministre d'État, ministres des Affaires étrangères, chargé de la Francophonie）となっている[26]。

1993 年以降は、これに二人の外務次官補（Secrétaire général adjoint）が付けられた。フランコフォニー国際組織には多くのヨーロッパ諸国が加盟しているにもかかわらず、ヨーロッパ（防衛以外の分野）と経済の担当とフランコフォニー担当に分けられている[27]点は興味深い。それはフランスのフランコフォニー政策の主な対象地域がヨーロッパ以外であること、さもなければヨーロッパ問題をとりわけ重視していることを示すであろう。

他に、フランコフォニーに関わるものとしては、「文化・コミュニケーション省」（Ministère de la culture et de la communication）に設置された「フランス語総局」（DGLF：Délégation générale à la langue française）がある。1989 年に編成され、教育、コミュニケーション、科学技術分野でのフランス語の使用や豊饒化に努めるが、2001 年、フランス国内の言語的多様性を国家が認知したことを示すため、「フランス語・フランスの諸言語総局」（DGLFLF：Délégation générale à la langue française et aux langues de France）となった。

ミッテランの時代、途上国援助に特に力が注がれたが、ODA の地理的配分をみると、その主な援助先はアフリカのサハラ砂漠以南に集まるフランスの旧植民地諸国、すなわち、フランコフォニー国際組織の加盟諸国であったことが分かる。

1988 年当時、アフリカ向け ODA の金額がトップであった国はフランス（26 億ドル）で、二国間 ODA の約半分をアフリカが占めた[28]。さらに、分野別配分をみると、二国間の公的援助の贈与のうちで、文化・技術協力の占める割合が 1962 年 31％、1965 年 48％、1970 年 50％、1974 年 53％、1978 年 59％、1980 年 55％[29]と増加の傾向にあり、また他国に比べ

て高い値となっている。フランスはフランス語・フランス文化の普及のためにも、教員や技術者の派遣、留学生受け入れなどによる文化・技術協力を進めた。

他方、フランスはかつての植民地帝国を連想させることを危惧するかのように、「柔軟さ」(la souplesse) と「自発的なフランコフォニー」(la francophonie spontanée)[30] を謳って、あくまでフランコフォニーの中心にいるのではなくその一員であるという姿勢を保とうとする。

それでもフランコフォニーは植民地主義であるとの批判が絶えない。それは、フランスの多国間援助は教育・文化事業にとどまり、経済開発はもっぱらフランスとアフリカ間の二国間協力事業となってきたことに大きく起因する。その結果、フランスはアフリカに対して長い間、経済・政治・軍事面で優位に立っている。フランスにとって、アフリカはEUに次ぐ輸出相手であり、諸国が中国との商取引を重視しているとき、フランスのアフリカ向け輸出額は、対中国の13倍に上る[31]。

ここで付記しておかなければならないのは、「少数の人々の言語と文化」の教育を行うことを公約に掲げて大統領に選出されたミッテランが、1989年にダカールで開催されたフランコフォニー・サミットで、現地に根付いた諸言語や諸文化にも目を向けるよう提案している[32]ことである。これまでフランスをはじめカナダ連邦政府やケベックにとってフランコフォニー国際組織におけるもっぱらの関心事はフランス語の保護にあったが、彼がこうして諸言語を問題として取り上げたことでフランコフォニーに一つの転機が訪れた。

5.1.4　シラクからサルコジまで——近年のフランコフォニー戦略の争点

86年3月の国民議会選挙で社会党を中心とする左翼陣営が保守・中道陣営に敗北して、当時の大統領ミッテランは、議会多数派のリーダーである共和国連合RPRのジャック・シラク (Jacques Chirac, 1932年-, 大統領在任95-2007年) 総裁を首相に任命せざるをえなくなった。ここに始まる第一次コアビタシオン[33]のもと、シラクは首相として早くからフランコフォニーに関与している。サンゴールが証言するように、当時、アフリ

カ問題の専門家であったミシェル・オーリヤック（Michel Aurillac）を協力大臣に、そしてグアドループ出身のルセット・ミショ・シュヴリ（Lucette Michaux Chevry）をフランコフォニー大臣に任命したのは彼である[34]。

シラクが大統領に就任した頃のアフリカへの教師派遣数や助成金をみると、イギリスの教師派遣数約 6,000 人に対し、フランスは 20,000 人以上、フランスの助成金は 58 億フランとかなりのものである（*État 1995-1996*）。

彼は 2002 年 10 月のベイルート・サミットで、フランコフォニー国際組織にフランスはさらに 1 年につき 2,000 万ユーロまで追加援助すると宣言したが、2004 年度予算案で、フランコフォニー支援の優先を決定し、多国間資金援助基金（FMU：Fonds multilatéral unique）に計上された 4,668 万ユーロに 1,000 万ユーロを上乗せさせている[35]。

また、2006 年には、例年のフランコフォニー・フェスティバルの時期にフランコフォニー国際組織と提携し、3 月から 10 月にわたる長期間の祭典が開催された。フランスの街ではこの間、「フランコフフフォニー」（francofffonie）という語が散見された。3 つ並んだ f には、フランスのフランコフォニー・フェスティバルとの意味が込められている。さらに、2001 年に没した前セネガル大統領サンゴールの生誕百周年記念も同時に取り上げられたため、フェスティバル会場やパリの書店には彼の詩集や伝記が並んだ。

シラクは、「フランコフォニーはヘゲモニーを謳うものではないし、いずれかの国に対抗するというものでもない」[36]と明言するが、外部からこれらフランス政府の姿勢がそのまま受け入れられているとは言い難い。そして、本書でこれから提示されるように、フランスの対内と対外政策の間にみられる矛盾が否定的な印象をなお一層強めている。

では、フランス政府はフランコフォニーを政策上どのように位置づけているのだろうか。『フランスの海外文化戦略に関する元老院の報告書』（*Rapport du Sénat portant sur la stratégie d'action culturelle de la France à l'étranger, 2004-2005*）からその詳細を捉えたい。

フランスは、2004 年時点で、フランコフォニー国際組織の 5 つの指揮

写真 18　フランコフォニー・フェスティバル会場、本の見本市
（2006 年 3 月 18 日、パリ市内 Porte de Versailles）

写真 19　生誕 100 周年を迎えるサンゴールの顔写真が並ぶ（同上）

写真 20　討論者と聴衆（同上）

機関（フランコフォニー政府間機構、フランコフォニー大学機構、TV5、フランコフォニー市長国際会議、サンゴール大学）の予算の75%を負担し、その額は8億8,260万ユーロになる。そのうち約13%が多国間活動に、そして87%が二国間活動に充てられた。二国間活動として主になされているのは海外フランス学校の設置であるが、アリアンス・フランセーズや文化施設の世界的ネットワークの強化、奨学金の授与といったことも行われている。

アリアンス・フランセーズとは、フランスが世界各地で展開するフランス語学校やフランス文化関連団体で、その一部は、フランス政府からの財政支援を受け、フランスの公的な在外文化施設と位置づけられている。英語圏やスペイン語圏など世界各地に散在し、約56万人の登録者を数える（2008年）[37]。

しかし、フランス政府は現フランコフォニー政策が「不明瞭」であるとの問題意識を抱いている。第一に、フランコフォニー国際組織の拡大がこれに関わる。30年の間にメンバー数は3倍に膨らんだが（1970年の時点で18メンバーであったが、2004年には56メンバーに増加した）、それに伴い組織の目的が、文化的多様性や政治・経済的な連帯と発展の促進のみならず、若者や女性の社会的地位の向上や民主主義・人権の擁護にも関わるなど豊かになる一方、フランス文化の保護と普及という「フランコフォニー本来の任務が手薄になる」という事態になったからである。フランコフォニー国際組織の計画の方向性は不明瞭になり、フランスの大衆でさえフランコフォニーの有効性を疑っている。「フランコフォニーは何の役に立つのか」という疑問を他のメンバー諸国の人々も共有しており、2004年のワガドゥグ・サミットでは、「フランコフォニーはすべての前線には介入できない」、「活動の分散が非効率と支援活動の希薄化のもとになっている」との声が聞かれた。

第二に、フランス政府内の組織のあり方に問題を見出せる。1997年6月に誕生したジョスパン政府にフランコフォニーに関わる内閣組織はなく、6カ月後には、「失念」の果実のようにフランコフォニー部門が協力省に併合されている。1998年3月には、Secrétariat d'État の名称が Ministère délégué に代わったものの、大臣という職位はそのまま据え置かれ、3つの部門を兼務する「協力・開発・フランコフォニー担当大臣」(Ministère délégué à la coopération, au développement et à la francophonie) のポストが設けられた。

　さらに同年の大規模な組織変革により、フランス語圏アフリカ諸国への援助を担当してきた協力省は外務省に統合（1999年1月）された。それは、「フランサフリック」(Françafrique) という言葉で象徴されるアフリカとのもたれ合いの関係を見直し、アフリカ側には自助努力を促すと共に、EUや国連、世界銀行、IMFといった国際機関を通じたマルチの文脈にアフリカを位置づけ直そうというフランスのアフリカ政策の転換の一環といえる。これと同時に、外務省内に「国際協力・開発総局」(DGCID : Direction Générale de la Coopération Internationale et du Développement) が設置された。文化交流・協力を担当する部局と途上国援助を担当する部局とが一本化されたものであるが、フランスにとって、文化や言葉を通じて影響力を広げようとする外交と、援助を通じて連帯の絆を強化しようとする外交とは相互に補完的で切り離せない関係にあるとの認識を示している[38]。

　その後も、外務省組織の再編は繰り返されており、2009年12月時点では、「ヨーロッパ・外務大臣」(Ministre des Affaires Étrangères et Européen-

写真 21　南米ペルーに位置するアリアンス・フランセーズ（リマ市内）

nes) の両脇を固めるかたちで、「欧州問題担当大臣」（Secrétaire d'État chargé des affaires européennes）と、「開発」という言葉が取り除かれた、「協力・フランコフォニー担当大臣」（Secrétaire d'État chargé de la coopération et de la francophonie）というポストの設置が確認できた[39]。しかし、2011年7月に公開された組織図において、後者の名称に「フランコフォニー」はもはやなく、「協力担当」の言葉が残るのみである[40]。これらの過程では、フランスの協力政策の対象となる「優先連帯地域」の多くが非フランコフォン諸国となり、フランコフォニーと開発援助は地理的に乖離し続けている点にも注意したい。

こうした状況下で、フランス政府がフランコフォニー政策に関して特に案じているのは、その明確な展望の不在と、これに関係する省や組織間の活動内容の重なりを避けるために調整を行う構造の不在である。実際のところ、外交予算においてフランコフォニー関連の活動に充てる予算を見定めるための確かな基準も欠如している。

2003年6月当時のフランコフォニー大臣は、その活動の多くは協力政策に充てられたが、10ある活動計画のうちのただ1つ、それも10番目が「フランコフォニーと文化的多様性」に関するものであった[41]と証言する。

ここでの難しさは、国際協力・開発総局でいわれるように、協力というものは、全てフランコフォニーやフランス語の促進に向けられており、それを細分して見積もることは不可能であるという点にある。とりわけ二国間援助の部門では、それが直接的であれ間接的であれフランスの協力計画は、フランス語使用の支援に向けられるなか、狭義の協力とフランコフォニーに関するものとをどのように分けるかという問題が残る。しかし、調整がなされずに計画が重なって、しばしば同じ目的に集中することからの混乱も生じているとすれば、これはフランス政府にとって至急に解決すべき問題となる。

報告書の冒頭で「フランコフォニーを非官僚化（体制化）」するという課題が取り上げられているように、フランスは組織の改革に前向きである。だがそれは、フランコフォニー関連機関の「不透明」性に対する批判や、フランコフォニー組織は「混沌とした集合体である」とするジャーナ

リストからの冷ややかな声があること以上に、「第一の資金提供者であるフランスを時に犠牲として、不平等な分配が行われている」[42]ことに起因する。

　90年代の急速な拡張とともに活動計画が増加したフランコフォニー大学機構では、1999年12月から、事務所の負担減、中央サービスの削減、地方への分散化と地方の大学長の権限拡張と共に、中央を二次的なものに位置づけるという改革によって組織全体のコスト減を実現した。フランス政府はこのフランコフォニー大学機構をフランコフォニー関連組織が追随すべき手本とみなす。コスト減を図る組織改革は、限られた資金を有効に活用するうえで加盟諸国全体にとって意義あることだが、とりわけ、フランスにとって大きな意味をもつのは、フランコフォニー大学機構の改革に当たって一つの原則が適用されたことである。それは「多国間援助と二国間援助は競合すべきではなく、これら二つは補完的であるべき」とする原則である。この原則に従い、フランコフォニー大学機構はすでにフランスの高等学校が存在し、より効果的な投資がなされていると判断したアジア諸国で中等教育課程のバイリンガル教室を拡張するために投資することをとりやめた。

　転換の兆しがみられるとはいえ、多国間援助より二国間援助に依然として重きを置くフランス政府にとって、フランコフォニー大学機構が手を引いて、フランスと該当諸国との二国間関係が保持されたことは、自国の外交政策の維持を意味する。

　フランス政府は今、「フランコフォニー創設者の創設動機となったような、旧植民地の人々の文化的・感情的な固執や、輝かしい過去へのノスタルジーというものは、もはやフランコフォニー共同体の絆にはなり得ない」[43]と考える。だからこそ以前にも増してより積極的で直接的な働きかけが必要であるとの認識に至る。

　報告書に従えば、フランコフォニー共同体は発展途上国において学校のネットワークを築くことに成功しておらず、「海外フランス教育庁」（AEFE : Agence pour l'enseignement français à l'étranger）にフランコフォニー政府間機構からなされている資金援助は、まもなく、フランスから直

接このネットワークに向けてなされる予定である[44]。

　さらに、「フランスの文化的例外」という「呪文」に委ねるだけでは不十分とする政府は、フランス共和国の利害を守るために、フランス国外で「影響力行使の戦略」を押し進めることが不可欠であると考える。そのための既存組織の利用として、パリのアリアンス・フランセーズに公的な予算や人材、手段をつぎ込んで、このネットワークの活動を支援する真の指揮機関とすること、あるいは、フランコフォニーのパートナー諸国の関与を促進するために TV5 の予算バランスを再調整することを検討している[45]。

　フランス語の優位を守るための働きかけも引き続きなされている。例えば、元首相のジャン＝ピエール・ラファラン（Jean-Pierre Raffarin）[46] は、サルコジ大統領にフランコフォニー個人代理人に任命された後、諸国際組織の本部（ブリュッセル、ニューヨーク、ジュネーブ、アディスアベバ）を訪ね、多言語使用に関わる規定の尊重と、フランス語の擁護を説いて回っている。ラファランがニューヨークの国連本部に赴いたのが 2010 年 2 月であるが、事務局の作業言語は、英語とフランス語となっているところ、ラファランはこれら二言語間の均衡を確立するために、より積極的な対策をとるよう潘基文（パン・ギムン）国連事務総長に要請している。

　この時、国連事務総長との会合は全てフランス語で行われた。常任理事国 5 カ国のうちの一国で、拒否権をもつフランスは以前から国連事務総長候補者にフランス語を話すことを求めてきた。しかし、2006 年に国連事務総長選挙に立候補した潘基文は、十分なフランス語能力を持ち合わせておらず、フランス語の授業を受ける約束を交わすことで、フランスを含む常任理事国 5 カ国に支持されて当選した経緯がある。したがって、会合が全てフランス語で行われたことは、潘事務総長がフランスの意向に沿って、フランス語の習得に努めたことを示している[47]。

5.2　フランスの地域語問題

　フランス政府が初めて言語干渉を行ったものとしてヴィレール＝コトレ

の勅令（1539 年）（L'ordonnance de Villers-Cotterêts）が知られる。フランソワ 1 世によるこの王令のねらいは、教会の権限を弱め、自らの権限を強化することにあり、言語についての規定ではない。しかし、公式文書や判決にこれまで使われていたラテン語に代えて、フランス語を使用するよう定めた言語条項（第 110 条と第 111 条）がある。これによって、教会が使っていたラテン語の使用を減らしたが、地域語も禁止対象となっていた[48]。そして、後のジュール・フェリーによる義務教育下でも、地域語教育は全く行われておらず、地域語はフランス国内で排除され続けてきたといえる。

　これと重ねて、時にフランコフォニーは「ヴィレール＝コトレの勅令の国際化」[49]であると否定的に捉えられる。そのなかフランコフォニー政策を掲げる国の一つであるフランスは、対外的には単一言語主義を批判し、言語的多様性の保持を積極的に支持する。では、対内的にはどうであろうか。以下、フランコフォニー運動と同時代の、すなわち 1950 年代以降を中心にフランス政府による地域語と公用語に関わる言語政策を検証していく。（フランスにおいて「地域語」という概念が用いられるようになったのは 1970 年代であるといわれる[50]。）

写真 22　ブルターニュ美術館前に掲げられた写真（カンペール（フランス））

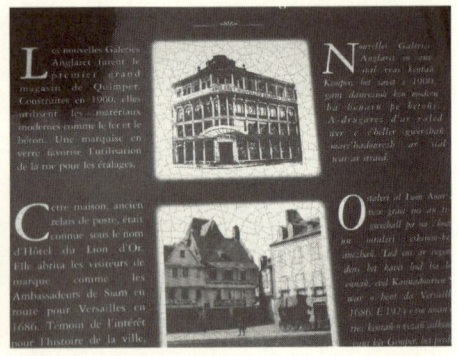

写真 23　フランス語とブルトン語の二言語表記（ロクロナン（フランス））

5.2.1　地域語とは何か

ベルナール・ポワニャン（Bernard Poignant）[51]によれば「一般に〈地域語〉（langues régionales）は、1951年のディクソンヌ法にしたがって、フランス語以外の共和国の文化の諸言語であると理解される」[52]ものである。ただし、ディクソンヌ法では、langues régionales ではなく langues et dialectes locaux という語が使われている。

ポワニャンは、「フランス本土と海外地域に存在する地域語」として、アルザス語、バスク語、ブルトン語、カタルーニャ語、コルシカ語、クレオール語、オクシタン語、フランドル語、オイル語諸言語を挙げている。それらは「現代外国諸言語」と括られる「非〈領域的な〉諸言語や、外国の民衆に話される言語、あるいは、外国出身のフランス人の第一、第二世代が話す言語」[53]とは区別される。

他方、学校教育のカリキュラムでは、「地域語」という名称を用いることで「平等」原則に抵触することを回避し、あらゆる地域の固有言語を含むかのような意味拡張がしばしば行われている。例えば、ピカール語、ノルマン語、ガロ語などフランス語（オイル語）内の変種とみられる言語までもが「地域語」と呼ばれ、ガロ語はバカロレアの一選択科目にも採用されている[54]。

5.2.2　ディクソンヌ法発布（1951）とその実態

フランスは1789年のフランス革命以来、一貫して地域語や地域文化を抑圧し、軍隊・学校教育・教会などを通して、フランスの国家語であるフランス語をフランス全土に広めることによって国家統一をはかってきた。さらに、小学校の義務教育化と並行して実施された学校教育における地域語使用の禁止（1882）や教会の説教における地域語使用の禁止（1902）によって、「フランス化」は急速に進み、地域語は生活言語としての活力を失っていくことになる[55]。

転機が訪れるのは第二次世界大戦以後で、フランスはそれまで敵性語とみなして抑圧の対象としてきた地域語を他の欧州諸国と同様に保護する動きをみせるようになる。それを後押ししたのは、ブルターニュ地方や南仏

の左翼政党の国会議員たちである。

1949年、左翼政党 SFIO（労働インターナショナル・フランス支部）の代議士だったモーリス・ディクソンヌ（Maurice Deixonne）を委員長とする法案作成委員会が結成される。そして、後にいわゆるディクソンヌ法となる、「地方言語及び方言（langues et dialectes locaux）の学校教育に関する法案」が、1950年3月、彼によって起草され、51年1月に国会で可決された。この法律制定時には、ブルトン語、バスク語、カタルーニャ語、オクシタン語が教育可能な地方言語（第10条）として明記されている[56]。

しかるに、この法案はどれほどの実態を伴うものであったのだろうか。端的にいって、4つの地域語の教育を「任意」としているディクソンヌ法は、十分な実行力を持ち得ず、実際の地域語教育促進とはほど遠い状態であった。地域語教育を容認する一方、それを要請できなかったのは、依然として「地域語はフランス語教育を害するから危険である」との声が根強かったためである[57]。

ところで、ディクソンヌ法で容認された4つの言語と、その他の言語、アルザス語、コルシカ語、フランドル語との相違は何であったか。例えば、コルシカ語であるが、フランス政府国民教育省は72年になってもディクソンヌ法のコルシカ語への適用を拒否し続けた理由を次のように述べている。

> 公立学校でコルシカ方言を教えるにはまだ多くの問題があり、この教育を実施するにたる決定的論拠はいまだもたらされていない。ことに問題なのは、コルシカ方言が一体性をなさず、体系化もすすんでいないらしいことである。したがって、現在の状況では教育の実現は難しい[58]。

つまり、コルシカ語の規範化を問題としているわけだが、これに加えて、アルザス語、フランドル語を含む諸言語が国民教育省高等委員会において、「フランスの地域的性質を有する言語ではなく、〈外国語の方言〉」であると捉えられていた[59]問題もある。

74年になると、ディクソンヌ法で言及された4つの言語にコルシカ語が加わるが、百万人の言語人口をもちながら第二次大戦中に「敵性語」であったアルザス語はこのとき見送られて、ミッテラン政権が誕生するのを待つことになる。

5.2.3 ミッテラン政権と地域語の学校教育

1981年にミッテランが「少数の人々の言語と文化」を尊重し、その教育を行うことを公約に掲げて大統領に選出されると、地方の言語と文化の教育が公式のものとなり、対象となる言語にも制限がなくなった[60]。

「フランドルの住民の一部は、国の言語政策が変わることを心から望んでいたがゆえに、選挙の時、フランソワ・ミッテランに投票したといっても過言ではない」とは、フランス＝フランドル地方のリール師範学校講師の言葉である。彼は続けて、「82年6月、サヴァリ通達が出されたが、フランドル語にとってまさに歴史的な事件であった。つまり、この通達がディクソンヌ法のように地域語を一つ一つ限定して列挙していなかったので、私たちにもチャンスが与えられることになったのである」[61]と語っている。

「サヴァリ通達」とは、国民教育相アラン・サヴァリ（Alain Savary）によって1982年6月21日に出された通達（Circulaire 82-261 du 21 juin 1982）で、地域語教育への国家の関与を打ち立てる3つの原則を列挙した。第一に、「国家は、地域語・地域文化の教育の組織に着手する」。第二に、「地域語・地域文化の教育は国民教育において一定の地位を享受する」。第三に、「その教育は公共サービスとの一貫性が保たれる範囲で生徒と教員の自発性に基づいて行われる」、というものである[62]。

三点目にあるように、サヴァリ通達が内実を伴うものとなるためには、地域の人々の「自発性」が要請された。先の師範学校講師も次のように証言する。

　　公立学校のフランドル語教育に関する結論としていえば、大臣のレベルではりっぱな意向が明白だとしても、地方の学区本部のレベルでは

これはかなりあいまいであって、その決定権は、多くの役人たちの手にあいかわらずにぎられている。役人たちは人びとの要望をくみあげることも支援することもしない。いずれにしても、もし私たちがこうして何人かでまとまって活動をはじめ意見を主張していなかったとしたら、サヴァリ通達の好意的な意向にもかかわらず、フランス＝フランドルにおけるフランドル語の学校教育は今日存在しなかったであろう[63]。

「外国語の方言」とみなされてきた諸言語を独自の言語として確立するため、該当地域の言語運動家たちは、独自の綴字法を70年代に確立し、ドイツ語やイタリア語から距離をとることを目指した言語改革に取り組んだ[64]。

政府がこれまでに制定したきた地域語に関わる法は、往々にして地域レベルの視点が欠けていたのであり、地域語保護運動そのものを推進するものではなかった。言い換えれば、草の根レベルの自発性がまずあって、それが法的手段を求めたのであって、決してその逆ではない。

5.2.4　欧州地域少数言語憲章の署名と批准

1997年、地方分権に積極的な社会党が国会選挙で勝利して、首相は保守派のジュッペから社会党のジョスパンに変わった。そして、彼は首相就任後直ちにバスク地方出身の社会党女性議員、ニコル・ペリー（Nicole Péry）を委員長とし、社会党国会議員から構成される「地域言語文化に関する調査団」を発足させている。その主な目的は、より充実した地域語教育の実施と、前政権が避けた「欧州地域少数言語憲章」への署名であった[65]。

この憲章は、1992年11月に欧州審議会のストラスブール総会で採択された。その背景には、欧州統合が進展する過程で、「多言語・多文化主義」のスローガンが打ち出され、長らく抑圧されてきた少数言語を保護しようという気運がヨーロッパ諸国内で高まってきたことが挙げられる。

1981年に、欧州議会によって「地域語・地域文化の共同体憲章並びに

民族的少数派の権利憲章に関する決議」が採択された後、1982 年には「欧州少数言語事務局」（仏語名 BELMR : Bureau européen pour les langues moins répandues、英語名 EBLUL : European Bureau for Lesser Used Languages）が設立されたが、これに続いて採択されたのが「欧州地域少数言語憲章」である。

憲章において、地域語・少数言語は「当該国の人口の残余の部分よりも人数的に少ない集団を構成する国民が、その国の領域で伝統的に使用」し、「当該国の公用語ではなく」、「公用語の方言でも移民の言語でもない」[66] ものと規定される。そのため、欧州地域少数言語憲章の地域語・少数言語の規定においては、移民の言語として伝統的にフランスで話されているアラビア語方言は、確かにフランス国内では少数派、すなわち少数言語の一つではあるが、そこには含まれない。

さらに、憲章の序文には、地域語は「ヨーロッパの共通の文化遺産」であり、これを「保護すること」が審議会の使命、とある。また、「地域語の保護」は、「欧州の伝統と豊かな文化を維持し発展させることに貢献する」[67] と記されており、「多元的欧州」の創設に「地域語」は不可欠な存在として捉えられている[68] ことが分かる。これは、フランスにとって欧州諸国と足並みを揃えようというのであれば、いよいよ自国内の地域語問題と向き合うよう迫るものである。1945 年からヨーロッパ建設を一貫して外交政策の中枢に据えてきたフランスでは、欧州統合が進展した 1990 年代に「あたかも（欧州統合に関する）条約優位が原則となっているがごとく」[69]、8 回もの憲法改正が実施されている。

多忙なペリーを引き継いだポワニャンは、1998 年 7 月 1 日、首相に宛てて「もう共和国の〈遺産〉である地域語を恐れることはない」[70] と記した報告書を提出した。さらに彼は、「フランコフォニー全体の発展のために多言語主義が将来的に不可欠であるという理由から、憲章は批准しなければならない」[71] と提言している。

ポワニャンにおいて、地域語を保護していこうという意思はいかほどのものなのだろうか。憲章批准の問題を持ち出すとき、彼が見据えているのは憲章の規定内容に関与する国内の地域語、そしてそれとフランス語との

共存ではなく、フランス国外におけるフランス語の地位確保の問題であるとはいえないだろうか。いずれにせよ、ここに地域語保護運動を率いた者たちの声が取り込まれているとは考え難い。

今から約25年を遡るが、フランス諸言語文化に関わる文化省報告書の作成者であったジャン=ピエール・コランは次のように述べている。「フランスの諸言語を育成することが何に役立つのか。この問いをなげかける人々は次のことを忘れている。同じ理屈によって、他の欧州諸国がフランス語教育をおろそかにして、英語教育に専念する危険性がある」[72]。彼の言葉は今もって同じ問いをなげかける人々を納得させ得るものであろう。

さて、1999年5月7日の欧州審議会50周年記念日に、フランスはついに欧州地域少数言語憲章の署名に至る。マーストリヒト条約批准時と同様、各政党内で意見の対立があったため、欧州審議会による「欧州地域少数言語憲章」の採択から実に7年を要した。だが、欧州地域少数言語憲章の94ある条項のうちいくつかは各国に選択が義務づけられているものの、35項は独自に選択できる「ソフト」な性格で、「署名国に対して弱い拘束しか課さない」[73]ものであるうえ、フランスは今なお憲章を批准していない。

ジョスパン首相は、それより前に開催された1997年10月の欧州審議会サミットで、「これまでにないほどの流通と経済のグローバル化の進展をみた20世紀末にあって、ヨーロッパは言語と文化遺産の多様性から成るそのアイデンティティを確立する必要がある。この点で、地域語・地域文化は特別な注意を払うに値し、これらを保護し、残していかなければならない」[74]と語り、そのためにも「欧州地域少数言語憲章には署名して、それから批准しよう」[75]と考えていた。シラク前大統領もまた憲章には前向きな姿勢をみせていたが、その立場を翻して憲法院に提訴しており、翌月1999年6月に憲法院から違憲判決が下されている。主な判決内容は「共和国の不可分性と公用語規定に反する」というものであるが、憲法違反となった憲章は憲法が改正されない限り批准できないままとなっている。

こうした姿勢をとるフランス政府を、フランス・ユネスコ国内委員会文化委員長のシェリフ・カズナダール（Chérif Khaznadar）は自分の母親の

逸話を交えながら痛烈に批判する。

> 私の母親はいつも自分のリムーザン地方の〈話し方〉を隠して、フランス語を教え、話していた。彼女は自分の〈方言〉を隠していた。私がそれと気づいたのは、あまりにも後のことである。彼女はライックで共和主義的フランスの完全なる産物であり、自分の差異を否定した。彼女は（世を去り）一段と活発になっていくその議論を知らないが、世界の文化的多様性の擁護者を自認するフランスは今なお、地域語・少数文化に関わるヨーロッパ憲章を批准していない[76]。

フランス政府による憲章の批准が待たれるが、本書では続いて、フランスが地域語とは比べものにならないほどの情熱を注いで守ってきたもの、すなわちフランス語のいわば防衛の動きをみていきたい。

5.3 フランス語防衛の動きと地域語

5.3.1 憲法第2条における「共和国の言語」規定の導入

フランスでは、地域語・少数言語保護の動きとほぼ平行して、フランス語を防衛する動きがあった。その一つに挙げられるのが憲法改正であり、EC加盟国が合意して1992年2月7日に調印されたマーストリヒト条約（欧州連合条約）の批准時に行われた。改正後、憲法第2条には「共和国の言語はフランス語である」という一文が加えられた。こうしてフランス語には法的に公用語・国語に値する地位が付与されることになった。

しかし、建前としては国内に一言語しか存在していない故に、どの言語が公用語あるいは国語であるかなどと改めて法律で決める必要がないとみなしていた国家が、92年になってあえて言語規定を書き加えたのはなぜか。そしてこの時、保護運動が進められていた地域語はどのように扱われたのか。これらの問題を考えるために、憲法改正に至るまでの詳細を以下に追うことにする。

ミッテラン大統領は3月11日、憲法第54条にしたがって、マーストリ

ヒト条約の合憲性を憲法院に諮問した。これに対して憲法院は4月9日、市町村議会選挙へのEC構成国家所属の外国人の参加、フランの消滅と単一通貨の創設、ビザ政策のヨーロッパ問題担当相理事会への権限移譲の3点を憲法違反としたため、条約批准手続きに先行して憲法改正を行わなければならないことになった。結果的には、政府の憲法改正原案に加えて、4点の改正案が採択されている。その一つが、フランス語を共和国の言語として明記することである。改正案の発案者は、英語が公式の機関で組織的に使用されていることに我慢ならないと強調し、その当時、非常に多くの賛同者を得ている[77]。

これに対して、「地域語の提唱者を刺激しないか」、あるいは、「この条項が地域語の豊かな存在を否認することにならないか」、と懸念する声もあったが、地域語は我々の国民的財産を豊かにするものである、という付則意見が記されたにとどまる。マーストリヒト条約の支持派も、ECにおけるフランス人のアイデンティティ喪失に不安を抱くなか、国民のシンボルとしてフランス語を擁護する必要に迫られていたことがその背景にある。

改正憲法は6月26日に官報で公布されたが、注目すべきは、「フランス語は共和国の言語である」との国民議会改正案が最終的には、「共和国の言語はフランス語である」と主従が入れ替わった点である。その過程では、「フランス語は共和国の国家及び地方公共団体の言語である」という再修正案の否決と、両議院及びヴォーゼル法相（Michel Vauzelle）（当時）による「フランスの地域語・地域文化を尊重して」という文言を付記する提案もなされた。しかし、「フランス語」を主語に立てたのでは、フランス語が共和国の独占物となりフランス語圏に対する配慮に欠ける、として修正された[78]。

改めて、国民議会改正案と改正憲法の違いを考えてみると、主従が入れ替わっただけの二つの文言だが、両者の意味するところは大きく異なることに気づく。国民議会改正案では、フランス語が共和国のみに帰属するとの解釈が可能で、その他のフランス語圏の国々でのフランス語の使用を推進する上で支障をきたし得る。それに対して、改正憲法からは、フランス

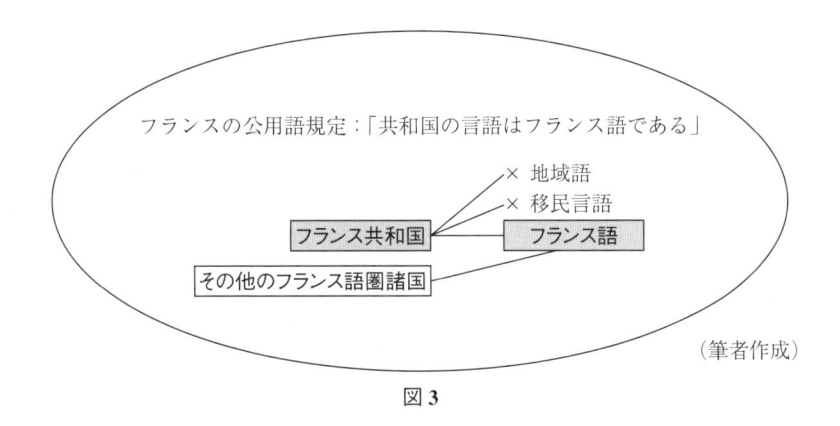

```
┌─────────────────────────────────────────────────┐
│  フランスの公用語規定：「共和国の言語はフランス語である」  │
│                          × 地域語                │
│                          × 移民言語              │
│       ┌──────────┐    ┌────────┐              │
│       │フランス共和国│    │ フランス語 │              │
│       └──────────┘    └────────┘              │
│       ┌──────────────┐                         │
│       │その他のフランス語圏諸国│                         │
│       └──────────────┘                         │
│                                    （筆者作成）    │
└─────────────────────────────────────────────────┘
```
図3

語という言語を公用語・国語にもつ共同体は、フランス共和国以外にも複数あってよく、反面、フランスの公用語・国語はフランス語に絞られるという構図を描くことができる〔図3参照〕。

つまり、外にも内にもフランス語使用を拡大する意図をもって改正がなされたと考えられる。当時のフランス政府にとってフランス語の擁護がいかに重要なテーマであったかは、「フランス語の将来」と題する意見広告がル・モンド（*Le Monde*〔1992.7.11〕）紙に半ページもの紙面を使って掲載されたことにも見て取れる。そこでは、フランス語を公用語と明記することが提言されているだけではなく、対外文化関係担当相が国際機関や科学分野におけるフランス語使用の拡大のために闘うと宣言している。

5.3.2　トゥーボン法の制定と地域語

1994年8月、「フランス語の使用に関する法律」（以下、トゥーボン法）が可決された。この法は、商品の使用説明書から広告に至るまでフランス語使用を義務づけ、違反者には罰則を課す。注意したい点は、この法律の規定が単に外国語だけでなく、地域語にも適用されることである[79]。

トゥーボン法の第21条には、「本法の規定は、フランスの地域語に関する法と規定とは別に適用されるが、それらの使用を禁じるものではない」（Loi n° 94-665 du 4 août 1994 relative à l'emploi de la langue française）とある。これは、地域語の使用は禁止されないまでも、ディクソンヌ法をはじ

め地域語保護のために発布された法令に優先してフランス語使用が義務づけられることを意味する。地域語は外国語と同様に、結局のところ排除の対象とされており、地域語保護の観点からいえば、大きな後退といわざるを得ない。

トゥーボン法についてはエイジャー（Ager［1999：序文, 8］）に詳しいが、この法律が引き起こした議論は主に以下4点にまとめられる。

写真24　パリを走るメトロ（地下鉄）内に掲載された英語学校の広告
（「あなたは英語を話しますか」という英文のフランス語訳が下部に小さく書き込まれている）

① 政府は言語操作や干渉の権利をもっているのか。
② トゥーボン法の支持者は言語の純粋性を保持したいのか、あるいは、単にアメリカ特有の語（法）を恐れているのか。
③ この法律は人種差別的ではないのか。フランス語保護とは、国内のブルトン語等の言語話者の人権を否定することではないのか。
④ 世論はこの法律を支持しているのか。

フランス政府はフランコフォニーを語るなかで言語や文化の多様性の尊重を強調してきたが、その多言語主義ともいえる立場とトゥーボン法制定とは矛盾しないのかという疑問も残る。これについて、フランコフォニー文化大臣（当時）のトゥーボンは、インタビューに答えて次のように語っている。

　（あなたのトゥーボン法は多言語主義であるか、と問われて）国内でも国外でもそうである。（略）私たちが拒むのは、世界が英語に集約されることである。（略）私が願うのは、全てのヨーロッパの子ども

たちが 3 言語あるいは 4 言語を話すことである。

さらに、トゥーボンは、フランコフォニーを次のように位置づける。

フランコフォニーは解放と多様性に向けた闘いである。(略) 人それぞれが独自のアイデンティティを確立したいと考え、国際交流も増えている世界で、積極的あるいは活発な連帯がますます必要不可欠となる。フランコフォニーはこの連帯の一つである[80]。

5.4 フランコフォニー政策を確立するために

憲法院あるいは憲章批准反対派は、地域語・少数言語の承認によってフランス語が脅かされるとは考えていないし、憲章批准派も、地域語・少数言語をフランス語にとってかえようとしているわけではない。フランスの言語的現実からすればフランス語の優位はいささかも揺らぐものではない。むしろ憲法院は、フランス共和国の土台をなす共和主義原理そのものに対する脅威を憲章に読みとったのである[81]。そこには革命から現在まで一貫したフランス的イデオロギーが認められる。

他方、フランス社会の言語・文化的多様性を受容する動きがみられないわけではない。その一つはコルシカ語に関わるが、2002 年 1 月 22 日法 (Loi n° 2002-92 du 22 janvier 2002 relative à la Corse; J. O. du 23 janvier 2002, p.1503) の第 7 条に「コルシカ語はコルシカの幼稚園ならびに小学校の正課授業における教育科目である」と規定されたことである。この規定に先立つ 2002 年 1 月 17 日憲法院判決 (Décision n° 2001-454 DC du 17 janvier 2002 ; J. O. du 23 janvier 2002, p.1526) は、「コルシカ語の習得を全ての生徒に強いることとなり、平等原則に反することになるであろう」との問題点を指摘しながら、「だからといって、これは生徒や教員たちにとって何らかの強制力をもつものとはならないであろう。また、教育の公共サービスを保証する組織、あるいはそれに関連する組織の利用者全員に適用される権利と義務をこれらの生徒たちから奪うものともならないであ

ろう。(略) 第7条は平等原則にも、現行法のいかなる原則や規定にも反するものではない」として、これを認めた。

　2000年3月のコルシカ地域議会臨時議会でコルシカ語を義務教育とする案が出された当初、厳格な共和主義者らは、フランス語の地位を脅かすと同時にコルシカ語という言語集団を公式に承認する違憲行為であるとしてその案を糾弾した。そこで、2000年7月の政府案では、「政府は国会に対し、コルシカ語教育が幼稚園と小学校の正課教育時間に実施され、両親の反対の意思表示がない限りにおいて園児と児童は全員がこれを受ける」という表現に改められた。さらに、2001年4月18日の法務委員会審議では、「コルシカ語は幼稚園ならびに小学校での正課授業において園児ならびに児童全員に提示される科目である」と修正されている。その後、この文言から学習する主体がかき消されるとともに、2000年7月の政府案と比較すると全体が簡素化されたかたちとなって、前述の2002年1月22日法第7条に収まった経緯がある[82]。

　2003年3月28日付でシラク大統領によって署名され公布に至った改定後の憲法第1条には、共和国が不可分であるとする既存の原則の最後に「その組織は地方分権化される」との文言が加えられた。

　さらに、2008年7月23日には新たに憲法が改定され、「地域諸言語はフランスの文化遺産に属する」(第75条1項) という条文が加えられたが、「フランスがはじめて憲法でその多言語性を認めたもの」[83]として評価できる。

　タヒチを中心とするフランス領ポリネシアでは、自治に関する1996年4月12日法の第115条第一段落に、「フランス語は公用語であるが、タヒチ語及びその他のポリネシア系諸語も使用できる」と定められている[84]。1995年の核実験以降、地域主義的要求がとりわけ高まるなか、それが分離独立につながらないよう自治制度改革が行われたが、その際に、ポリネシア政府にはタヒチ語やその他のポリネシア諸語の学校教育に関する権限が認められた。

　地域語使用域の拡大は、フランスが欧州地域少数言語憲章に批准する可能性を示唆するが、批准となった場合、ブルトン語やカタルーニャ語など

の地域語の他に、国内に話者は多いが祖国のないイディッシュ語やロマニ語、ベルベル語の少数言語もまた保護の対象となる。欧州地域少数言語憲章を適用するべき言語の調査を委託された言語学者ベルナール・セルキリーニ（Bernard Cerquiglini）が発表した「フランスの諸言語」リストには、実に先述の言語を含め 75 もの言語名が掲げられているからである[85]。

これらの諸言語に対して、既に変容をみせる共和国理念に立脚するフランス政府は今後どのように対処していくであろうか。三浦 [2002：36] が指摘するように、フランコフォニーが多様な文化間の対話と交流の原理となるためには、「多言語主義」の哲学がそこに貫かれていなければならない。すなわち、フランスは多様性を謳うフランコフォニーを支持する姿勢に信憑性をもたせて他国との関係を強化するためにも、対内政策と対外政策の間にみられる矛盾を解消する必要がある。

【注】

1　草場 [1998, 2001：3]、Judge [1993：18]
2　Ager [1999：101]
3　Judge [1993：23]
4　Hagège [1996：136]
5　Tétu [1988：70]
6　同上 [1988：60]
7　Léger [1987：64]
8　1946 年第四共和国憲法により創設されたが、フランスの統治下にある諸民族の自治への欲求に配慮を示しながらも同化政策の維持をなお基調としていた（平林 [1991：292]）。
9　1958 年第五共和国憲法により創設されたが、「共同体」構成国が完全な自由を要求するようになって、憲法第 85 条と 86 条が改正される。「共同体」を離れて独立することも、そこに留まりながら独立することも可能になって、フランスとの関係において、「共同体」加盟は重要性を失い、名目上の存在にすぎなくなった（同上 [1991：293, 294]）。
10　平野 [2002：290-309]
11　Deniau [2001：51, 52]
12　Léger [1987：65]
13　62 年から 68 年まで首相を務め、69 年のド・ゴール辞職後に大統領に選出され

たが、74 年に現職のまま病死した。
14 1951 年設立当初、原加盟国はイタリア、オランダ、ドイツ、フランス、ベルギー、ルクセンブルクの 6 カ国であった。1973 年 1 月、次の 3 カ国、アイルランド、イギリス、デンマークが加盟して加盟国数が 9 カ国となる。
15 1995 年のフランコフォニーに関する元老院（Sénat）報告書（Chauprade［1996：103］より引用）。
16 Chauprade［1996：104］
17 Tétu［1988：108, 109］
18 Deniau［2001：53, 58-60］
19 *Jeune Afrique*［2006：52］
20 セクトゥーレ期に野党 PGP、後の UPR を設立したギニアの政治家であり、*Jeune Afrique* 誌記者であるシラデュ・ディアロ（Siradiou Diallo）がサンゴールに関するインタビューに答えたもの。彼は「サンゴールがジスカールを好まなかったのは、おそらく人間味に欠けたマシーンのようだと思えたからだろう」と推測する（同上［2006：64］）。
21 Senghor［1988：195, 196］
22 *Jeune Afrique*［2006：26］
23 Deniau［2001：86］
24 Senghor［1993：144］
25 同上［1993：137］
26 草場［1998, 2001：141, 142］
27 Chauprade［1996：69］
28 千代浦［1991：350］
29 平林［1991：296, 301］
30 Deniau［2001：86］
31 Chauprade［1996：69, 70］
32 Renard［2001：109］
33 左翼陣営が勝利する 88 年 6 月の総選挙まで約 2 年間続いた。
34 Senghor［1988：186］
35 *Rapport du Sénat portant sur la stratégie d'action culturelle de la France à l'étranger*［2004-2005：10, 35］
36 フランコフォニー政府間機構の報告書［1997. 11. 14］より引用。
37 *La langue française dans le monde 2010*［2010：105, 127］
38 堀田・坂井［2002：46, 47］、山田［2005：138, 139, 154］
39 フランス外務省のホームページ（http : //www.diplomatie.gouv.fr/fr/IMG/pdf/organi-gramme_20091218.pdf）、2011 年 10 月確認。
40 同上（http : //www.diplomatie.gouv.fr/fr/IMG/pdf/organigramme_01072011.pdf）、2011

年 10 月確認。
41　*Rapport du Sénat portant sur la stratégie d'action culturelle de la France à l'étranger*［2004-2005：34, 35］
42　同上［2004-2005：41］
43　同上［2004-2005：44］
44　同上［2004-2005：45］
45　同上［2004-2005：7, 8］
46　シラク前大統領のもと 2002 年から 2005 年の間に首相を務めた。
47　*La langue française dans le monde 2010*［2010：276, 277］、*2ᵉ Document de suivi du Vade-mecum relatif à l'usage de la langue française dans les organisations internationales, octobre 2010*［2010：30］
48　Hagège［1996：119］、Nadeau；Barlow［2006］=［2008：26-29］
49　Judge［1993：15］
50　長谷川［2002 b：144］
51　ブルターニュ地方出身で、1998 年当時、同地方のカンペール市（Quimper）市長であり、同年 11 月までフランス市長連合長も務めた。
52　Poignant［1998：11］
53　同上［1998：13］
54　宮島［2006：66］
55　中野［1996：21］、原・宮島［1993：60］
56　長谷川［2002 b：144-146］
57　Ager［1999：31］、Hagège［1996：130］
58　*Journal Officiel-Débats*［1972. 9. 19］（Giordan［1984］=［1987：189］より引用）。
59　長谷川［2002 b：146］
60　西永［1998：57］
61　Giordan［1984］=［1987：115］
62　Poignant［1998：23］
63　Giordan［1984］=［1987：121］
64　長谷川［2002 b：146］
65　同上［2002 b：155-160］
66　Poignant［1998：76］付録 2. Charte européenne des langues régionales ou minoritaires 第 1 部第 1 項「定義（Définitions）」、日本語訳は中村・辻村［2003：170］参照。
67　同上［1998：75, 76］
68　長谷川［2002 b：148, 149］
69　フランス憲法判例研究会［2002：7-9］
70　*Le Monde*［1998. 7. 3］
71　*Le Monde*［1999. 4. 17］

72 *Libération* ［1985. 8. 8］
73 Chaker ［2000 : 317］
74 Poignant ［1998 : 18］
75 *Le Monde* ［1998. 7. 3］
76 *Internationale de l'imaginaire* ［2006 : 16］
77 岩本 ［1994 : 93］
78 中村・辻村 ［2003 : 171］
79 長谷川 ［2002 b : 153］
80 Hagège ［1996 : 158-160］
81 中村・辻村 ［2003 : 177］
82 長谷川 ［2001 a : 12］、長谷川 ［2001 b : 46-49］
83 佐野 ［2010 : 136］
84 憲法院はこの条文を違憲とはしなかったが、厳しい制限を設けた（長谷川 ［2002 b : 146, 155］）。
85 http : //www.dglf.culture.gouv.fr/lang-reg/rapport_cerquiglini/langues-france.html#ancre 166098（2011 年 7 月確認）、佐野 ［2010 : 135, 136］、三浦 ［2002 : 47］

第 6 章

フランス語とアフリカ諸国

6.1 アフリカの言語的多様性

　フランス語圏アフリカ諸国における言語的状況は多様であるが、概してフランス語話者の人口比率は高くない。**表 11** は、フランコフォニー国際組織のメンバーのうちサハラ以南アフリカ諸国を取り上げているが、中部アフリカのガボンが 80%、そして西アフリカのコートジボワールが 70% という大きな比率を呈しているのに対して、20% 以下の諸国が大半を占めることが分かる。本書で事例とするセネガルは実に 10.0% に留まる。フランス語話者数からみて圧倒的な数を擁するのは、再びコートジボワールで、これに中部アフリカのコンゴ民主共和国、カメルーンと続く。
　表に示される言語数にも明らかなように、諸国の通用語は多く、各言語の分布となるとさらに複雑な様相を呈する。それは、国境線がアフリカ民族の歴史や自然の地理的な条件によって引かれたものではなく、多くがヨーロッパの植民地統治国同士が支配圏を争った後に、統治に都合よく分割されたためである。そこから、歴史的・文化的に生活様式の異なる種族や民族が同一の法制度や社会制度のもとに無理矢理に統合されているケースが多くみられる。逆に、ヨーロッパの都合で引かれた国境線によって、同じ地方に住む同じ民族が別々の国へ帰属しているケースがある。このようなわけで、アフリカ大陸では、国境と言語の境界が一致せずに、一言語が他国に広がっていることが珍しくない。
　本書で取り上げるコートジボワールとセネガルの二国について考えると、前者には、後者の 2 倍近くの通用語が存在するという違いの他にも興味深い差異が認められる。それは、セネガルには公用語のフランス語以外に、国語に指定されたウォロフ語やセレール語といった有力な現地語があ

表11 サハラ以南アフリカ・フランコフォニー国際組織メンバー諸国の言語状況
（フランス語話者の人口比を基準に配列）　　　　　　　　2007年現在

国名	人口	フランス語話者数	フランス語話者の人口比	公用語（その他有力な言語）	言語数
ガボン	1,400,000	1,120,000	80.0%	フランス語（ファン語32%）	40
コートジボワール	18,200,000	12,740,000	70.0%	フランス語（ジュラ語14.8%）	73
トーゴ	6,100,000	2,000,000	32.8%	フランス語（エウェ語20%）	43
コンゴ	4,000,000	1,200,000	30.0%	フランス語（ムヌクツバ語50.3%）	60
中央アフリカ	4,200,000	945,000	22.5%	フランス語・サンゴ語	68
ギニア	9,500,000	2,000,000	21.1%	フランス語（プラール語32%）	30
ジブチ	799,000	159,800	20.0%	フランス語・アラビア語	4
赤道ギニア	500,000	100,000	20.0%	フランス語・スペイン語（ファン語80%）	12
サントメ・プリンシペ	150,000	30,000	20.0%	ポルトガル語（クレオール語85%）	2
チャド	9,700,000	1,940,000	20.0%	フランス語・アラビア語	127
カメルーン	16,400,000	2,950,300	18.0%	フランス語・英語（フルフルデ語、ベティ語など各18%）	279
コンゴ民主共和国	60,800,000	6,080,000	10.0%	フランス語（スワヒリ語15% など）	221
セネガル	11,700,000	1,170,000	10.0%	フランス語（ウォロフ語90%）	39
ニジェール	14,000,000	1,260,000	9.0%	フランス語（ハウサ語49.6%）	21
ベナン	8,400,000	739,200	8.8%	フランス語（フォン語24% など）	51
マリ	13,500,000	1,107,000	8.2%	フランス語（バンバラ語29%）	32
ルワンダ	8,700,000	609,000	7.0%	フランス語・英語・キニャルワンダ語	3
ブルキナファソ	13,900,000	695,000	5.0%	フランス語（モレ語53%）	71
ブルンジ	7,800,000	390,000	5.0%	フランス語・キルンジ語	3
カーボベルデ	480,000	24,000	5.0%	ポルトガル語（クレオール語98%）	2
ギニアビサウ	1,600,000	16,000	1.0%	ポルトガル語（クレオール語80%）	23
ガーナ	22,500,000	—	—	英語（アカン語44%）	72
モザンビーク	17,900,000	—	—	ポルトガル語（マクワ語13.2%）	33

出典：*La Francophonie dans le monde 2006–2007*［2007：16, 17, 89］、ラバル大学言語政策研究所ホームページ（http://www.tlfq.ulaval.ca/axl/Langues/1 div_cont_Afrique.htm）

注1）言語数一つとっても、本書のなかで参照データによって数値が異なっていることに示される通り、見積もりの域を出るものではない。

注2）「フランス語話者数」は、フランス語の読み書き能力は問わず、「フランス語を話すことができる」と自己申告した回答者の数を示している。また、2007年時点では、出典のフランコフォニー国際組織機関誌に、ガーナとモザンビークの「フランス語話者」に関わるデータは掲載されていない。

るが、コートジボワールにこれほど有力な現地語が存在しないという点である。

　むろん、コートジボワールの言語状況に関して、「植民地化以降、公用語であるフランス語の傍ら、ジュラ語が大衆言語として庶民レベルで発生する共通言語に対する社会的需要を満たしてきた」[1]、あるいは、「アビジャンでもっとも広く通用するアフリカ語としてジュラ語がある」[2]という報告もあり、そこに有力な現地語が皆無といっているわけではない。だが、アビジャンでストリート文化の調査にあたっている鈴木［2000］が続けて以下のように述べている。「ジュラ語は、マリ共和国の首都バマコのバンバラ語やコンゴ民主共和国の首都キンシャサのリンガラ語のように完全な共通語となっているわけではない。アビジャンでは公用語としてのフランス語が、たんに公的場面だけでなく、私的領域のさまざまなレベルにおいて最大の共通語として機能している」。アビジャン・ココディー大学（Université de Cocody）教員のングエサン（N'guessan）[3]も同様に、「コートジボワールに真の支配言語といえるものはなく、ジュラ語といってもセネガルのウォロフ語や中央アフリカのサンゴ語、マリのバンバラ語のような通用語のレベルにはない」と証言する。

　マリでは、子どもたちはバンバラ語で読み書きを学び、フランス語は第二言語科目から少しずつ教授言語へと移行する。読み書きにおいて、フランス語は重要な位置を占め続けているが、識字率が低く、いずれの言語にしても、12歳から14歳の子どもの4分の3が読み書きできない。そのなか、総人口の半数近くが話すバンバラ語は、通用語として日常生活でも行政でも用いられており、フランス語を第一言語として話す必要性は低い[4]。

　ここから、コートジボワールとセネガルにおいて、フランス語以外にも民族の違いを超えて使用される有力な支配言語があるかどうかという違いは、**表11**からも反例がいくつも取り出せるように絶対的な要因ではないものの、少なからずフランス語の受容の程度に影響を与えていると考えられる。上記のデータとは矛盾を呈するようだが、社会言語学者のルイ＝ジャン・カルヴェ（Louis-Jean Calvet）[5]は「ガボンに現地の通用語が存在しないことがフランス語に特別な地位を与えることにつながっている」と断

表12　アフリカ諸国の各都市におけるフランス語運用能力調査　　単位：％

リーブルヴィル（ガボン）
2010年

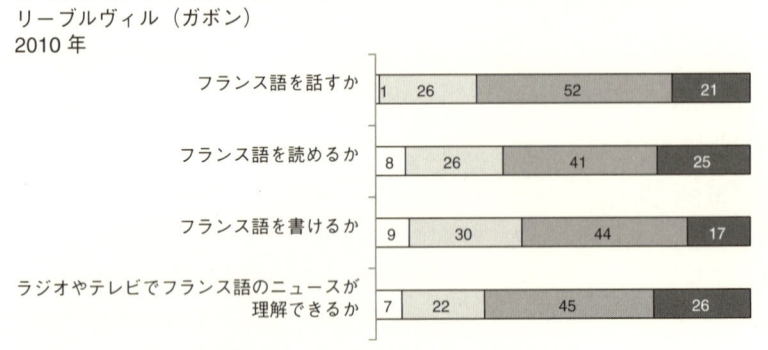

項目	いいえ	はい（困難を伴う）	はい（かなりの程度）	はい（上手くこなす）
フランス語を話すか	1	26	52	21
フランス語を読めるか	8	26	41	25
フランス語を書けるか	9	30	44	17
ラジオやテレビでフランス語のニュースが理解できるか	7	22	45	26

□ いいえ　□ はい（困難を伴う）　■ はい（かなりの程度）　■ はい（上手くこなす）

＊フランス学校（幼稚園を除く）通学率74％
＊調査対象：15歳以上、1103人

ドゥアラ（カメルーン）
2010年

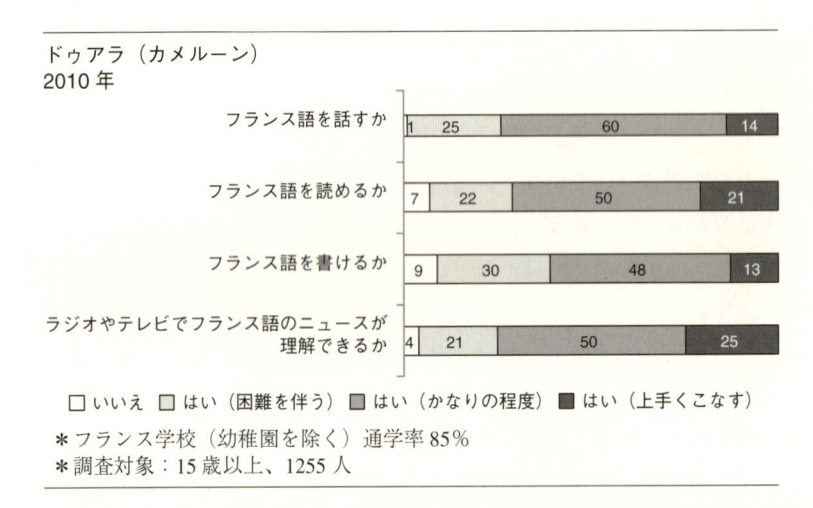

項目	いいえ	はい（困難を伴う）	はい（かなりの程度）	はい（上手くこなす）
フランス語を話すか	1	25	60	14
フランス語を読めるか	7	22	50	21
フランス語を書けるか	9	30	48	13
ラジオやテレビでフランス語のニュースが理解できるか	4	21	50	25

□ いいえ　□ はい（困難を伴う）　■ はい（かなりの程度）　■ はい（上手くこなす）

＊フランス学校（幼稚園を除く）通学率85％
＊調査対象：15歳以上、1255人

言する。

　コートジボワールで、フランス語は社会状況に適合した変種として話者の語彙に入り、この言語を使用する話者は依然として他のイボワール人たちと同じ文化基準に依拠する状況がみられる。これに対してセネガルでは、フランス語は国際的または民族間の交流において重要な役割を果たすが、フランス語を外国語として使用し続ける者が多い。また、学校で教わ

バマコ (マリ)
2010 年

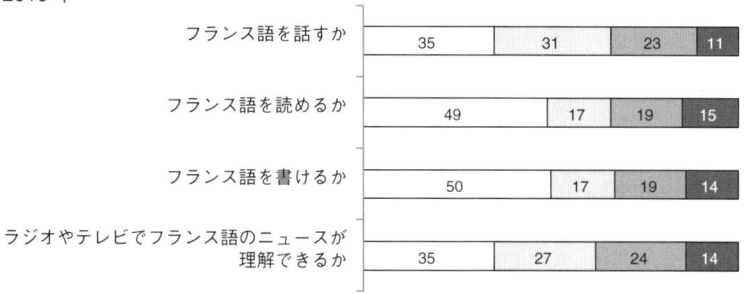

	いいえ	はい(困難を伴う)	はい(かなりの程度)	はい(上手くこなす)
フランス語を話すか	35	31	23	11
フランス語を読めるか	49	17	19	15
フランス語を書けるか	50	17	19	14
ラジオやテレビでフランス語のニュースが理解できるか	35	27	24	14

□ いいえ　□ はい（困難を伴う）　■ はい（かなりの程度）　■ はい（上手くこなす）

＊フランス学校（幼稚園を除く）通学率 47％
＊調査対象：15 歳以上、1127 人

ダカール・ピキン (セネガル)
2010 年

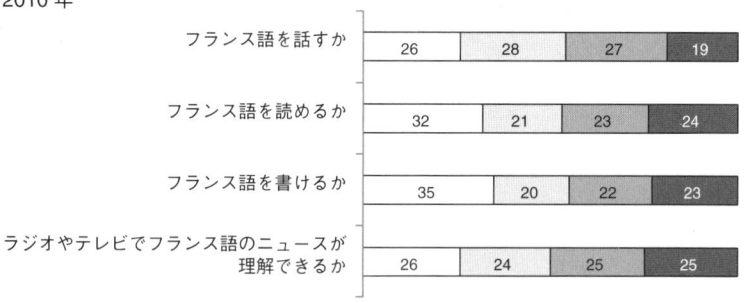

	いいえ	はい(困難を伴う)	はい(かなりの程度)	はい(上手くこなす)
フランス語を話すか	26	28	27	19
フランス語を読めるか	32	21	23	24
フランス語を書けるか	35	20	22	23
ラジオやテレビでフランス語のニュースが理解できるか	26	24	25	25

□ いいえ　□ はい（困難を伴う）　■ はい（かなりの程度）　■ はい（上手くこなす）

＊フランス学校（幼稚園を除く）通学率 66％
＊調査対象：15 歳以上、1105 人

るものの、一般に、レクリエーションの授業や家族間では話されず、規範化されたフランス語の習得は不完全なかたちで終わることが多い[6]。

　近年のフランス語の運用能力に関わる状況は、アフリカ諸国の首都圏でそれぞれ 15 歳以上の約 1,000 人を対象に実施された調査の結果〔**表 12**〕に確認できる。ガボンの首都リーブルヴィルやカメルーンの最大の都市ドゥアラと並んで、コートジボワールの都市アビジャンでは、調査対象者のほぼ全員が「フランス語を話す」と回答している。それに対して、マリや

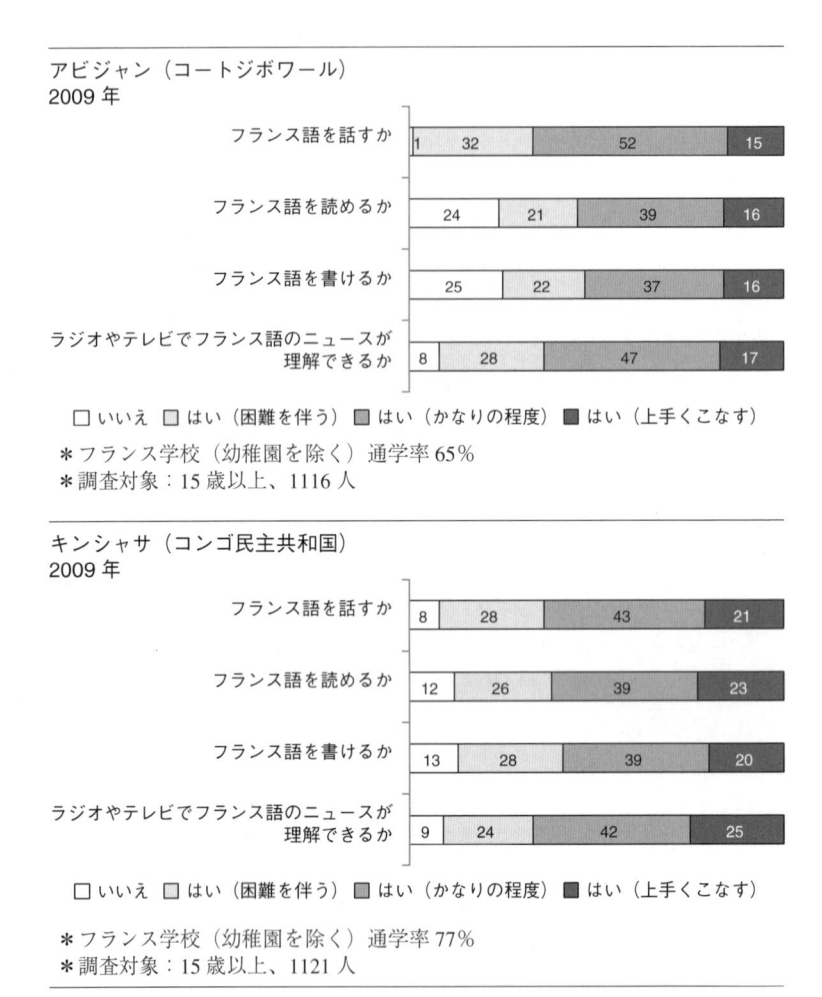

アビジャン（コートジボワール）
2009 年

	いいえ	はい（困難を伴う）	はい（かなりの程度）	はい（上手くこなす）
フランス語を話すか	1	32	52	15
フランス語を読めるか	24	21	39	16
フランス語を書けるか	25	22	37	16
ラジオやテレビでフランス語のニュースが理解できるか	8	28	47	17

□ いいえ　□ はい（困難を伴う）　■ はい（かなりの程度）　■ はい（上手くこなす）

＊フランス学校（幼稚園を除く）通学率 65%
＊調査対象：15 歳以上、1116 人

キンシャサ（コンゴ民主共和国）
2009 年

	いいえ	はい（困難を伴う）	はい（かなりの程度）	はい（上手くこなす）
フランス語を話すか	8	28	43	21
フランス語を読めるか	12	26	39	23
フランス語を書けるか	13	28	39	20
ラジオやテレビでフランス語のニュースが理解できるか	9	24	42	25

□ いいえ　□ はい（困難を伴う）　■ はい（かなりの程度）　■ はい（上手くこなす）

＊フランス学校（幼稚園を除く）通学率 77%
＊調査対象：15 歳以上、1121 人

出典：*La langue française dans le monde 2010*［2010：53-57］より筆者作成

　セネガルではフランス語を話さない者が約 25%〜35% を占めており、読み書き能力をもたない者の割合はそれをさらに上回る。他方、フランス語の総合能力が高いガボンやカメルーンとは異なり、コートジボワールでは、フランス語の読み書き能力となると、調査対象者の約 25% がその能力を持ち合わせていないと自己申告しており、裏を返せば、読み書き能力をもつのは全体の約 75% にとどまる。

また、アフリカ諸国において、フランス語は一般に家庭ではなく学校教育を通して学ばれるため、フランス学校への通学率とフランス語の運用能力、なかでも読み書き能力とは緊密な関係をもつが、アフリカの諸都市で実施された調査は、それを見事に反映している。ここに掲げた都市のなかで最も通学率の低いバマコ（47％）においてフランス語の運用能力は総合的に低いが、約半数の回答者が読み書き能力を持ち合わせていないと回答している。それに対して、通学率が70％を超えるリーブルヴィル、ドゥアラ、キンシャサでは、フランス語の総合能力が高い。ここで興味深い対比は、通学率がほぼ同値のセネガルとコートジボワールの都市間で、フランス語の総合能力に差がみられることである。

　カルヴェは、ダカールの応用言語センター長を長く勤めた後カメルーンへ渡り、「セネガルの生徒のフランス語は、カメルーンの生徒のフランス語より正確さに欠ける」とみている。それが事実であるとすれば、その一因は、アメリカのノルウェー人言語学者アイナル・ハウゲン（Einar Haugen）が言及する次のような言語環境と言語学習動機の強さの違いによって説明できるであろう。

　　単一言語共同体の間で相手が代わる二言語話者は、彼ら自身が二言語共同体を形成している人々よりも、これらの共同体の規範への接近により強い動機を有する。後者は、彼らがどちらの言語でも理解し合えると分かっており、相手の伝統的な規範に従おうとする動機が弱まる[7]。

　言い換えれば、200以上もの言語があるといわれるカメルーンでは、英語やフランス語という欧米の言語を除いて現地に確固とした支配言語がないため、いずれかの言語を習得する動機が強まり得るが、セネガルでは10人のうち8人あるいは9人ともいわれる人々がウォロフ語を使用するため、フランス語や他のアフリカ諸言語の学習動機が弱まると想定される。コートジボワールとセネガルも同様に対比できそうである。

　さらに、15歳以上を対象にアフリカ各地の都市で実施された前述の調

査は、次のような諸国間の言語認識の違いを明らかにしている。フランス語能力は、情報や仕事を得るためだけではなく、「人生を成功させる」ために「重要」、または「不可欠」なものであると考える人々は、他の都市よりもアビジャン（教育にアクセスできないスラム街のイボワール人も含む）に多いということである。2009 年、ダカール・ピキンでは約 1,000 人の回答者のうちの 66％、キンシャサでは 45％ であるのに対して、ドゥアラとアビジャンでは 81％ という高い値を示している[8]。こうした言語認識や、それを育む社会環境もまたフランス語学習熱を高める要因であり得る。

6.2 メディアと使用言語

　コートジボワールとセネガルの事例をみる前に、メディアにおける諸言語の使用状況を概観しておきたい。アフリカの諸言語とは異なり、フランス語は今も多くの諸国で学校教育を通して習得される言語であるが、サハラ以南アフリカでは概して就学率が低いために、これを学校で学ぶ者は限られる。

　サハラ以南アフリカ諸国の 16 カ国全体で、就学年齢の児童の 3 分の 1 が通学しておらず、15 歳以上の子供たちの 4 分の 1 が非識字者である[9]。また、初等教育就学率（2003–2008 年の統計、純就学率）をみても、先進工業国が約 95％（男女平均）の値を示しているのに対して、サハラ以南のアフリカは約 75％（同上）と低い値に留まる。このうち、いくつかの諸国の数値を挙げると、ブルキナファソ 47％（男子 52％，女子 42％）、ニジェール 54％（男子 61％，女子 46％）、コートジボワール 55％（男子 61％，女子 49％）、セネガル 72％（男子 72％，女子 72％）、トーゴ 77％（男子 82％，女子 72％）、となっている[10]。

　このように低い就学率に加えて、学齢児童数の増加や教員・校舎の不足といった問題を抱えるアフリカ諸国は、一つの解決法を見出した。それは、大衆教育におけるメディアの広範な活用であり、通学できない人々のための遠隔教育や通信教育といったものがある。2004 年にアフリカ諸国

で遠隔教育プログラムを開始したフランコフォニー大学機構には、2005年から2006年の間、前年の20％増となる5,000人以上の受講希望者が集った。そのうち69％はサハラ以南の諸国の有職者たちであった[11]。

現代アフリカ社会にあって、テレビ、ラジオ、新聞といった媒体は人々の生活に不可欠なものとなっている。アフリカでは政府がマス・メディアに圧力を加えるか、これを直接管理することで政治的プロパガンダの道具として利用することが多いが、1990年代の政治的民主化の流れのなかでマス・メディアの自由化も進行しつつある[12]。サハラ以南アフリカ諸国では、風刺雑誌も出現している。マリの週刊誌 *Le Canard déchaîné* やセネガルの週刊誌 *Le Cafard libéré* の他、コンゴ民主共和国やガボンにも同様の週刊誌が流通する[13]。

そして、インターネット、携帯電話、ケーブル、衛星といった技術の進歩は、メディア界を大きく革新しつつある。とりわけ発展途上にあるフランコフォニー諸国にとって、これは様々なチャンスを生む。印刷物を例に取ると、情報技術によってコストが下がり、大衆への普及が見込めるからである。ただ、地域格差を解消しつつあるインターネットも皆が使用できるには至っていない。読み書きできない成人が多いために新聞が普及せず、高価なテレビをもてない家庭が目立つ地域も依然として少なくない。そのなか、口承文化の伝統を有するアフリカで、非識字者も貧しい者も安価で手軽に聞くことが出来るラジオが最も人気のあるメディアであり続けている。ラジオは、地方のニュース、農作業におけるアドバイス、討論、求人や売買に関わる情報まで網羅し、新聞や雑誌に相当する役割を果たしている。

代表的な国際ラジオ放送局として、リスナー数の多い順に、BBCワールドサービス（1億4,700万人）、ヴォイスオブアメリカ（9,100万人）、RFI（フランス国営国際放送）（4,400万人）が挙げられる。RFIは1975年に開設されて以降、世界各地のリスナーに国際ニュースをノンストップで届ける。フランス語学習者向けの「易しいフランス語のニュース」やその他の教育番組もある。フランス外務省予算と受信料で運営され、独自の番組をフランス語他12の言語（英語、ポルトガル語、スワヒリ語、ハウサ語、

スペイン語、ルーマニア語、ロシア語、ペルシャ語、アラビア語、ベトナム語、カンボジア語、中国語）で制作する。大都市をターゲットにした RFI は、フランス語圏アフリカ諸国でも放送されているが、時に地元のラジオ放送局を凌駕する勢いで、Nostalgie, Sud FM, Sokhana FM, RFM などと競合している[14]。

また、1981 年に開設されたアフリカナンバーワン（Africa n° 1）がある。アフリカ大陸で最初の国際一般ラジオ局で、「アフリカの声」ともいわれて、音楽番組や活気に満ちたトーンで人気を博している。アフリカの主要都市やパリの FM ラジオ局他、インターネット[15]でも受信でき、アフリカの人々のみならずアフリカに関心をもつ世界各地の約 3,100 万の人々が利用する。フランスとガボンの共同放送局で、使用言語はフランス語である。

アフリカの人々の多くは以上のようなメディアを通して、学校で習う標準語に近い、いわゆる「正しい」フランス語に手軽に接することができると同時に、時にはアフリカ諸言語の放送を聞いて手短に最新の情報を得ることも可能である。

各国によって、ラジオ放送で使用される言語やその放送時間の配分はむろん異なるが、そこから各国政府の、フランス語やアフリカ諸言語に対する態度を窺い知ることができる。

1970 年代、ラジオ放送で使用された言語は、コートジボワールではフランス語 80％、トーゴやベナンはフランス語 50％、セネガルではフランス語と現地語のチャンネルから選択でき、現地語のなかでは特にウォロフ語が主流であった。また、カメルーンではフランス語 55％、英語 29％ であったのに対して、マリやコンゴ民主共和国ではそれぞれバンバラ語、リンガラ語という現地語が大半を占めていた[16]。

フランス語はその後もアフリカの人々にとって国内外の情報を得るための言語であり続けてはいるが、その使用率は極端に低くなっている。FM 局の急激な増加に伴い、至る所でアフリカの諸言語、とくに国境を越えて通用するアフリカのいくつかの有力言語（トランスナショナルな言語）の使用率が高まってきたからである。他方、ラジオや新聞雑誌よりも解放が

遅れているアフリカ諸国のテレビ放送においては、フランス語の使用率が依然として高い国々が見受けられる。トーゴ、コンゴ民主共和国、ニジェールで80％以上、チャドの国営番組では65％になる。ただし、赤道ギニアでは5％と低くなっているように、諸国間の差は大きい[17]。

映画作品では、例えばブルンジで2006年から2008年の間、約40本製作されたが、その半数がフランス語の作品であった。さらに、トーゴでは、2008年製作の10本と2009年製作の9本、これら地元で製作された作品すべてにフランス語が使用された。では、書籍における言語使用状況はどうか。ジブチでは出版される書籍の大半でフランス語が使用され続けている。トーゴでは、すべての書籍がまずフランス語で書かれ、その一部が識字化教育に使われる4つの言語、エウェ語、カブレ語、テム語、ベン語に翻訳されている。比較対象として、サハラ以南アフリカ諸国以外の状況もいくつかみておきたい。北アフリカに位置するモロッコでは、年間約400冊のフランス語書籍が出版されており、総出版数の40％を占める。また、フランス語書籍のアラビア語翻訳版と同時に、アラビア語書籍のフランス語翻訳版も流通している。ベトナムでは毎年、出版される書籍の13％強がフランス語で書かれている。ヨーロッパ諸国の例として、モナコでは年間90％以上、ルクセンブルクでは2006年から2008年の間、出版書籍の約40％はフランス語書籍であった。モーリシャスでは、教科書を除き、年間出版される書籍約40冊のうちの3分の2がフランス語書籍である。フランス語書籍と同時に、その英語版が刊行されることも多い。常時、フランス語書籍の取り扱いが多いケベックでは2007年、出版書籍の83％をフランス語書籍が占めた[18]。

一般大衆の言語使用状況の一端を捉えるには、インターネットの使用言語をみるのがよいだろう。他のメディアに比べて検閲を免れやすく、使用者の自由な言語選択が反映されると考えられるからである。注目すべき点は、サハラ以南アフリカ諸国でも、マグレブ（モロッコ、チュニジア）、カリブ海（ハイチ）、西欧（ベルギー・フランス語共同体、フランス）と同様に、インターネット上ではフランス語が主要な使用言語となっていることである。また、アフリカ・オンラインという英語の唯一の検索エンジ

ンがコートジボワールで使用され、赤道ギニアではスペイン語、カーボベルデではポルトガル語が使用されるなど、旧宗主国の言語、あるいは国際言語の使用が一般的となっている。世界の人々がインターネットで使用する言語は、英語 45％、フランス語 3.97％ であり、英語の使用率は極めて高い（2002 年 12 月、FUNREDES 調査）[19]。

アフリカの諸言語がインターネット上でほとんど使用されていない要因には、教授言語の問題、ハード面での制約、諸言語によって得られる情報量の問題などが考えられるが、その意味では、諸言語の擁護や普及に向けたアフリカ諸国、そして世界の体制はまだ十分とはいえない。

6.3　フランス語の果たす役割と社会的影響

6.3.1　フランス語による国家統一

2011 年現在、西アフリカから 11 カ国がフランコフォニー国際組織に加盟している。ベナン、ブルキナファソ、カーボベルデ、コートジボワール、ガーナ、ギニア、ギニアビサウ、マリ、ニジェール、セネガル、トーゴである。このうち、2006 年加盟のガーナのみが準メンバーで、他は全権加盟メンバーである。

次にこの 11 カ国とフランス語との関係をみてみよう。ポルトガル領土であったカーボベルデとギニアビサウ、そしてイギリス領であったガーナの 3 つを除く 8 カ国において、フランス語は唯一の「公用語」となっているか、あるいは他の言語と並ぶ「公用語」である。ただし、フランコフォニー国際組織の公式文書のなかでは、前者 3 カ国におけるフランス語は「共有される言語」と位置づけられ、フランス語と諸国との緊密な関係が強調される。

しかし、アフリカ諸国の多くが、フランス語を公用語あるいは国語に位置づけているとしても、フランス語話者の人口比は先に確認したように総じて低い。

ショダンソン（Chaudenson［1994：23–27］）による、「理想的には、言語はそのステータスに見合ったコーパスをもたなければならない」とする

基準に従えば、フランス語圏アフリカ諸国でのフランス語は、公用語という高い地位を得ながら国内の限られた人々に使用されるのみで、理想的とはいえない「ステータス＋、コーパス−」という状況に置かれていることになる。では、話者人口において必ずしも優位にないフランス語が、独立後も公用語・国語として維持されているのはなぜだろうか。

1963年、セネガルの知識人ビラゴ・ディオプ（Birago Diop）[20]は、ダカールで開催された黒人芸術祭で、黒人の魂とフランス語は完全に両立しうると断言して、フランス語をフランス語圏諸国において従来通り公用語とする決定を承認している。それは、フランスから送られる教科書を直ちに廃して、アフリカ諸言語に翻訳しただけの不備で難解な教科書に代えるより、宗主国の言語をもってしても就学率を高めたいという意志の表明であった。

また、村同士の団結が言葉によって守られているアフリカでは、村と村の間で言葉が大きく異なるとき、しばしば協力関係より敵対関係が強くなる。そこで独立により、村が大同団結して新しく共和国となったアフリカ諸国は相互の意思疎通のための言語を求めることになる。このとき、フランス語を選択することは、特定の一地方言語を国語として選択することによる諸国内の地域的分裂を回避するという意味をもった[21]。サンゴールの言葉を再び引用すると、「植民地体制下の残骸のなかに見出されたフランス語というこの素晴らしい道具の利用」[22]によって民族間の融和が図られたといえる。

公用語・国語の座を維持し、こうした役割を担ったのは何もフランス語のみではなく、他のヨーロッパ言語においても同様である。

別の地域と比べると顕著な違いがみえてくるが、ベトナムでベトナム語、エジプトではアラビア語が唯一の公用語・国語に規定されているのに対して、西アフリカのフランコフォニー加盟諸国・地域において、公用語あるいは国語に掲げられる言語が一つであるとき、それは必ずフランス語やポルトガル語などのヨーロッパ言語である。その一因は、数多くの通用語が存在する多言語状況下にあって、フランス語といったヨーロッパ言語が他の言語との競合関係の外に位置することにある。

例えば、ブルキナファソ全土で伝達力のある言語が他には存在しないので、120 の言語集団、75 の民族、そして約 61 の言語をつなぐものとしてフランス語が必要である、との声が現地で聞かれる[23]。また、先に確認したように、コートジボワールでは、多数の民族語の上にたつ通用語といえる言語が存在せず、そのことが日常生活におけるフランス語の使用率を高めている。全ての言語を普及させるのは不可能であるし、一言語を選出することは他の言語と話者を排除することにつながる。ここから諸言語のなかにあって中立的な位置にあるとみなされるフランス語が使用され続けることになる。

6.3.2 フランス語による社会の分離

フランス語圏アフリカ諸国の全国民がフランス語を話すわけではないが、あるいは、だからこそフランス語の知識は社会的昇進の前提条件であり、その確かな方法であるとして、多くの人がその習得を熱望している。興味深いことに、70 年代のアフリカでよく売れたハウツー本のうち最も人気があったのが、フランス語の習得に関わるものであった。フランス語を話すと、伝統的な束縛から解かれて、大都会の「文明化した」生活に達することができると人々は信じていた。そして、独立後も長らく、フランス語は「伝統からの解放」と「教養」という二つの「美徳」を備えた言語とみなされた。それは、植民地期の公式演説の多くに確認できる見解と変わらない[24]。

グギ[25]が痛烈に批判する植民地支配は、「一民族の文化、芸術、踊り、宗教、歴史、地理、教育、口承文学、書かれた文学などの破壊もしくは意図的軽視と、植民者の言語の意識的な高揚」を押し進めた。なかでも宗主国の言語によって一民族の言語を支配することは、被支配者の「精神世界の支配」につながる。そして、「支配される者が支配体制の美徳を賛美し始めた時、支配体制は決定的な勝利を得るのである」[26]が、彼がそれというところのものを我々は今目撃していることになる。

フランス語は、コミュニケーション手段である以上に、個人が伝統的社会に捕われず新たな社会的階層に属していることの証となる。フランス語

圏アフリカ諸国において、フランス語は単なる一つの外国語や公用語ではなく、彼らの言語的レパートリーの構成要素として、その政治社会構造にしかと組み込まれたものである。そのため、人々はフランス語を自分よりうまく話す者とは常に不安を伴ってフランス語を使用する。逆に、フランス語をよく知る者が、これを知らない者に対してふるう権力は正当化される。それは植民地主義の負の遺産でもある。フランス領土にあって、フランス語は物事を理解する能力を示す唯一の基礎知識とみなされ、植民者はこのフランス語の知識は共有されるべきものであるとしながらも、選別した生徒に、宗主国より少し低いレベルの教育を与えるということを行っていた[27]。そのため、フランスによる同化政策のもとでフランス語は普及したかに思われるが、1960年代に遡ってもフランス語の習得率はアフリカ諸国においてそれほど高くなかった。

　フランスの同化政策の見本といわれるセネガルでさえ、独立後4年を経た1964年の国勢調査が示すように、まったくフランス語を理解しない者が人口全体の88.9%を占め、フランス語の読み書きがある程度できる者は6%にすぎなかった。ここには、フランス語で名前を書ける程度の者が含まれる可能性も高く、十分なフランス語の知識をもつ者の割合は、この数字をはるかに下回ると考えられる[28]。

　フランス語圏アフリカ諸国において、フランス語の習得は不可欠であると認識されながら、その普及率はなお低く、次の報告からは教員の言語能力が窺える。

> 1990年からブルキナファソ、マリ、ニジェールの3カ国のうちのバイリンガル学校とフランス語使用が主流となっている学校を半数ずつ、併せて60校を訪問したところ、教員もフランス語を使いこなせずに生徒とコード・ミックスあるいはコード・スイッチされた言語を教育媒介語として使用していた。とりわけ貧しい地域や農村地帯ではそれが顕著であった。

　その一因は、一般校の教員が、教育省から給付を受ける公務員、つまり

試験により選抜され、能力を客観的に示す資格を有する教員であるのに対して、マリやニジェールの一部の学校を除く大部分のバイリンガル学校の教員は、住民がその給料を負担するコミュニティの一員であることにある。バイリンガル学校の教員は公務員より短期間の実習しか受けられず、教授言語のフランス語を十分に習得できない[29]。

アフリカ諸国の人々がフランス語を学ぶ動機も、日本人が通常、第二言語を学ぶときの学習動機とは自ずと異なってくる。言語習得による特権的社会階級へのアクセスが何よりも重視されるからである。したがって、学習者の主な関心は、「効果的」なフランス語の使用よりも「適切な」使用法を身につけることに向けられる[30]。

実際にフランス語を第一、第二言語としている子供の多くは、都市部に住む一握りの上流階級家庭の子息である。フランス語話者あるいは学習者は増加しているようでも、農村や貧しい郊外の子供たちの95％近くは、フランス語を依然として外国語とみなしている。しかし、そのフランス語がもっぱら教授言語として教室で使用されるがために、フランス語の理解能力が不十分である多くの子供たちは授業についていけず、ドロップアウトするという深刻な問題も起きている[31]。

2003年3月17日から20日にかけて、フランコフォニー大学機構と国際フランス語教授連合（FIPF）の協賛の元、フランコフォニー政府間機構がリーブルヴィルで開催した「アフリカにおけるフランス語総会」（États généraux du français en Afrique）においても、次の点が再確認された。フランス語圏サハラ以南アフリカは、世界でも最も就学率の低い国々が集中する地域であると同時に、大半の子供たちは、とくに農村では、就学前に教授言語のフランス語に接する機会がほとんどないことである[32]。

このようなわけで、アフリカ諸国において、国家統一の道具とみなされるフランス語は、その使用によって民族的な違いを消去すると同時に、社会・経済的な分化を押し進める。ブルキナファソをその事例に挙げられるが、多くの国民が自己表現に使用するのは非公式の諸言語であり、フランス語の使用は都市と村との社会的断絶を引き起こした。

6.4 学校教育とフランス語

6.4.1 蔑視されたフランス語

　多言語社会アフリカにおけるフランス語の大きな特徴は、第二言語として学校教育を通して習得されるものであるという点である。その結果、フランス語はアフリカで適性者選抜の道具として機能し、ヨーロッパではもはや二次的な基準となっている「話し方の正確さ」が重視される。そこから、地域差などがフランス語を話せる者と話せない者とを分かつのみならず、フランス語を話す者たちを再分化することになる。

　教員のレベルも地域によって大きく異なり、一般に、フランスから来た教員は都心の学校に勤務し、普通学校出身の地元の教員は、農村の学校で指導にあたる。そのため、「片言のフランス語」(petit-français) といわれるものが生まれやすい。学校のフランス語は、フランス語を母語とするフランス人や、ベルギー人、スイス人、カナダ人らと接する機会のないアフリカの人々にとって、「クレオール化」していない確固とした一変種として現れる。そこで、このフランス語に類似したものを生み出そうと試みる過程で、この「片言のフランス語」が生み出される。規範への接触が失われるか拒絶された場合には、クレオール化といわれるプロセスが始まる。地方のフランス語もクレオール化したフランス語も、パリのフランス語の影響を受け続けながらも、エリート階級の標準的フランス語とは別に、人民の共通語として、フランス人とは離れた、「村」の伝統文化風のフランス語という一変種を形成する。

　ここで問題となるのは、これらの言語を不正確なフランス語とみなし、その話者を、学習不振の子供たちに対するのと同様に、能力の劣った者と決めつける傾向である。

　植民地期には、植民地の黒人が話す片言のフランス語が「プチ・ネグロ」(petit-nègre) と呼ばれて、フランス本国のフランス語より格下に置かれていた。植民地統治は、ヨーロッパ人でフランス語話者の指揮官にアフリカ人の歩兵がつくかたちでなされたが、彼ら先住民歩兵がフランス語の

使用を強いられたことで生まれた言語である。黒人兵がヨーロッパ人の指揮官と接するなかで形成されたこの言語は、先住民や異なる現地語を話す者に命令を下すのに使用された。そのため、動詞の活用、性数の標識、前置詞が省略されるなど、故意にたやすく学べる表現形式から成った。独立後も、白人の寡頭政治が、西洋化した地域の「エリート」に代わったのみで、根本的な構造は変わっていない。伝達の道具ではなく、権力の表象、つまり単に使用されるのではなく、誇示するものとして機能するフランス語を、使える者はますます練って使用し、自らの知性や技能を示そうとしてきた。その結果、アフリカにはフランス語の二つの使用法が生まれた。一つは、典礼的使用で、厳格に組織化されており、社会的カテゴリー化を生むもので、純正な語法主義者が唯一考察対象とするものである。二つ目は、世俗的使用で、情報伝達のために通常使用され、話者が持ち合わせた語彙のあらゆる変種であり得るものである[33]。

　しかし、いうまでもなく言語間に優劣はなく、まして使用言語による話者の差別はなされるべきではない。さもなければ植民地期において西洋人とアフリカ人の間に格差があったように、「フランスのフランス語」を完璧に使いこなす一握りの者と、大衆との間にいよいよ隔たりが生じることになる。

6.4.2　どのフランス語を教えるか？

　教育現場は今、フランスの専門機関が規定するいわゆる「標準フランス語」を普及させるのか、あるいは、アフリカの話者の使用のなかで形成されたフランス語の変種を導入するのか、といった選択を迫られている。言い換えれば、学術モデル、つまりフランスのアカデミー・フランス語に可能なだけ近いかたちのものを保持するのか、あるいは、ベルギー、スイス、カナダのように、フランス語の多様性を受容するのか、という問題である。前者であれば、教育目標は、「脱文化的」言語を自由に使用できるようにすることとなり、後者であれば、地域の変種を排除しながら、アフリカのフランス語を統一することが目標となる。このように、実践を意識した外国語としてのフランス語か、地域使用に基づくフランス語か、とい

う互いに対照的な2つの選択肢を調和させるのは難しい。

　教室で習う文学的フランス語と、多くのアフリカ人が教室外で使うダイナミックで生きたフランス語とには大きな相違がある。現地では、それぞれに対して否定的な声があるが、学校のフランス語が、「形式に縛られすぎて、あるいは時に過剰な訂正で汚れ、限定された状況でしか使用できない」と批判される一方、日常生活でも使われることのある生きたフランス語は、「不純と不正確さをもたらすもの」との烙印を押されて冷遇されることもある[34]。

　そのなか、学識者の多くがフランス語話者で、街の通りでもフランス語を耳にするような諸国では、土着の規範が働いて、確固としたフランス語の地域変種が出現している。カルヴェ（Calvet［2004 : 292］）は、「その土地特有のフランス語の変種が現れており、マリ、セネガル、コートジボワール、ガボンなどおそらくアフリカでフランス語は順応しつつある」とみる。

　フランス語が多民族・多言語国家の多いアフリカにおいて、国家統一という重役の一端を担ってきたことを先に確認したが、ここで庶民の声に耳を傾けたい。ブルキナファソのモレ語（moore）の使用を嫌がるその母語話者の一人は、「フランス語は〈中立な〉言語と感じられる。とりわけフランス人のフランス語、白人たちのフランス語の変種ではない、フランス語の地域変種においてそうである」[35]と語っている。なお、ブルキナファソでは、総人口の半数がモレ語やその他の諸言語を話すが、これらの言語で読み書きできるのは、総人口の3％以下であるといわれる。他方、フランス語を第一言語として話す人々が増えており、2006年、約15万人がフランス語を流暢に話せると自己申告している[36]。

　ここでなすべき事は、パリのフランス語を至上のものとする傾向を問い直し、アフリカで使用されるフランス語に、ケベックや、スイス、ルクセンブルク、ベルギーの地域変種にかなり前から与えられている正当性を与えることであろう。

　事態を改善するための取り組みはすでにいくつか進められている。フランス語の「アフリカ化」に関わる研究が最も進んでいるのは語彙の分野で

あるが、例えば、アフリカのフランス語圏諸国で使用される様々なフランス語に研究者たちが類似点を見出して、いわゆるアフリカのフランス語を確立しようとの努力がなされている。1983年には、AUPELFと文化技術協力機構が監修した『ブラック・アフリカにおけるフランス語の語彙の特徴』(*L'inventaire des particularités lexicales du français en Afrique Noire*) の出版が実現した。

　だが、アフリカの言語学者たちの間には、これを北の著作とみなし、アフリカの特異性を特別扱いすることで「国際的な」フランス語とは切り離し、アフリカの諸言語の辺境化が図られているとの批判の声もある[37]。逆に、コートジボワールの作家、アマドゥ・クルマのようにアフリカ諸言語の辞典編集を評価する向きもある。

> アフリカのフランス語やフランコフォニーに関する辞典が証明するように、(中略) 辞典に掲載されることは我々の言語の使用法を正当化して、我々をなんらかのかたちで自由にするので重要なことである[38]。

　さらなる課題は、アフリカの大地に息づいたフランス語を学校でどう扱うか、そして学校内外の差が広がらないように土着の規範と教育の規範を如何にして調和するかという点にある。

6.5　アフリカ諸言語の教育

6.5.1　その提案と試み

　次にアフリカ諸言語の問題であるが、フランス語能力の向上に関する議論と並んで、アフリカの言語を教授言語として使用することに関する議論が1960年代からあり、言語学者によってコーパス計画が進められてきた[39]。

　しかし、就学前教育でアフリカの言語を使用することを国家レベルの政策に掲げているのはベナンとトーゴの二カ国のみである。なお、類似した

政策がナイジェリアにもあるが、政策と実施とのギャップが大きいといわれる。初等教育では、政策上アフリカの言語が教授言語とされる期間は、初等教育の初期段階に限られる場合がほとんどであるが、実際には教師、生徒ともに教授言語であるヨーロッパの言語に精通していない等の問題のために、アフリカの言語が教授言語とされている国が多い。タンザニア、ソマリア、エチオピア、エリトリア、マダガスカル、ナイジェリアでは、初等教育終了時までアフリカの言語を教授言語として使用している他、4年あるいは5年次まで使用する諸国もある。逆に、中等教育になると、アフリカの言語が教授言語とされることは極めて稀である。アフリカの言語には科目で扱う技術用語が十分にないとして、ヨーロッパの言語が教授言語として使用され、アフリカの言語は教科の一つと位置づけられるのが一般的である。これを必須科目にしている国と、選択科目にしている国があるが、いずれにせよ少なくとも最初の3年間はアフリカの言語が科目として導入されている。そして、高等教育では、教授言語としてアフリカの言語が使われることはなく、もっぱらヨーロッパの言語となる[40]。むろん、諸言語を守るためにフランス語が唯一の教授言語である状況を見直そうとの動きがないわけではなく、ブルキナファソやベナンでは文化大臣が初等教育に諸言語を公式に導入しようとする動きをみせている[41]。

他方、フランコフォニー国際組織の加盟諸国のうちの少数ではあるが、バイリンガル学校を1970年初期から設立し始めた国もあり、近年の状況としては、バイリンガル学校で学ぶ生徒数はそれぞれ、ブルンジの初等教育課程に247,000人、中等教育課程146,247人、高等教育課程12,750人。マリの高等教育課程に570人。ニジェールの初等教育課程5,000人、中等教育課程2,000人、高等教育課程5,000人。チャドの初等教育課程に39,500人。マダガスカルの初等教育課程に2,856,480人、中等教育課程に436,211人、高等教育課程31,893人。モーリシャスの中等教育課程に103,000人、高等教育課程23,000人。セイシェルの中等教育課程に9,203人、高等教育課程に586人。ギニアビサウの高等教育課程に90人が在籍する[42]。

バイリンガル学校では最初の3年間、アフリカの言語で教育が行われる。この時、フランス語は外国語科目であり、4年目からフランス語が教

授言語となる。その目的は2つある。第一に、識字能力をつけさせてアフリカの言語と文化の保護と普及に役立てること、第二に、国語と植民の歴史に応じた支配言語（フランス語、英語、ポルトガル語、スペイン語のいずれか）を習得させることである。マリで行われた集中教育の実験から、学習者の言語習得と、複数の言語による他教科の習得が、認知メカニズムの取得を促すというバイリンガル教育の効果も報告されている。マリのセグー市（Segou）地域教育長が基礎教育学校で6年間学んだ生徒を対象に行った調査を一例とすると、留年せずに6年次に進級した生徒の割合を合格率として、以下のような結果が得られている。フランス語の使用に限った伝統的な学校では7.05%、最初の3年間はバマナンカン語、次の3年は教授言語をフランス語に切り替えた実験校では50%、それに対して、両言語を通年使用するバイリンガル教育を行った学校では合格率が71%になった、というものである。しかし、政府や民間団体から十分な資金を得ることができず、教育実験に留まっている。そして、学校で使用されるアフリカの言語が少なくとも2つか3つの正書法をもち、統一性を欠くために生徒のリテラシー能力養成に負の影響を及ぼすなどの課題が検討されないまま、バイリンガル学校の多くは貧困地域や農村地域に押しやられている[43]。例えばマリでは、1995年以降再びバイリンガル学校が増加しているものの、依然としてフランス語の単一言語主義をとる学校のほうが多い[44]。

「第二言語としてのフランス語教育（FLS：Français Langue Seconde）は、あいまいで矛盾をはらむものである。フランス語という心理的に母語ではない言語は、しかし、社会的には業務や学習に必要で、成功と統合に結びつく言語であるからだ」と考えるデュモンは、1972年5月22-27日、ケベックで AUPELF が主催した「第一回諸フランス研究部門の国際的集い」（la Première rencontre internationale des départements d'études françaises）で、外国語としてのフランス語教育（FLE：Français Langue Étrangère）における初めての文化間の歩み寄りを提案した。具体的には、子供たちを彼らの帰属する文化社会と切り離すことなく、彼らの出自に根ざした教育を進めるというもので、教育内容の真のアフリカ化が問題にされた。そし

て、ダカールの文明研究センターとの提携によるクラド（CLAD）応用言語学研究所の試みを活かし、母語のアフリカ言語で教育を行った後にフランス語を導入して再受容を促す、というアイデアを打ち出した[45]。

それ以後も、アフリカの言語を教授言語として使用することに関わる議論はあったが、実質的な投資を伴う政策には結びつかず、単なる言説に留まり続ける。唯一、ギニアの前大統領セク・トゥーレ（Séku Touré）[46]がこの政策を実施したが、彼の死（1984）で終焉を迎えた。

1998年になってついに、政治的、技術的な側面からアフリカの言語政策の戦略を立てることを目的に、ユネスコによって政府間会議が開催され、アフリカ51カ国の政府代表が集った。しかし、アフリカ大陸のほとんど全ての国が参加したこうした国際会議でさえ、その後のアフリカの教育における言語政策に大きな変化をもたらしている様子はない[47]。

2003年3月にリーブルヴィルで開催された、サハラ以南アフリカ諸国のフランス語教育会議では、フランス語教員によってフランス語とアフリカ諸言語の提携が推奨された。読み書きといった基本的なメカニズムの取得は学習者にとって身近な言語でなされるよう保証しなければならない、としてアフリカ諸言語を教授言語の位置に押し上げようとする決定的な立場が取られたのである。リーブルヴィルの議論ではまた、これまでのフランスのシステムをモデルにした学校制度のあり方が長期的な失敗として提示され、サハラ以南アフリカ諸国に就学率の低い国が多いのは、もっぱらフランス語の使用が原因であると糾弾された。そして会議の代表者全員が、アフリカの子供たちが話すことを学び、学校外で生きていくために必要な言語という地位にフランス語をもはや置くべきではない、ということで一致をみた。同時に、アフリカの学校がアフリカの言語と文化のみならず、アフリカの伝達や学習の様式を無視し排除するのをやめるべきであるという提案がなされている[48]。

「バイリンガル教育についての是非よりもタイミングに議論の中心が移っている」[49]といわれるが、フランス語に加えてアフリカ諸言語を教育システムに取り込まなければならないという認識は、フランス語の教育者も含めて識者の間で広く共有されるものとなっている。

6.5.2 現実問題

　旧宗主国の言語であるフランス語が教授言語として使用されるとき、他の文化に自分が属しているかのような違和感を抱く人々も少なくない。逆に、アフリカの言語は彼らの多くのアイデンティティに深く関わり、「アフリカ諸言語にフランス語が取って代わることはない」という確信はそこから生まれる。

　しかし、アフリカ諸言語の教育への導入は、困難を伴う作業である。まず、アフリカの教育問題の筆頭に挙げられる、資金、施設、教員の不足や、旧宗主国への依存から生じる制約の問題がある。そして、教授言語とする言語の選択の難しさがある。新しい概念を定義するための言葉作りが進められて、アフリカの言語による理系科目の教育も可能になってきてはいるが、現地語の教育に対して大衆の間には懐疑的な声もある。

　さらに、フランス語と引き換えに、自分の言葉を捨てた民族集団はいないが、集団の言葉を次第にうまく話せなくなる人々も少なからずいる。ある話者がフランス語を解さない単一言語話者の相手に対しても、フランス語と現地語の二言語を混ぜて話すケースが見受けられるが、それは現地語を消失したことによる振る舞いと考えられる。例えば、ブルキナファソのモシ人（mossi）の生徒の一人は、フランス語を使用せずに母語のモレ語だけで表現することはできないと告白している。また、中央アフリカでサンゴ語を母語とする生徒たちは、いくつかの概念はサンゴ語では言い表せず、フランス語を使用せずにサンゴ語のみで話すのは難しいと感じている[50]。

　教員不足という問題に対しては、フランス、ベルギー、ドイツ、スペイン、アメリカ各国に協力を要請してきた。しかし、諸国からの派遣教員がその任務を十分に果たしてきたとは言い難い。アフリカへ派遣されるフランス人教師は3つに大別されるが、キリスト教宣教師、海外派遣武官（兵役の代わりに、アフリカで教鞭をとることを志願した者）、海外派遣文官（対外協力省から直接派遣された者）、彼らそれぞれに、宗教的な教育内容への偏り、教員としての経験不足、受入国の発展に貢献しようという意欲の欠如、といった問題が多く見受けられたからである。ところが、フラン

スとアフリカ諸国の歴史的な癒着関係ゆえに、この問題は、しかるべき客観性をもって諸要因が分析されることもなく、手付かずのままとなっている[51]。

旧宗主国への依存とそこから生じる弊害については、ブラック・アフリカの前教育省総長の言葉に端的に示される。彼はアフリカの言語教育の熱烈な支持者であるが、「フランスの供給と援助に頼っている限り、自国の言語教育を行う学校は大規模には展開できないだろう。(中略) 世界銀行に働きかけても、フランスが世界銀行でブラック・アフリカの主要な援助国であるので、(アフリカの言語教育の) 実現は不可能であった」[52]と証言する。

教育プログラムは徐々にアフリカ化されつつあるとしても、その教育改革にはアフリカばかりでなくヨーロッパの人々も加わって計画されているうえ、そのなかのアフリカ人の多くは、ヨーロッパで教育を受けた者たちである。また、アフリカで使用されている教科書の大部分がフランスやイギリスで出版されて輸入したものであることにも、従来の教育プログラム転換の限界がみえる。教科書の価格上昇を招くだけではなく、アフリカの文化や言語に配慮した内容が盛り込まれにくいからである[53]。

他方、現地の諸言語を初等教育に導入しようというアフリカ政府に一致した最近の情熱が、民族集団より大きな共同体への所属の指標として再定義されようとしているフランス語を、そのクレオール化から守る最良の手段となっている。アフリカの言語を導入するための改革が、逆にフランス語を「上位に置かれた」言語種の地位に閉じ込めて置くよう作用するからである[54]。

6.6 コートジボワールの事例

コートジボワールは、日本の約 0.9 倍、322,436 平方キロメートルの国土に 2,160 万人 (2010 年) の人口を抱え、首都はヤムスクロながら、実質的な首都機能はアビジャンにある。民族はセヌフォ、バウレ、グロ、グン、アチェ、ベテ、ゲレと多様である。そして、言語は公用語のフラン

語の他に、様々な民族語が使われる。

　さらに、兵力に関して、陸軍、海軍、空軍等を合わせて計17,050人（2009年）に加えて、国連コートジボワールミッション9,444人（2011年4月、900人のフランス軍を含む）が駐留する。経済協力の面において、主要援助国の首位に立つのは、かつてフランスであったが今はアメリカである（2008年）[55]。

6.6.1　公用語としてのフランス語の地位

　コートジボワールの2000年憲法29条には、「法は諸国語の促進と発展の条件を定める」とある。この規定により、例えば、被告人がフランス語使用に困難を覚えるとき、諸国語の使用や通訳を要請することが可能になった[56]。しかし、フランス語を言語政策の中枢に据えてきた政府の姿勢に変化はなく、「公用語はフランス語である」と規定した1963年憲法1条は今も生きている。

　独立時、ほとんど異論もなくフランス語を公用語として維持する決定が下されたことには、歴史・政治・経済・文化的な理由が関与している。

　フランスの植民地期、その他の例に洩れずアフリカ諸言語は顧みられることなく、フランス語が公的地位を支配した。そして、支配者とアフリカ人民との対話は、アフリカでフランス語教育を受けた少数エリートの通訳を介してなされた。教育機関でももっぱらフランス語が使用され、現地語を使用すると罰せられた。こうして長らく無視され続けてきた現地語には、独立時、書記法が存在せず、科学・技術用語も欠けていた。それに対して、植民地主義者の言葉であるフランス語は、新たなコートジボワールの指導者たちにとって、すぐに使用できる言葉であった。そのため、1970年代のコートジボワールでは、政治指導者の演説がフランス語で行われ、時に通訳が付いた[57]。

　こうした状況に加えて、国内に数多くの民族と言語が存在するという多言語・多文化状況が、一つの公的言語を要請した。コートジボワール国内では60もの言語が使用されているといわれるが、ある言語を一言語の方言とみなすか、別の言語とみるかによっても、その数は大きく増減する。

例として、アボワソ（Aboisso）、ボングアヌ（Bongouanou）で話されるアグニ語（Agni）と、ダロア（Daloa）やガグノア（Gagnoa）で話されるベテ語（Bété）のような関係が挙げられる[58]。

言語問題を取り上げることは、国内を緊迫させることにつながりかねないとして、コートジボワールの政治家たちは公式な場での議論で言語問題にはほとんど触れていない。むしろ言及を避けたともいえる。ボワニ（Boigny）元大統領が、サンゴールやンクルマ（K. N'Krumah）といった他国のアフリカ指導者とは異なり、言語政策について明言することがなかったのはそのよい証である。そして、教育大臣（当時）アモン・タノー（Amon Tanoh）は、1969年3月、コートジボワール専門ジャーナリストの会が開催した夕食会の席で、アフリカ諸言語を学校教育に導入することについて問われ、次のように返答している。

> 現実主義的にならなければならない。特にコートジボワールでは、教育のために1つか2つの現地語を選択すると、それは政治問題を引き起こし、紛争が生じると思う[59]。

アフリカの言語を公用語にすることが地方分権や遠心的な動きを招くと懸念されたのに対して、フランス語を公用語として維持することは、地域の特性を中性化し、競い合う民族集団を一つの国へと一体化する強力な手段になると考えられた。まさに国家統一と効率が優先されたといえる。また、世界レベルの交流・取引に直接参与し、フランスをはじめとする諸国と特権的な関係を保つのに有用であるとして、フランス語を選択することは肯定的に受け止められた。フランス語の普及によって、経済・社会発展という国家目標が達せられるとの見方もあった[60]。さらに、パン・アフリカニズムいうイデオロギーが盛んな頃でもあり、それは隣国間での地域統合の可能性をも秘めていた。

他方、「イボワール人民のフランス語」ともいえる「ヌゥシ」（français Nucci）[61]や「ムサ・フランス語」（français Moussa）[62]という特殊フランス語の範疇が成立している。これらのフランス語は学校ではなく屋外で学ば

れるものであり、一般に学校がフランス語を学ぶ唯一の場といわれるが、これら人民のフランス語は一度も学校に行かずに習得される[63]。そして、「人民のフランス語は、我々のアイデンティティを真に成すもので、民族間の境界や差異から解放してくれるものである。このフランス語は、大臣を未熟練労働者のレベルにおき、全てのイボワール人は、これを学習することなく理解する」[64]といわれるように、イボワール人としての国民性を構成する要素ともなっている。

アフリカ人民の話すフランス語を、フランス語がほぼピジン化したものと、学校の規則が課した使用法との中間にある不安定な状態に二分すると、アビジャンのフランス語は、最もピジンに近い[65]。

しかし、アビジャンで2002年、高校生を対象に実施されたアンケート結果によれば、フランス語をよく身につけている生徒たちでさえ、フランス語は特権的なものとみており、フランス語は〈彼ら〉の言語ではなく、〈フランス人のもの〉であると主張している。そして、コートジボワールには、フランス語に代えてアイデンティティを表明する言語が必要であるとの声も聞かれる[66]。旧フランス領アフリカ諸国の人々にとって、たとえフランス語が「外国語とはいえない」[67]ものになったとしても、民族語に代わって自らのアイデンティティを表明する言語には容易になり得ないことが分かる。

6.6.2 アフリカ諸言語の地位確立の試み

フランス語という支配言語とコートジボワールの諸言語とは長らく対置され、学校での母語使用は禁止されていた。その後、母語の地位向上に向けた運動が自由に行えるようになるまでには、独立から十数年余りを要している。

諸言語の問題を率先して取り上げたのは言語学機関である。1966年9月8日の政令66-375号により、アビジャン大学に設置されたイラ（ILA）応用言語学機関であるが、コートジボワール政府の他、フランコフォニー関連機関（ACCT, AUPELF）や世界銀行から設立資金を得た。その規定2条には、「この機関の目的は、生きた諸言語の教育に関わる」と

ある[68]。

　イラ応用言語学機関長のクアシ・アタン（Kouassi Atin）は、アフリカ諸言語の地位向上を積極的に推し進めた人物の一人で、家庭と学校教育の間の隔たりをなくすことに力を注いだ。当時、フランス語はもっぱら学校で使用される言語で、子供たちは普段これとは異なる諸言語を使っていたからである。また、彼は母語でまず文字を習った者は、第二言語をより容易に習得できると考えて、アフリカにおけるバイリンガル教育の推進を目指した。さらに、コートジボワールの言語を初等教育レベルで教授言語として使用するのみならず、大学レベルでも導入するよう提案している[69]。

　その成果として、コートジボワールの諸言語の言語記述や、発音練習帳の作成、文化技術協力機構との共同作業による言語分布図集の作成などが挙げられる。だが、そこでなされた研究成果の多くは、コートジボワールの生徒が犯すフランス語の誤りに関するものであることから、機関設立の本来の目的はフランス語の教育改善にあり、フランス語以外の諸言語の教育と普及に大きく貢献するものではない[70]、との指摘もある。

　その後、1972年8月29日、コートジボワール民主党の総裁フィリップ・ヤセ（Philippe Yacé）が国家教育改革委員会を設置し、1977年8月16日に教育改革法が採択された。以下にそのうち2条を掲げるが、これによって教育カリキュラムにコートジボワールの諸言語を導入する道が開かれる。そして、イラ応用言語学機関には、アフリカ諸言語を教育に導入するための理論的・実践的状況を検討するという役割が課された。

　　67条　公教育への諸国語の導入は、国家統合とコートジボワールの文化的遺産の再評価に不可欠な要素とみなければならない。
　　68条　当該言語機関は、特に言語記述、コード化、文法や語彙の確認と記録、教科書の検討や文化的特徴を保った文学作品の開発によって、教育に諸国語を導入するための準備を行う任務を負う。

　80年代には、高等教育におけるフランス語教育を、フランスで行われる「フランス文化理解」や「フランス人養成」という側面をもった教育とは異なるものにして、「コートジボワールの文化理解」と「イボワール人

養成」へと再編すべきであるとの主張が教育論議のなかで強まった。しかし、文化の有力な要素である言語に関しては、依然としてフランス語に頼る他なく、教材にサンゴールのようなアフリカ出身者が書いた文章をこれまでより多く取り上げるといった程度の変化を導入することに終始せざるを得なかった[71]。

　イラ応用言語学機関は、80年代に何度か就学前の児童を対象として、母語による2年間の教育後フランス語を導入するという教育実験を行っている。その結果は概して良好であったが、伝統的スタイルの学校に最終的には入学させなければならない等の制約や、現地の諸言語を学校システムに導入することに対する行政担当者たちの懐疑的な見方もあって、実験の域を出ることはなかった[72]。

　90年代になると、芸術やスポーツ教育などと共に、「諸国語の教育」は「市民の育成に貢献する」（1995年9月7日の政令95-696号の3条）ことが公的に確認された他、1997年には、激しい反対意見を押して「10言語を教育に導入する」とした改革法案が採択された。専門家たちは、フランス語を教授言語とする現在の教育システムでは思わしい学習成果が得られていないとして、諸言語に関する研究や、これを教授言語とする教育実験も多く行い、そのうちには成功例も少なからずみられた。しかし、他の多くのアフリカ諸国と同様、コートジボワールにおいて諸言語の教育が進んでいるとは言い難い。それには、政治家たちの間にフランス語をコートジボワールの国家語に仕立てるという確固とした意思があることが影響している。公教育に諸国語を導入することを奨励する法令が採択はされても公布されていないことはそうした態度を如実に示す[73]。

　そして、2002年、コートジボワールの文化・フランコフォニー大臣コネ・ドラマヌ（Koné Dramane）が出席した文化相会議のテーマは、「フランコフォニーにおける国語」であった。参加者からは、「フランス語と母語を同居させるのに成功したコートジボワールの住民はどれくらいいるのか」、「フランス語よりも国語を話す子どもはどれくらいいるか」、あるいは、「私たちの国語はフランス語と調和し得るのか」といった疑問が提起された[74]が、それはフランス語以外の言語の地位向上を図ることに対する

反対意見に等しい。

　また、諸言語を教授言語とすることに関して、世論には「既にフランス語を話す子どもに、なぜコートジボワールの言語で教育を課すのか」、あるいは、「教員が村の言語を話さない場合、どうするのか」といった声がある[75]。ここには現地語を教育する必要性に対する大衆の疑念といったものが見出せる。

6.6.3　学校教育と諸言語

　従来、現地語を使用するキリスト教の伝道師を除いて、全ての識字はフランス語で行われてきた。特に農村では、まず言語を習得させてから、読み書きの授業を行うかたちで、フランス語の習得とフランス語による識字教育が並行して行われてきた[76]。

　そして今なお、学校制度は旧宗主国のフランスに準じており、授業はフランス語で行われている。ただし、フランスの教育制度は初等教育（小学校）5年、前期中等教育（中学校）4年、後期中等教育（高等学校）3年の5・4・3制を採っているのに対して、コートジボワールの初等教育は6年間である。これに7年の中等教育が続き、第一段階のコレージュ（中学）が4年、第二段階のリセ（高校）が3年である。そして、大学進学試験に合格するとバカロレア資格が取得できる。そのなか言語教育は、次のようになされている。初等教育の2年間にフランス語のオーラルクラスがあり、フランス語のみで授業が行われる。レクリエーションの時間ですら、生徒はフランス語を話さなければならない。中等課程の初年度（6年次）からは英語が必修科目となり、第二外国語、イボワール人にとってみれば第三外国語ともいえるドイツ語かスペイン語を学習するのが中等課程3年目（4年次）からである[77]。

　独立以降も、フランス語がいかに重視されてきたかは、ここに明らかであるが、当初からフランス語を完全に習得する者は数少ない特権的な子供に限られた。官僚の子弟、あるいは都市に暮らし、そこでフランス語の初歩を見聞きして学ぶことのできた子供たちである[78]。

　その状況は容易には変わらない。そもそも、コートジボワールは、西ア

フリカ諸国のなかで初等教育の就学率が比較的高いが、中・高等教育施設の収容能力が極度に不足しており、中学進学希望者約18万人のうち実際に進学できるのは約5万人と半分にも満たない。他方で、現地のフランス人やレバノン人、そして政府高官の子女は、唯一あるアビジャン国立大学へ進学するか、フランスの大学へ留学している[79]。

コートジボワールはまた、他のアフリカ諸国同様、学業不振の問題を抱えるが、初等教育修了時でも、授業中のフランス語の使用に困難を感じたという生徒が3人に1人いるという調査結果[80]がある。それは、中退者や留年者のなかに、言語が十分に習得できなかったために学業不振に陥った者が少なくないことを示唆すると同時に、教育問題の解決に言語政策がいかなる重要性をもっているかを示している。

就学率や学業不振の問題に加えて、コートジボワール政府が継続課題に掲げるのは自国の状況に適合したカリキュラムの欠落であるが、それは、他国、とりわけフランスへの依存に大きく起因する。

コートジボワール政府は、1997年9月に、大規模な教育改革案として「教育・訓練国家開発計画」（PNDEF: Plan National de Développement de l'Éducation et de la Formation, 1998–2010, Vol.0 ; Déclaration de Politique, sec 1）を打ち出したが、総額予算の半分強は援助ドナーからの資金援助に期待された。そして、この頃に教育現場を調査した堀田［1998：127, 128］は、児童の多くが教科書をもたずに授業を受けている姿を目にしている。教科書は基本的に個人負担であるが、フランスの出版社が印刷した輸入品であるために高価で、制服や他の備品の購入を合わせると、その出費額は非現実的なものとなっていたためである。堀田［1998：同上］が指摘するように、教員研修・教材開発教育局によって安価な練習帳などが当時も製作されており、コートジボワール政府に教科書製作の能力がなかったわけではない。

そして近年、コートジボワールで使用される初等教育用の教科書の実に100％は、本国出版のものとなっている。それに対して、中等教育と高等教育用の教科書は、今なお、全て海外からの取り寄せである。さらに、初等教育の教員99％はイボワール人であるが、中等・高等教育を担当する

教員の大半は外国人である[81]。このように、多くを海外に依存し続けているなかにあって、自国の諸言語や諸文化を教育に導入しようという積極的な議論は生まれにくい。

6.6.4 メディアと諸言語

1960年代から70年代にかけて西アフリカ経済の中心地として高度経済成長を遂げてきたコートジボワールで、とりわけ大都市アビジャンでは、マス・メディアが広く浸透している。これには、初代大統領ウフエ＝ボワニが政治レベルとは別に、文化レベルにおいて開放的政策をとり、90年代の自由化が始まる以前から文化面ではかなり自由な活動を行って、外国の文化を積極的に紹介してきたことも作用している[82]。

だが、多くのサハラ以南アフリカ諸国において報道の自由が今も規制され、時に軽犯罪に問われて拘留されることがあるなか、コートジボワールも例外ではなく、2002年9月の反乱軍蜂起以降、ジャーナリストたちが度々生命の危険にさらされている。

ここではその詳細は取り上げず、コートジボワールのメディアにおける諸言語の使用状況をみていくことにする。

まず、テレビについてみていくが、コートジボワールでは、国民に教育と娯楽を提供するとともに、海外の人々に国の現状を伝えることを目的に、1963年8月からテレビ放送が開始された。放送は基本的にはフランス語のみであったが、日常流れる番組のなかでは唯一「国内ニュース」において、3回に1度の割合で、10言語以上の現地語が使用された。平均的イボワール人はフランス語の番組をよく理解できなかったであろうが、人々の理解できる言語で番組を制作するには、その技術者やジャーナリスト、そして資金が不足していた。そのなか、コートジボワールのテレビ番組は、フランス語で生活する人々のために作られているとの批判もあった[83]。

1969年には、「コートジボワールのテレビ教育計画」(PETV : Programme d'Éducation Télévisuelle de la Côte d'Ivoire) が打ち出され、1971年9月から実施された。その目的は、学業放棄の問題解決や、教員の質の向上、教

育の浸透とそれに伴う地域発展の促進である。しかし、アフリカ諸国にとって、教育補助機材としてのテレビ設置は決して安価なものではなかったため、カナダ、ベルギー、ドイツ、アメリカ、イタリア、ユネスコ、国連開発計画、世界銀行、文化技術協力機構といった諸国・諸国際組織と共に旧宗主国フランスが文化協力の名のもとにこれを経済的に支援した。その結果、1974–75 年時点で、テレビの保有率は、全公立学校のうち 47%、全就学者の 31.5% が所有するにすぎなかったものの、6 年間の初等教育に通信教育を導入することが辛うじて実現した。その後、成人を対象とした通信教育も始まっている。また、1973 年から試験的に放送を開始した「みんなのテレビ」という番組が、1974 年 10 月から 1 週間に 1 度、30 分間流された。番組では、離村や農業の問題の他、教科書改訂の問題なども扱われたが、インタビューの対象者がフランス語で語る時には、現地語の通訳が付けられた[84]。

　アフリカ諸国のなかで、コートジボワールのテレビ・ラジオの保有台数は多いほうであるが、1991 年実施の調査によれば、アビジャンの家庭の 82.6% が 1 台のテレビ受像機を所有するようになった。1990 年代から、それまでテレビ・ラジオ共に国営放送一局であったものが、テレビは 2 チャンネルに増え、さらに娯楽番組主体の Canal Horizon をはじめとしたケーブル・テレビもいくつか開局されている。フランコフォニー関連機関の TV5 がアフリカに開設されたのもこのときである。使用言語は、現地国営テレビのニュース番組では、毎日 2 言語ずつ、計 13 の主要な民族語が使われるのに対して、全国ニュースでフランス語が使用されることに変わりはない[85]。

　続いてラジオをみるが、他のアフリカ諸国同様、コートジボワールでもラジオは最も普及している情報伝達手段であり、1972 年の時点で都市に住む人々の 85% が「ラジオをよく聞く」、12% が「時折聞く」、と答えている。時を遡ること 1955 年、SOFIRAD というフランスの組織がコートジボワールのラジオ放送を開始したが、1962 年にコートジボワール政府の管理下に移された。その後、1999 年時点で、FM の国営放送が 2 チャンネル、他に Radio Espoir（カトリック系）、Radio Nostalgie、RFI、

BBC、Africa No.1 が FM で開局されている。この他にも、当該地域をカバーするのみでアビジャンでは聴取できないが、ブアケ（Bouaké）に国営のローカル・ラジオが1局、ヤムスクロに私営のラジオ局 JAM（Jeune Afrique et Musique）が存在する[86]。

ラジオ放送での使用言語はフランス語中心であるが、英語の時間帯もわずかながら確保されている他、1959 年に初めて導入されたコートジボワールの諸言語は、使用される言語数を増やし、近年では約 15 言語がラジオ放送で使われる[87]。

とりわけ農村に住む人々から自分の母語もラジオで使用するよう要望がある一方で、既に母語が採択されている人々からは、同言語による放送時間枠の拡張を希望する声があり、両者の要望の調整は難しい。第一、今なおメディアにおいて中心的な位置を占めるフランス語の放送時間を減らすかどうかという議論が必要になる。

活字メディアはフランス語を使用し、ヌゥシによるものは二種類の風刺雑誌があるのみである。また、2010 年現在、コートジボワールには 14 の出版社があるが、なかでもフランコフォン市場に多くの書籍を送り出しているのが、2005 年に二社の出版社が合併して生まれた NEI–CEDA（Nouvelles Éditions Ivoiriennes–Centre d'Édition et de Diffusion Africaines）である[88]。

6.7 セネガルの事例

セネガルの国土面積は日本の約半分の 197,161 平方キロメートル、人口は 1,270 万人（2008 年）である。民族と言語に関しては後に詳細をみていくが、主要な民族はウォロフ 44％、プル 23％、セレール 15％ であり、公用語のフランス語の他、ウォロフ語などの諸民族語が話されている。また、主要な産業は落花生、粟、綿花を中心とする農業の他、まぐろ、かつお、海老、蛸といった漁業が営まれている。これら一次産品の落花生や魚介類、精油、リン酸製品を輸出する一方で、食料品や投資財、石油製品を輸入しているが、主な輸出・輸入先をみると、そこに含まれる旧宗主国フ

写真25　ダカール（セネガル）のフランス語表記の看板
右奥：水と下水処理施設の第4回国際見本市（SIEAU）開催の知らせ
左奥：セネガルの歌手、ユッスー・ンドゥール（Youssou N'Dour）のライヴ情報

写真26　サンルイ（セネガル）のフランス語表記の看板

ランスとの緊密なつながりが窺える。また、経済協力の面においても、主要援助国の首位にくるのはフランス（2008年）である[89]。

6.7.1 公用語としてのフランス語の地位

　セネガルではウォロフ語が主要言語となっているが、15世紀に始まるヨーロッパ人との接触以前から現在のセネガルの北部・中部で主要な言語となっていたウォロフ語は、セネガル植民地でアフリカ人に対する教授言語としてまず使用された。しかし、1829年、セネガル総督によって任命された「学校委員会」が、ウォロフ語を排除してフランス語のみによって教育を行うように勧告、1911年には、ムスリムのアラビア語識字層に一部認められていたアラビア語の使用が全面的に禁止される。こうして、教育と行政におけるフランス語の単一言語主義が完成された。他方、植民地における学校教育は一握りのエリートが享受したにすぎず、フランス語の習得は特権層に限られた。そのためダカールやサンルイなどの植民地都市の生活言語はウォロフ語であった。また、19世紀末に創設されたムーリディアというイスラーム教団が、ウォロフ語を通じて強烈な民族ナショナリズムを鼓吹し、独立後もウォロフ化を押し進める。ただ、植民地期にウォロフ語の書記言語としての整備はまったく行われなかったため、独立直後に、これを国語として発展させていくことは不可能であった[90]。

　その帰結として、セネガル政府は旧宗主国の言語であったフランス語を「公用語」に設定するとともに、1971年の政令で主要な6言語を「国語」として指定したが、現実にはこれらの言語には成人識字の対象言語として以外いかなる公的な地位も与えられていない[91]。それは「政府が民主的な近代国家の姿を求め、それに相反する民族的な意識の高揚を引き起こす不安定要素を排除しようとしてきた結果」[92]ともいえる。

　2000年3月、40年にわたった社会党政権に代わり、セネガル民主党の総裁アブドゥライ・ワッドが大統領に選出されているが、彼の政権下の2001年1月7日に国民投票で採択された新憲法では、「今後コード化されるすべての言語を国語とする」という文言が付け加えられた[93]。また、同憲法第22条で教育への国語の導入を初めて法制化した。「国立、公立、私立のすべての教育機関は、その構成員を国語の一つで識字化し、識字のための国民的努力に参加する義務を有する」との内容である。「すべての言語についての最低限の教材、教育法の準備、教員の養成コストと労力は膨

大なものとなる」という砂野［2006：136］の指摘を待つまでもなく、多数の言語を国語と規定する法律が実現性に欠けるのはいうまでもない。

　同時に、フランス語に関する憲法第28条の規定も無視できない。そこには、「共和国大統領の候補者は、フランス語を読み、書き、話す完全な能力を身に付けていなければならない」とある。現在、フランス語はウォロフ語を前に勢いを失い始めているとはいえ、このように依然として特別な位置に置かれ、社会的上昇のための唯一の制度的手段であり続けている[94]。そして、政府がさらに多くの現地語を擁護することを憲法に謳うほど、「公用語」として、これらの言語とは当初から別枠に置かれたフランス語の使用率を高めることになるだろう。

　ここで、セネガルにおけるフランス語の使用状況を知るには、砂野の先行文献が有効である。以下、現地調査に基づく表13のデータをみていく。

　最初に注意すべき点は、フランス語を「話せる」という項目であるが、調査は自己申告によるため、実際の言語能力とは無関係に、「このプレスティージ言語が自らの第一言語であるとしたいという強い願望を反映する数字」[95]の可能性があるということである。そのため、フランス語が「話せる」という答えについて、自己申告ゆえの過大評価の可能性を考慮に入れる必要がある。それは、フランス語を「話せる」と回答する者の割合が、「不自由なく」というレベルになると全地域で極端に下がる要因ともなっている。また、調査時期、調査対象者の年齢、職業、性別の構成が地域ごとに異なるため、地域間で数値を比較する場合には、その誤差を考慮する必要がある。例えば、サンルイの例では、一般に男性より就学率が低い女性が調査対象者に多かったため、フランス語の運用能力はその分低い値を示している。また、ファティックでは、回答者の6割近くが、日常的にフランス語を使うことが多いと思われる学生・生徒や公務員・会社員であった[96]。

　これらを念頭に置いたうえで、私的空間の言語使用をみる。表13からは、バケルとファティックを除く各都市部でフランス語は、私的空間といえる「近所」や「家庭」に浸透しはじめていることが確認できる。ただし、ダカールの例にみるように、フランス語は10％強の家庭で用いられ

表 13　セネガル 7 地域におけるフランス語使用

地域名＼仏語使用	第一言語話者	話せる（計）	不自由なく	家庭	近所	市場	役所	同僚／級友	上司／先生
ダカール	0.5%	68.6%	49.0%	10.4%	9.8%	4.3%	51.0%	40.2%	53.3%
サンルイ	0.0%	59.7%	34.8%	8.7%	8.5%	5.4%	38.4%	31.6%	40.9%
ポドール	0.0%	63.8%	40.7%	1.7%	8.5%	5.1%	35.0%	25.9%	52.3%
ファティック	0.0%	70.7%	41.3%	3.7%	4.1%	2.2%	43.9%	35.4%	66.7%
ジガンショール	0.3%	84.7%	66.6%	12.7%	16.7%	7.3%	71.3%	42.0%	62.0%
タンバクンダ	0.0%	64.0%	38.1%	7.1%	9.0%	2.9%	53.2%	50.3%	63.4%
バケル	0.5%	54.0%	24.6%	0.5%	4.8%	2.7%	39.0%	32.4%	57.1%

出典：砂野幸稔（2007）『ポストコロニアル国家と言語』三元社 101, 104
注1）砂野幸稔「セネガルにおけるウォロフ化の進行と場面による言語選択」（1）〜（7）（1998-2001）『熊本県立大学文学部紀要』からデータを抜粋して作成後、上記文献を参照して一部改訂。
注2）フランス語を「不自由なく話せる」、「ある程度話せる」、あるいは「少しなら話せる」と申告した回答者の全体に占める割合が、表の「話せる（計）」にあたる。ここでは 3 項目のうち、1 項目を抜粋。

てはいるが、フランス語のみを用いているというケースはほとんどなく、学校に行っている子供たちに対して親が意識的にフランス語を学ばせるために、これを家庭で使う場合が多い。そして子供たちはフランス語を強制する父母のいない友人、兄弟間ではウォロフ語で話す傾向がみられる[97]。

では、公的空間はどうか。「役所」（市役所、警察、郵便局などを含む）のように、フランス語を使う役人のいる国や地方の公共機関、また職場の「上司」や学校の「先生」との会話、といった公的な場面では、各地域に共通してフランス語の使用割合が私的空間より高まっていることが**表 13**にみてとれる。さらに「役所」では、フランス語を「不自由なく」話すと答えた人々の比率を少し上回る数の人々がフランス語を使う、という傾向も多くの地域に共通する。国家とつながった「公的」な場面ではフランス語を使える人はフランス語を使うのである[98]。

他方、ここに表は掲げないが、フランス語とその他のセネガルの諸言語の使用率を比較してみると、役所の言語としてさえ、多くの地域でフランス語よりもウォロフ語が使われているのが分かる。多くの人にとって、特定の職業環境におかれない限り、フランス語を日常的に使用する機会はあ

まりなく、多くの場合はウォロフ語か地域の多数派言語で用が足りるのである[99]。

しかし、セネガルでは、1984年に「教育改革国民委員会」がウォロフ語を「国民統一語」とする提言をして政治的対立が生じ、この言語政策はなし崩し的に放棄された経緯もあり、セネガル政府当局には、当面のところ、フランス語より日常生活に密着したウォロフ語を国語であると同時に公用語にするといった政治的意思があるようには見受けられない。同時に、フランス語の特権的な地位が近いうちに見直される兆候もない[100]。

6.7.2　アフリカ諸言語の地位確立の試み

セネガルには約20の民族言語集団が存在しているといわれ、主要な民族は、ウォロフ人、プラール人（プル人、トゥクルール人）、セレール人、ジョーラ人、マリンケ人、バンバラ人、ソニンケ人であり、他に、アフリカ系の少数民族やヨーロッパ系、シリア・レバノン系、ポルトガル・クレオール系の民族がいる。これに対して、民族名と一致するウォロフ語、プラール語、ジョーラ語、マリンケ語[101]、バンバラ語、ソニンケ語の他、セレール語やジョーラ語という呼称のもとには相互理解不能な複数の言語や言語変種がある。また、古典アラビア語やポルトガル・クレオール語も使われる[102]。

しかし、先に確認したように、フランスからの独立後もフランス語は重視され続けた。そのなか、1963年、アフリカ切っての名門校であるダカール大学にクラド（CLAD）という応用言語学の大学研究機関が設置された。そこではフランス語の教育方法論を検討することと合わせて、セネガルの諸言語が研究対象となった。それから遅々としてではあるが、公教育へのアフリカの諸言語の導入が進められていくことになる。

1968年7月24日の国語の表記に関する政令68-871号に続き、1971年5月21日の政令による修正、そして、1985年の語彙の区切りおよび正書法の規則に関する条文の追加がなされているが、1971年に国語に指定された6言語、ウォロフ語、セレール語、プラール語、ジョーラ語、マリンケ語、ソニンケ語には、ラテン文字による表記システムがある。

初代大統領サンゴールは以下のように語っている。

> ウォロフ語だけを選ばなかった理由は、ウォロフ語話者の統計は不正確なもので、600 万のセネガル人のうち、ウォロフ語話者は 150 万人以下にすぎないからである。最も豊かでニュアンスのある言語を選ばなければならないとすれば、21 の名詞カテゴリーを有するプラール語を選ぶことになる。(中略)では、なぜセネガルで話される 23 の言語から 6 つを選んで、残りの 17 言語を除くのか。ひとことでいうと、一層の効率化を図るという実用性からである[103]。

しかし、複数の言語を選択した規定もまた、国語に指定された言語と指定されなかった言語という格差を生んだことで政治的対立を招いた。その結果行き着いたのが、2001 年 1 月 7 日の新憲法であり、表記システムを備えたすべての言語に国語の地位を与えるとした。

ここで肝要なのは、人々のフランス語とアフリカ諸言語に対する心的態度をみることであろう。セネガルを代表する作家で映画監督のセンベーヌ・ウスマンは、初めてウォロフ語の映画作品『マンダビ』(1968 年、邦題『消えた郵便為替』)を制作したが、彼は、人々にとってアフリカ諸言語は依然としてフランス語より身近な言語であり、その使用は感情移入につながりやすいと断言する。実際に、彼の作品は大衆の視点に立って描かれた内容とあいまって好評を博した。さらに、『神の森の木々』という自身の小説を舞台化したセンベーヌは、同じ俳優に同じ内容の芝居を、フランス語とウォロフ語という異なる言語で演じさせている。このとき、俳優の演技や態度、そして観客の反応は全く違ったものになった[104]という。

これは一例にすぎないが、大衆が歓迎しているに違いないアフリカ諸言語の使用はしかし、教育現場では異なる様相を呈している。結論からいえば、アフリカ諸言語の使用にはむしろ否定的な声が少なくない。バイリンガル教育あるいは国語教育を行う試みのなかで提出された以下の報告がそれを如実に示す。

セネガルの教育者は、少なくともアフリカの言語の一つを学校の公式カリキュラムに導入する必要性に納得した。しかし、教育者の残り少数は、この策がセネガルの発展に有害であると考え、生徒の父兄の多くもまた、アフリカ諸言語を教授言語として使用することに反対した。

この報告を受けたサンゴールは、こう語っている。

私はもっと悲観的である。現に、小学校でも大半の教員がこれに反対している。(中略) そして、バイリンガルという新教育法の教員養成が遅れているのと同様、セレール語の実験クラスの配備も遅れている[105]。

6.7.3　学校教育と諸言語

　3歳から5歳の児童を対象とする就学前教育機関があるが、その72%は大都市に位置しており地域格差が顕著である。特にダカールに集中しており、周辺都市や地方に就学前教育機関はほとんどない。義務教育は初等教育に始まる6年間[106]で、対象年齢は7歳あるいは6歳から12歳までとなっている。2年ずつの3サイクルから成り、それぞれ CI、CP、CE1、CE2、CM1、CM2 と称される。初等教育では読み書きの他に、共同体でよりよく生きる術を学ぶことが目標に据えられている。ここから中等教育機関に進学するのは約20%であり、それは多くの中退者がいることを示す。中等教育は13歳から16歳までの4年間であるが、高等学校へ進学するのは前課程に在籍する生徒の約40%である。高等学校では、17歳から19歳までの3年間を文系コースと理系コースに分かれて学ぶが、文系は選択する外国語によって、理系は実験・科学系か数学系かによってさらにコースを分かつ。その後、バカロレア取得者のみに大学進学への道が開かれることになる[107]。

　国連主導のもと、2000年開催のダカール会議と並行するように、「2000–2010年、教育と育成の10年計画」(PDEF: Programme Décennal de l'Éducation et de la Formation）がセネガル政府によって打ち出されたが、この時、非識字率の低下という成果と共に、教材や実験器具の不足といった課題が挙げられた。

　セネガルの教育省企画改革局（DPRE : Direction de la Planification et de la Réforme de l'Éducation）が出した「指針 2000」（DPRE-Indicateurs 2000, 第 4 版［2000. 6］）によれば、1990 年から 2000 年までの 10 年間に、毎年平均 5.1％ の就学者増が認められ、特に就学者の少なかった農村の増加率は都市より高くなっている。それまで停滞していた就学率が着実に伸びを見せ始めたのは 1996 年以降といわれるが、セネガルの初等教育・総就学率は 56.4％（1985 年）、57.5％（1990 年）、64.3％（1995 年）、64.5％（2000 年）、78.4％（2005 年）、中等教育・総就学率は 13.9％（1985 年）、16.3％（1990 年）、16.2％（1995 年）、15.1％（2000 年）、21.3％（2005 年）、と推移している[108]。

　中等教育の就学率が依然として低いことは否めないものの、地域格差と就学率の問題は徐々に解消されつつある。就学率を高めた要因の一つは教育施設の増設であり、その際には、世界銀行、アフリカ開発銀行、フランス政府、日本の国際協力機構（JICA）、ドイツ連邦政府や地域共同体の支援を受けた。世界銀行のデータ[109]によれば、90 年代に初等教育課程で多いときには一人の教員が 60 人近くの生徒を抱えていたが、2005 年には約 42 人となり、教育効果を高めている。他方、男女間の就学率の格差や無資格者が多い教員の質の問題など、解決すべき課題はまだ多い。

　続いて、セネガルの教育状況のなかで注目したいのは、フランス語教育が一貫して重視されている点である。とりわけ初等教育の低学年において多くの時間がフランス語教育に充てられており、「フランス語」の授業の他に、「感覚練習」（1、2 年次のみが対象で、授業は 1 週間に 30 分）、「読み」、「書き」という授業があるが、実質的にはこれら全てがフランス語学習の時間となっている。2002 年のユニセフ教育国際事務所のデータ[110]に基づくと、6 年間を通じて一週間あたりの平均授業時間は 28 時間であるが、1 年次は上記のフランス語に関わる授業時間の合計が約 16 時間で、実に授業全体の 57％ を占めることになる。6 年次になるとその時間は 11

時間となって、全体の 39% に下がるものの、決して低い数値とはいえない。初等教育の組織に関わる 1979 年 12 月 20 日の政令 79-1165 号（Décret N° 79-1165 du 20 décembre 1979 portant organisation de l'Enseignement élémentaire）のなかで、フランス語は「外国語であり第二言語である」と規定される。同じ政令にはさらに、「フランス語をコミュニケーション手段として学ばせる」とある他、「フランス語によって諸国語の学習を促進する工夫をすること」が提言される。

そして、中等教育課程へ進学後も、「生きた言語」と位置づけられる英語やドイツ語、そして「古典語」としてのラテン語やアラビア語と共に、フランス語は引き続き学ばれる。セネガル教育省による、中等教育のなかのフランス語の位置づけは次のようである。

  植民地主義の遺産たるフランス語は、我々の教育システムにおいて根幹となる役割を担っている。フランス語は教授言語であると同時に教科であり、また公用語である[111]。

このように旧宗主国の言語使用が重視される一方、教育改革案には国の社会・文化的状況により合致し、より経済的な教科書の製作を目指すべきことが度々盛り込まれてきた。それは、被植民地支配以降引き継がれてきたフランス式の教育とは別離しようとの姿勢を示唆する。また、2004 年 8 月にセネガルの教育省企画改革局（DPRE）が提出した「教育の発展」と題する報告書では、「諸国語の導入によって、子供たちの初期段階の識字化を促進する」ことや、「フランコ・アラブ学校（フランス語とアラビア語の二言語教育校）を適正に管理された実験学校から増設につなげること」が提言される。その背景には、フランス式の学校が広まるなか、地域によっては、反発の声が高まっていることがある。今後の対応策としては、フランス語とアラビア語のバイリンガル教員の採用や、諸国語の導入実験の続行が挙げられる[112]。

6.7.4 メディアと諸言語

　セネガルのテレビ放送の状況から概観するが、依然としてフランス語が支配的であるなか、討論番組や文化プログラムはウォロフ語で放送されることが増えている。このなか、ダカールで国営放送（92%）に次ぐ視聴者を TV5（41.4%）は抱える。今後、この TV5 が視聴者数を伸ばしていくかどうかは興味深い。

　ではラジオはどうか。現在アフリカではラジオ局が次々と開設されており、セネガルには 50 局以上あるといわれる。そのうち民間放送の 70% がウォロフ語を使用するが、セネガルラジオ放送局が管轄する 11 の地域局のうち数例を**表 14** にみるように、地域と密着した諸言語も使われている。

　ウォロフ語が支配的なダカールでは、ウォロフ FM が国内の主要な 7 つのラジオ局（聴取者全体の 90% を占める）のなかで最も聴取率が高いが、人々は母語が積極的に使用される局を好んで聞く。他方、ニュース放送には、ウォロフ語とフランス語がいずれの局にも欠かさず用いられていることが、改めて表に確認できる。

　近年の映画作品を追うと、セネガルで 2002-2003 年に上演された 20 本の映画のうち 15 本がウォロフ語、5 本がフランス語である。しかし南アフリカを除くサハラ以南アフリカ諸国において、大部分の映画は外国資本で成り立っており、地元の資金は予算全体の 10% を占めるにすぎない。

表14　セネガルのラジオ地域局と使用言語

放送局	使用言語の状況
ファティック（Fatick）FM	セレール語 48%、ウォロフ語 45%、プラール語 4%、マリンケ語 2%、バンバラ語 1%。地域ニュースは毎週フランス語放送 210 分に対し、セレール語とウォロフ語各 120 分。
コルダ（Kolda）FM	プラール語 50%、マリンケ語 24%、バランテ語 7%、ジョーラ語 6%、マンカーニュ語 4%、ウォロフ語 3.5%、フランス語 1%。地域ニュースはウォロフ語、マリンケ語、プラール語、バランテ語。ダカールニュースと連動するものはウォロフ語とフランス語のみの定時放送。
ジュルベル（Diourbel）FM	ウォロフ語 60%、セレール語 25%、プラール語 14%、ハサニア語 1%。ニュースはウォロフ語、フランス語、セレール語。

出典：セネガルラジオ放送局ホームページ（http://www.rts.sn）

写真 27　セネガル国民教育省 INEADE（教育発展のための国立研究・活動機関）発行のフランス語教科書（左①、右②）

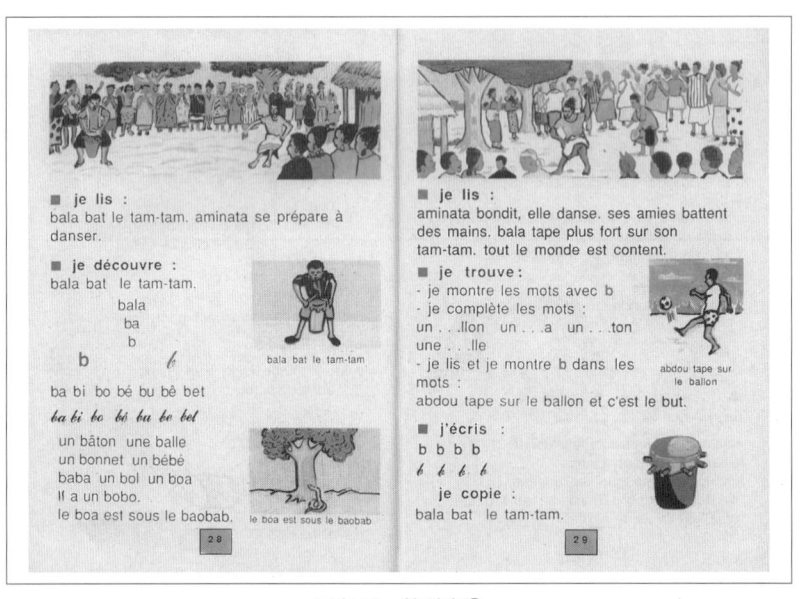

写真 28　教科書①

第 6 章　フランス語とアフリカ諸国　191

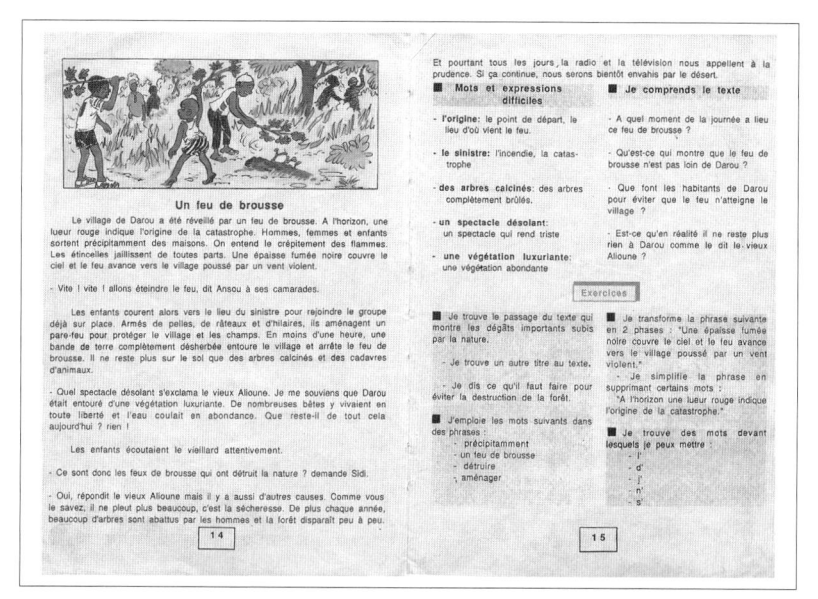

写真 29　教科書②

　映画産業は、海外との競合が激しい部門であるが、セネガルも例に洩れず国内で上映される映画の 99% が外国市場から買い入れたものであり、国産品が占めるのは 1% にすぎない。つまり、ウォロフ語の映画でさえ、制作費用は外国資本に依存していることになる。
　最後に、活字メディアについてみておこう。アフリカ諸国のなかでもセネガルが扱うフランス語書籍は数多く、フランス語の日刊紙が 16、週刊誌が 12 ある。また、アフリカ諸言語で書かれた書籍を扱う出版社も比較的多く、2001 年にダカールに創設されたカラーマ社（Kalaama）など、国内に 6 社ある。例えば、アフリカ新出版社（NEAS）は、プラール語、セレール語、ウォロフ語の書籍を扱う。そして、パピルスアフリカ文学出版社は、フランスで既に 5 冊のフランス語の本を出版した小説家、ブバカル・ボリス・ディオプ（Boubacar Boris Diop）のウォロフ語の作品『ドゥーミゴロ』（*Doomi golo*）を 2003 年に出版した[113]。

【注】

1　原口［1985：147, 148］
2　鈴木［2000：28, 29］
3　N'guessan［2001：178, 179］
4　*La langue française dans le monde 2010*［2010：51, 52, 183］
5　Calvet［2001b：154］
6　Dumont［1983：192］
7　Haugen, Einar［1977：76］（Manessy［1994：101］より引用）。
8　*La langue française dans le monde 2010*［2010：59-63］
9　*La Francophonie dans le monde 2004-2005*［2005：89］
10　「初等教育純就学率」とは、公式の初等教育就学年齢に相当する子どもであって初等学校に就学する子どもの人数が、当該年齢の子どもの総人口に占める比率を指す（ユニセフ「世界子供白書　特別版2010」、ユネスコ統計研究所（UIS））。
11　*Label France*［2006. 1-3：29］
12　鈴木［2001：312］
13　*La Francophonie dans le monde 2004-2005*［2005：180, 181］
14　*Label France*［2006. 1-3：30］、同［2007. 4-6］、RFIホームページ（www.rfi.fr）。
15　ホームページアドレスは http://www.africa1.com
16　Manessy［1994：38］
17　*La Francophonie dans le monde 2004-2005*［2005：181, 182］
18　*La langue française dans le monde 2010*［2010：216-222, 229］
19　*La Francophonie dans le monde 2004-2005*［2005：221-224］
20　1906年、ダカールに生まれ、オート・ヴォルタの家畜研究所長を務めた。獣医であると同時に詩人であり小説家であった。
21　Mérand［1977］=［1992：32, 74］
22　Senghor［1962：844］
23　*Rapport du colloque*［2004. 6：77-82］
24　Manessy［1994：44-46, 72］
25　1970年代から、アフリカ人作家がヨーロッパ主導の歴史を拒否して、独自の歴史を構築する意思をあらわに見せ始める。この転換期の立役者がケニアのグギ・ワ・ジオンゴである。1960年代後半から70年にかけて毛沢東、チェ・ゲバラらを中心に、アジア、アフリカ、ラテン・アメリカの三大陸の民衆が連帯して国際的帝国主義の打倒を呼びかけ、また実践行動にも走った革命の時代の直後のことでもあり、アフリカでもナショナリズムの勢いが、燃え盛った（土屋［1994：248］）。なお、土屋はングーギ・ワ・ジオンゴと表記。
26　Ngũgĩ［1986］=［1987：38, 39, 45］
27　Manessy［1994：22, 23, 60, 61, 72］

28 砂野［2005 b : 103, 104］
29 Alidou［2003 : 107, 111, 112］
30 Manessy［1994 : 72］
31 Alidou［2003 : 107］
32 *La Francophonie dans le monde 2004-2005*［2005 : 55］
33 Manessy［1994 : 22-29, 64-217］
34 同上［1994 : 102, 200, 201, 215］
35 同上［1994 : 218］
36 *La langue française dans le monde 2010*［2010 : 51］
37 Renard［2001 : 107］
38 Dumont［2001 : 90］
39 Alidou［2003 : 104］
40 鹿嶋［2005 : 99, 100］
41 *La langue française dans le monde 2010*［2010 : 123］
42 *La Francophonie dans le monde 2004-2005*［2005 : 55, 56］
43 Alidou［2003 : 105, 110］、*Rapport du secrétaire général de la Francophonie*［2006 : 97, 98］
44 Tréfault［2001 : 248］では、マリの教育状況をさらに詳しく知ることができる。
45 Dumont［2001 : 168-170, 173］
46 ギニアの政治家（1922-1984）。旧フランス領アフリカきっての急進的独立運動の闘士で、同国の初代大統領。
47 鹿嶋［2005 : 103］
48 *La Francophonie dans le monde 2004-2005*［2005 : 98, 99］
49 鹿嶋［2005 : 105］
50 Manessy［1994 : 60, 61, 83, 87］
51 Mérand［1977］=［1992 : 88, 89］
52 Alidou［2003 : 112, 113］
53 *Rapport du secrétaire général de la Francophonie*［2006 : 100］
54 Manessy［1994 : 109］
55 日本国外務省のホームページ（http : //www.mofa.go.jp/mofaj/area/cote_d/data.html）2011 年 8 月確認。
56 ラバル大学言語政策研究所のホームページ（www.tlfq.ulaval.ca/axl/afrique/cotiv.htm）等参照。
57 Manessy［1994 : 38］
58 *Fraternité Matin*［2003. 4. 10］
59 Turcotte［1981 : 66］
60 同上［1981 : 77, 163］

61 ストリートという閉じた社会的場で話されるスラングで、フランス語を基調にしており、そこにフランス語のスラング、英語、アフリカの諸言語、その他の語彙を加え、しばしばフランス語の統辞を変形、簡略化して独特のいいまわしを形成している（鈴木［2000：28, 29］）。
62 「ムサ」とは、マンデ語文化圏における最も代表的な男子名である。ムサ・フランス語の特徴は、発音がアフリカ風になるだけではなく、西アフリカの有力言語の一つであるジュラ語風に「ケ」や「ラ」という音が文末などに挿入されることにある（原口［1985：144-146］、鈴木［2000：102, 103］）。
63 Dumont［2001：55］
64 S. Lafage［1983：53］（Manessy［1994：71］より引用）。
65 Manessy［1994：81］
66 *Rapport du colloque*［2004. 6：65-69］
67 同上［2004. 6：82］
68 N'guessan［2001：182］
69 Turcotte［1981：68, 122, 123］
70 N'guessan［2001：183, 188, 189］
71 原口［1985：17, 18］
72 N'guessan［2001：192-195］
73 ラバル大学言語政策研究所のホームページ（同上）等参照。
74 *Fraternité Matin*［2002. 3. 22］
75 同上［2003. 4. 10］
76 Turcotte［1981：137, 138］
77 ラバル大学言語政策研究所のホームページ（同上）、鈴木［2000：34］等参照。
78 Turcotte［1981：114, 115］
79 大野［1994：222］
80 ラバル大学言語政策研究所のホームページ（同上）。
81 *La Francophonie dans le monde 2004-2005*［2005：266, 272, 284］
82 鈴木［2001：312, 313］
83 Turcotte［1981：125, 127］
84 同上［1981：119-122］、Manessy［1994：40, 41］
85 大野［1994：220］、鈴木［2001：312-314］
86 Turcotte［1981：125, 126］、鈴木［2001：313, 324］
87 ラバル大学言語政策研究所のホームページ（同上）。
88 同上、*La langue française dans le monde 2010*［2010：216］
89 日本国外務省のホームページ（http://www.mofa.go.jp/mofaj/area/senegal/data.html）、2011年8月確認。
90 砂野［2005 b：104-111, 114-118］

91　砂野［2007：40, 41］
92　三島［2001：83, 87］
93　砂野［2006：135, 136］
94　Cissé［2005：158, 159］
95　砂野［1999 a：9］
96　砂野［2001 a：40］
97　砂野［1998 a：58］、Jean［1999：26］
98　砂野［1998 a：63］、砂野［1999 a：12, 13］
99　砂野［2007：106］に、各地域における両言語の使用割合を掲げた表、【表3-4】「役所で使う言語：ウォロフ語とフランス語」がある。
100　同上［2007：190, 191］、Cissé［2005：161］
101　呼称が統一されておらず、マンディンカ語、マンダング語ともいわれる。なお、砂野［2007：55］によれば、セネガル憲法で採用されている呼称は「マリンケ語」だが、この憲法条文以外ではほとんど用いられておらず、1971年の政令で「国語」として指定された際の呼称も、政府識字局で一貫して用いられてきた呼称も「マンディンカ」である。
102　Cissé［2005：156, 157］に各民族の割合に関するデータがある。
103　Senghor［1993：245］
104　Sembène［1989：19-21, 48］
105　Senghor［1993：246, 247］
106　1969年5月8日に始まった教育改革委員会の審議の結果、初等教育と中等教育の間に移行期のクラスを設置するのと引き換えに、初等教育の期間を6年から5年へと短縮することが決まった（1972年7月13日の政令72-862号）。その後、再修正されて、初等教育は再び現行の6年に戻された（1979年12月20日の政令79-1165号）。
107　セネガル政府教育省のホームページ（http://www.education.gouv.sn/formations/index.html）、2007年8月確認。
108　世界銀行のホームページ（http://devdata.worldbank.org/edstats/SummaryEducationProfiles/CountryData）、2007年8月確認。
109　世界銀行のホームページ（同上）。
110　IBE（International Bureau of Education-UNICEF）'s 2002 curriculum data set, Senegal, Primary education : weekly lesson timetable
111　セネガル政府教育省のホームページ（同上）。
112　DPRE報告書「教育の発展」［2004. 8：6, 9, 23］は、IBE（International Bureau of Education-UNICEF）のホームページで閲覧可能。
113　Cissé［2005：161］、*La Francophonie dans le monde 2004-2005*［2005：153, 179-182, 266-280］

第 7 章
フランス語と旧フランス領の作家

> わたしたち自由に記事を書きたいんです。誰にも拘束されずに、真実を書きたいんです。
> お嬢さん、記者の自由というのは、日刊紙であれ、週刊、月刊誌であれ、自分の所属する新聞の方針に沿った記事を書けるというだけのことですよ。我々の自由は経済力に左右されているのです。自由というのは組織のなかでの自由でしかあり得ないんですよ。…フランス語圏の諸国では新聞というのは政権にある政党とつながっているし、与党というのはどこでも保守的だからね。君たちがやりたいと思っていることは、作家か社会学者の仕事だ。金にはならない。
> センベーヌ『帝国の最後の男』[1]

7.1 フランス語で書くということ

アンティル出身の作家ルネ・マラン（René Maran, 1887–1960 年）が、黒人として初めてフランス語の小説を発表したのは 1921 年のことである。『バトゥアラ』(*Batouala*) というその作品は、同年にゴンクール賞を受賞したが、序文で植民地主義を強烈に批判したためにスキャンダルを巻き起こした。1928 年には、セネガルの作家であり政治家でもあったウスマン・ソセ（Ousmane Socé Diop, 1911–1961 年）が、最初の長編小説『カリーム』(*Karim*) を発表する。これ以降、アフリカの作家の作品が次々と出版されたが、フランス語で書かれたアフリカ文学が本格的に誕生するのは大戦後である[2]。

「ヨーロッパの文学に、アフリカの本当の姿が書かれていないということを感じていた。いわゆる神話的なアフリカとか、バナナとかココヤシの木のアフリカは紹介されていたが、アフリカの人間というものは書かれていなかった。」[3]とセンベーヌが述懐しているが、アフリカの詩人、劇作

家、小説家たちは、フランス語で書かれる文学作品にアフリカ的な要素を取り入れることで、地域に密着した世界を描くと共に、文学的な想像領域を大幅に膨らませてきた。

それにしても、旧宗主国の言語で書き続ける必要がどこにあるというのだろうか。これは、独立直後からアフリカ諸国で繰り返されてきた問いでもある。

1960年代半ばまでは、旧宗主国の言語で書くアフリカの作家の作品はすべて外国の出版社から世に出ており、作品の評価と読者の性格が自ら決定づけられてしまうという限界を抱えていた[4]。その後、各国で地域資本に支えられた出版社が続々と設立され、国家が販売網を整備し管理するようになると同時に、各種の文学賞が設置されて民族言語の使用が奨励されるようになった。しかし、毎年十数冊にのぼるマグレブ諸国の良質の書物は、今も大部分がパリで出版されている。国内出版には、人々への影響を危惧した地域の出版社による作中の表現への介入や、読者が国外では分散し国内では人数に限りがある[5]、といった問題があり、作家は消極的にならざるを得ない状況にある。その結果、フランスの出版社との契約と読者を獲得するために、フランス語使用を余儀なくされている作家も少なくない。

「私はフランコフォニーという、人々を反英語キャンペーンに組み込むようなものを、一度も愛したことはない」と断言するカメルーンの亡命作家モンゴ・ベティ（Mongo Beti, 1932–2001年）は、それでもフランス語を使う理由を実用主義に求めている。作家は各自の母語で書くのが望ましいだろうが、例えば、バンツー語で書いても出版の見込みはないため、「主人の言語」であるフランス語で書くのだという。彼は、大衆に直接話しかけるために記者になるという夢をもっていたが、それが叶わず、代わりに作家として、フィクションではなく、ありのままの事実を書いて読者に伝えようとしてきた。実際に、その著書はフランスやアフリカの政府の不正などを告発する内容に満ちている。そのため、「アフリカの国家元首を批判する本は決して受け入れない」（パリに拠点を置くプレザンス・アフリケーヌ社（Présence Africaine）の経営者クリスティアヌ・ディオプ

（Christiane Diop）が 1987 年にラジオ放送で言及）との立場を明言する出版社などと文章の改ざんや契約条件を巡って対立し、出版社探しに奔走してきた[6]。

その彼が証言するように、自国に出版社が数ある今なお、フランス語圏アフリカ諸国の作家が名声を得るには、旧宗主国のフランスの出版社から、それも段階を経て大手の出版社から本を出すのが有効である。こうした状況は、フランス語使用を促進する一大要因となっている。そして、識字教育がフランス語のみで行われていたり、土着の言語の書記法の整備が遅れていたりする場合、いよいよフランス語使用に傾くことになる。

アラビア語ではなくフランス語で執筆することで、何度も激しい批判にさらされてきたチュニジア人の教授で作家のアルベール・メンミ（Albert Memmi）は、「なぜ、あなたはアラビア語で書かないのか」と問われて、「それが出来ないからです」と簡潔に答えている。フランス語で書くか、さもなければ、まったく書かない、という 2 つの選択肢しか持ち合わせていなかった、という[7]。彼はそれ以前に、アラビア語の複数性や民族語の多様性とそこから使用言語を選ぶことの困難さに言及するとともに、旧宗主国の言語を使用することは「弱さや裏切りではなく、異議は招くであろうが避けることの出来ない遺産である」[8]とも語っている。しかし、メンミにおいても、母語とフランス語を両立させる考えがないわけではない。

7.2 フランス語の複数性

フランス語圏ブラック・アフリカの著名な作家の一人として、コートジボワールのアマドゥ・クルマ（Ahmadou Kourouma, 1927–2003 年）が挙げられる。当初、第一作目となる『独立の太陽』（*Les soleils des indépendances*）は、フランス語表現が「不純」であるとみなされて、フランス国内の出版社には受け入れられなかった。しかし、カナダのモントリオール大学に新設された「フランシテ賞」（Prix de la francité）[9]に輝き、1968 年にモントリオール大学出版局から刊行されたことで、フランスを含む諸国で出版されるようになった。その後、彼が発表した作品は、いずれも国際

的な文学賞を複数受賞しており、現代アフリカ文学史上においても彼の地位は揺るぎないものとなっている。2004年5月には、ブラック・アフリカに関わる本を対象に、アマドゥ・クルマ賞も創られた[10]。

クルマは「フランス語を彼らの母語、とくにマリンケ語の統辞に従わせた者のうちの一人で、見事に他国、つまり、フランスを支配した。彼はマリンケ語で考え、フランス語で訳したのであった」[11]。あるいは、「古典的言語の壁をあえて壊した最初の人物である」と同時に「現実主義者」であると評される[12]。

フランスのリヨンにある保険経理学院で学び、祖国コートジボワール独立後に帰国して、銀行の管理職に就くなど保険・金融業界での輝かしい経歴をもつクルマはなぜ書くのか。「私は数学を学んできたのであり、書くための学業は積んでこなかった」と語る彼は、「私は必要に迫られて書いている」[13]と繰り返してきた。

その言説は、いわれなき国家転覆の共謀容疑で投獄され、国外追放の憂き目をみた彼の生涯[14]と共に理解されなければならないが、彼の小説は、植民地の略奪から独立後の独裁政権のもとで繰り広げられた部族闘争に至る近代アフリカの不幸を描き出す。書くことによって、真偽や善悪、正義と不正の違いを弁えない政治に物申し、社会に溢れた暴力を告発しようとしたのである。

下記に引用した文章は、2000年に発表された『アラーの神にもいわれはない』(*Allah n'est pas obligé*) からの抜粋である。本書では、時にユーモアや誇張を混じえた語り手の少年の軽快な口調を通して、極めて残忍な場面が次々と描かれるとともに、政治の不正が暴かれる。ここでクルマ独自のフランス語の文体を確認できるが、それと同時に注目したいのは、「正しいフランス語なら、このようである」と手元のラルースやプチ・ロベール大辞典を繰って用語を解説してみせる作中の少年の言語使用に対する異常な執着心である。

Comparé à Taylor, Compaoré le dictateur du Burkina, Houphouët-Boigny le dictateur de Côte-d'Ivoire et Kadhafi le dictateur de Libye sont des gens bien, des gens apparemment bien. Pourquoi apportent-ils des aides importantes à un fieffé menteur, à un fieffé voleur, à un bandit de grand chemin comme Taylor pour que Taylor devienne le chef d'un État ? Pourquoi ? Pourquoi ? De deux choses l'une : ou ils sont malhonnêtes comme Taylor, ou c'est ce qu'on appelle la grande politique dans l'Afrique des dictatures barbares et liberticides des pères des nations.（Liberticide, qui tue la liberté d'après mon Larousse.）[15]

でもね、それにしてもだよ。ブルキナファソの独裁者コンパオレにしたって、コートディヴォワールの独裁者ウフエ＝ボワニにしたって、リビアの独裁者カダフィにしたって、テイラーにくらべりゃ、みんなりっぱな連中よ。みかけはりっぱな連中よ。だったらなぜなんだろう？　なんでまた、そんなごりっぱな連中がテイラーみたいなとんでもないうそつき野郎のとんでもないこそ泥野郎の追いはぎ野郎なんかにどえらい力を貸して、やつを国家元首にさせようとしたんだろう？　なぜかな？　どうしてかな？　答えは、ふたつにひとつだね。コンパオレとかウフエ＝ボワニとかカダフィみたいなやつらも、テイラーに負けずおとらずのいかさま野郎だから、それでやっこさんに協力したのかもしれないね。さもなきゃ、もともとアフリカっていうのはお国の指導者がどいつもこいつも自由侵害の野蛮な独裁政治をやらかしてるのが土地柄だから、ここはひとつテイラーみたいなやつのうしろだてになっとくのが、いわゆる「アフリカの大いなる政治」ってやつだったのかもしれないね。（ぼくの『ラルース』によると「自由侵害」は「自由を殺す」。）　　　　　　　　　　真島一郎（訳）

Je feuilletais les quatre dictionnaires que je venais d'hériter（recevoir un bien transmis par succession）. A savoir le dictionnaire Larousse et le Petit Robert, l'Inventaire des particularités lexicales du français d'Afrique noire et le dictionnaire Harrap's. C'est alors qu'a germé dans ma caboche（ma tête）cette idée mirifique de raconter mes aventures de A à Z. De les conter avec les mots savants français de français, toubab, colon, colonialiste et raciste, les gros mots d'africain noir, nègre, sauvage, et les mots de nègre de salopard de pidgin.[16]

ぼくが相続したばかりの四冊の辞書。（「相続する」は「継承により譲渡された財をうけとる。」）ぼくは、そんな辞書たちのページをぱらぱらとめくってい

た。四冊の辞書っていうのは、『ラルース』と『プチ・ロベール』と『ブラックアフリカにおけるフランス語の語彙特性目録』、それに『ハラップス辞典』だよ。四つの辞書をぱらぱらやってたら、すてきな考えがぼくのてっぺん（ぼくのあたま）にうかんできた。ぼくがこれまで運まかせにやらかしてきたことを、一から十まで話してみたらどうだろう。それもいろんな単語をおりまぜて、話してみたらどうだろう。フランス人でトゥバブで植民者で植民地主義者で人種差別にまみれたやつらがつかうような、学のあるフランス語の単語とかね。アフリカ黒人でニグロで野蛮人のやつらがつかうような、でっかい単語とかね。ピジンのげす野郎のニグロどもがつかう単語とかね。そんなのをおりまぜて話をしてみたらすてきだな。　　　　　　　　　　　　　　　　　　　（同上）

　クルマは、言語問題をいったいどのように捉えていたのであろうか。それを知るには、ディアゴナル（*Diagonales*）誌7号（1988年7月）に掲載されたクルマへのインタビュー記事をみるのがよい。

　（あなたの書き方をどのように特徴づけるか、と問われて）もし、私が（本の）主人公に古典的フランス語を話させたら、私が書きたいものと一致しないように思えた。（略）マリンケ語のリズムに一致する思考に沿うやり方に近づく必要があった。（略）私がフランス語をその格言やイメージに配慮しながら、我々の言語構造に従うようにさせたら、登場人物が完全なものになった。

　（歴史的遺産としてのフランス語を、あなたはどのように考えるか。それはアフリカにとって幸運か不運か、との問いには）私は言語は与えられたものだと思っている。私はマリンケ人であり、今、フランス語圏の国にいる。私が選んだわけではない。（略）フランス語を採用したアフリカ人たちは今、これを気楽に使えるように適応させ、そこに新しい語彙や表現、統語、リズムを導入して、これを変化させなければならない。衣服を着用するときに、常に自分の体に合うように縫い付けようとする。それは、アフリカ人がフランス語に対してこれまで行ってきたことであり、今後も行っていくことである[17]。

彼は、フランスのアカデミーが定める「正しいフランス語」といわれるものとは異なる、アフリカの文脈に沿ったフランス語を作中に使用することで、フランス語の複数性を見事に提示したといえる。ただし、クルマが後に、もはやマリンケ語で思考できないことを告白している[18]ように、大きな衣服を自分のスタイルで着こなそうとすることは、ややもすると衣服に着られてしまう危険性を孕む。言い換えれば、フランス語というこの強力な言語は時に、母語による思考を停止させ、アイデンティティの一部を飲み込みかねないものである。そうした点について、さらに考えていく。

7.3 言語選択とアイデンティティ

50年、60年代に活躍したアルジェリアの小説家ムールード・フェラウン（Mouloud Feraoun, 1913–1962年）[19]は、「我々は（フランス文化とアラブ文化という）二つの椅子の間にではなく、自分たちの椅子の上に座っている」と表現した。そして、出身国を同じくするアルジェリア文学の巨匠カテブ・ヤシーヌ（Kateb Yacine, 1929–1989年）は、「私はフランス的でないものをフランス語で表現しているのであり、私自身はまだ活発なアラブとベルベルという自分自身の起源を有している」と語る[20]。

このように二人があえて表明しなければならないことは、逆にフランス語を使用することによるアイデンティティの不明瞭化への危惧を示してはいないだろうか。

確かに、アラビア語が普及し、植民地支配の歴史は消し去りたいという思いを抱く地域でも、アラビア語はコーランの言語として尊重されているため、一定の距離感を保って書くことができるものとしてフランス語が使用されることがある[21]。ここでフランス語は、フランスという一国家とは完全に切り離されており、一つの表現手段としての役割を担うにすぎない。

それでもなお、アルジェリア人作家ラシッド・ミムニ（Rachid Mimouni, 1945–1995年）[22]がその胸のうちを吐露するように、この言語は作家の内面深くで「二重の否認」との思いを残したまま使用される。旧植民

地支配者の利益にかなうようなかたちでのコーランの言語の放棄と冒涜であり、人格喪失との思いである。

　フランス語自体は支配権をもたないが、それは何といっても旧植民地諸国の言語・文化を抑圧し排除してきたかつての支配者の言語である。植民地の教育制度は、本国の中心地の「標準的」な言語を絶対的な基準に据えて、その他のあらゆる言語「変異」を、不純な言語として周辺化した。ここで支配者の「言語」を維持することは、「権力のヒエラルキーを永続化する」[23]ことになりかねない。

　このようなわけで、日本の作家がフランス語で書くことと、旧フランス植民地出身の作家がフランス語で書くということとでは意味合いが大きく異なる。旧支配者の言語で「書く」という行為は「格闘」[24]であり、自己のアイデンティティを巡る葛藤を招き得る。

7.4　言語選択がもつ政治性

　フランス語で自国民を描きながら、アフリカ流の感じ方、考え方、世界観へと読者を導いたことで成功を収めた、といわれる先述のクルマにも、次のようなエピソードがある。

　クルマが著作の『モネ、侮辱、挑戦』(*Monnè, outrages et défis*)（1990年）を紹介するために立った演壇で、一人のマリ人の青年が彼の話を遮って、次のように叫んだというものである。「フランス語の首をねじって、それをマリンケ語の統語に服従させたと言い張るのは恥だ。（略）あなたがフランス語で書き続けるのは間違っている。あなたは上手にマリンケ語を使えるのだから、マリンケ語で書くべきです。植民地主義を永続させているのはあなた方作家たちなのですよ」[25]、と。

　所変われば、言語選択の意味合いは自ずと異なる。それを顕著に表明するのが、クロード・ボーソレイユ（Claude Beausoleil, 1948 年–）というモントリオール生まれの詩人、小説家であり文芸批評家である。彼は「フランス語を書くのではなく、フランス語で書くのだ」と表明するが、それは何を意味しているのだろう。続けて、その言論を追う。

ケベックを含有しながら除外する言語でケベックを書く。(略)言語は本来の感情と反逆の感情を具現化するものである。(略)フランス語という少数文化はこの大陸政策のなかで、北アメリカの多様性に欠かせない、遊戯的、政治的な抵抗の実験の場となっている。(略)アメリカでフランス語で書くことは、政治的活動に似ている[26]。

ここで、フランス語で書くとは、自らが選び取ったフランス語という名の武器を手にして孤高に戦うといった力強い行為となっている。このように、言語選択が政治的立場の表明と捉えられるとき、旧宗主国の言語の使用を拒んで、母語による執筆を選択するに至ることもある。

「帝国主義なくしてはアフリカはやっていけないと述べる政治家と、ヨーロッパの言語なくしてはやっていけないと述べる作家とはどう違っているのか」[27]、とは旧宗主国の言語、英語による執筆を辞めて[28]アフリカの言語で創作する決意をしたケニアの作家グギ・ワ・ジオンゴの言葉である。

だが、それで作家自身が苦難を完全に逃れられるわけではない。ジオンゴは訪問する各地、ことにヨーロッパでアフリカの一言語のギクユ語で書き始めた理由を何度も問われたこと、そして学者の集まりでは非難を浴びた経験を語る。

まるで私がギクユ語での執筆を選択することで、なにか異常なことをしでかしているかのようだった。だが、ギクユ語は私の母語なのだ！他の諸文化の文化的実践では常識であることが、アフリカ人作家の場合には疑問にされるという事実そのものが帝国主義がいかにアフリカの現実をみる目を歪めているかを示している[29]。

ジオンゴは英語圏の作家であるが、フランス語圏の作家においても例えばアルジェリア人作家ラシッド・ブージェドラ（Rachid Boudjedra, 1941年–）が似たような経験を語っている。

アルジェリアにとって、フランス語は「戦利品」であると同時に、アル

ジェリア文化を改悪し続けたもの、と捉える彼はフランス語で6つの小説を書いているが、その後アラビア語のみで書くことを決意した。それに対して、「私がフランス語を裏切ってアラビア語で書くようになってよく非難された」という[30]。

　80年代、アフリカ文学者の多くは、次のような信念を抱いていた。アフリカの民族語は、文学表現の道具としては成熟に達しておらず、アフリカ人作家が外国語を選択したのは賢明な判断であり、これらの外国語こそがアフリカの民主主義を育てたのだ、というものである[31]。その後も、アフリカの諸言語による執筆活動は冷ややかにみられてきた。彼らは、フランス語を使っては非難され、母語を使っても非難されるというまさに狭間に立たされている。作家の使用言語の問題を討議のテーマに掲げないアフリカ文学の会議はまず存在しない[32]ということが、問題の複雑さを物語る。

　他方で、言語と政治の関係性を否定する立場をとる作家もいる。ハイチ出身でケベックの作家ダニー・ラフェリエール（Dany Laferrière, 1953年–）であるが、彼はフランスを離れることを決意しながら、フランス語で書くことを選択した。「フランコフォニーの手に、つまりフランスの手に自分の運命をゆだねたくはなかった…自分たちを植民地支配した国で決して生きるべきではない」。そう主張する彼はしかし、旧宗主国フランスの言語であるフランス語か、イギリスの言語である英語か、という2つの選択肢を前にして、「フランス語で書くアメリカの作家になるという中間」の道を選んだ。彼の作品はいまフランス、カナダ、ハイチの出版社から出ているが、「自分はアメリカ作家で、たまたまフランス語を使用しているにすぎない」[33]という立場をとる。彼において使用言語の選択は、あたかも偶発的なものとして提示される。

　こうして概観するに、彼らに多く共通してみられるのは、フランス語使用によるアイデンティティの喪失、母語と母国への裏切りという思いと共に、旧宗主国の言語であるフランス語を文筆活動のなかで使用することに対する内面の葛藤と矛盾を乗り越えようとする強い意志である。植民地主義の遺産であるとしても、この言語を使用する身にあって、これを全否定

することはできない。それは時に、書くことを辞することを意味するからである。

ただし、新世代においては、一般に、旧宗主国の言語を使用することに対する葛藤や罪悪感は薄い。そして、使用言語を道具とみなし、詩人や作家の内面世界との適合を重視することによって、自分たちの表現言語との関係を古い世代よりも落ち着いて受け入れる傾向にある[34]。

【注】

1 Sembène［1981］=［1988：161］
2 Mérand［1977］=［1992：9, 10］
3 Sembène［1989：15］
4 宮本［2002：175］
5 *Le Monde diplomatique*［1996. 9］
6 Beti；Kom［2006：120-139, 196-222］
7 *Internationale de l'imaginaire*［2006：93-95］
8 *Le Monde diplomatique*［1996. 9］
9 第三世界のフランス語圏諸国で芽生えた斬新な言語・文学形式をもつ作品に贈られる賞。
10 Eloise［2005：152］、*La Francophonie dans le monde 2004-2005*［2005：153］
11 Nimrod［2003：82-85］
12 Dumont［2001：71, 90］
13 *Jeune Afrique, l'Intelligent*［2003. 12. 14-12. 20：76-78］
14 真島［2003］に詳しい。
15 Kourouma［2000：71］=［2003：81, 82］
16 同上［2000：233］=［2003：279, 280］
17 Dumont［2001：88, 89］より引用。
18 Nimrod［2003：82-85］
19 ベルベル人の生活や価値観を描いてきたが、1962年、アルジェリアの独立を承認するフランス政府に異議を唱えるフランスの組織によって殺害された。
20 Dumont［2001：115］
21 Joubert［1997］=［1999：32］
22 *Internationale de l'imaginaire*［2006：97, 98］
23 Ashcroft［1989］=［1998：21］
24 Dumont［2001：201, 202］

25　*Internationale de l'imaginaire*［2006 : 55］
26　同上［2006 : 127, 128, 132］
27　Ngũgĩ［1986］=［1987 : 55］
28　初めてのギクユ語の小説『十字架の上の悪魔』が発表されるのは 1980 年であるが、1977 年にネオコロニアリズム批判小説の代表作といえる『血の花弁』発表まで、英語での執筆活動を展開した。旧宗主国の言語で書かれた作品をグギは「アフロ・ヨーロッパ文学」（Ngũgĩ［1986］=［1987 : 58］）と呼ぶが、これとの 17 年間の関わりのあと、1977 年からギクユ語で書き始めた。そして同年、ケニアのカミリズ村での演劇活動を理由に逮捕され、1 年間拘禁されたのを機に、英語との決別宣言に至った。なお、ギクユ語とスワヒリ語の著書とともに、彼自身の手になる英語の翻訳書がある。
29　Ngũgĩ［1986］=［1987 : 58, 59］
30　ディアゴナル（*Diagonales*）誌 2 号（1987 年 7 月）に掲載されたインタビュー（Dumont［2001 : 111–118］より引用）。
31　宮本［1985 : 214, 215］
32　宮本［2002 : 163］
33　Eloise［2005 : 163–167］
34　*Internationale de l'imaginaire*［2006 : 97–107］

おわりに

　フランス語とフランス文化の普及によって、影響力を維持、拡大しようというフランスの意図からすれば、旧植民地のアフリカ諸国、なかでもブラック・アフリカ諸国は恰好の対象になり得た。これらの諸国は、多かれ少なかれ、フランス文化の影響を受けてきたし、そこでは、フランス語が他の言語と競合することはほとんどなかったからである[1]。しかし、フランス語の他に数多くの現地語が植民地支配期から存在していたのであり、競合する言語がなかったとすれば、フランス語を伴った覇権がこれらを長らく抑圧していたことに一因がある。こうした言語間のヒエラルキーは当然容認されるものではない。

　また、フランス語はフランスの占有物でないのみならず、コミュニケーションの「道具」としての英語と対置される唯一の「文化の運搬物」でもない。したがって、英語に戦いを挑むのではなく、文化の多様性を反映した諸言語の力学の原則を守ると同時に、フランス語と諸言語が真の「補完性」の上に立つように努力する必要がある。

　フランス語は危機的状況にあり、これを保護しなければならないという議論は、本書のなかで確認されたように、とりわけフランスの政府当局の言説に多くみられるものである。

　カルヴェ（Calvet［2000：126-131］）は、1989年5月にダカールで開催されたフランコフォニー・サミット以降、フランスが首脳レベルにおいてパートナー国の諸言語や開発の重要性に言及しながら、実際には「パートナー諸言語」（langues partenaires）を無視していると糾弾している。「パートナー諸言語」[2]という概念は、フランコフォニー国際組織の加盟メンバー、つまりパートナー関係にある諸国の言語を意味するのではなく、それより広域のフランコフォニー空間においてフランス語と共存する諸言語を

指すと考えるのがよいだろう。ショダンソン（Chandenson［2001 : 62］）が「経済、社会、人道的発展の鍵ともなる」と評価する「パートナー諸言語」という概念は、フランコフォニーの将来を明るく照らす重要なキーワードである。

そのなかでフランスが取る姿勢は、他の諸国との関係強化を成功させるかどうか、そしてフランコフォニーというつながりを国際舞台で活かせるかどうかを左右する。

レバノン人の詩人サラ・ステティエ（Salah Stétié）は語る。

> レバノン人であり、アラブ人であり、ムスリムであり、そして私は幸福なフランコフォンである。幸福といっても、外から来る者たちをあまり歓迎しないフランスという国にあっては必ずしもそうではないが（後略）[3]。

フランス語で書くことはフランス共和国を連想させはしても、この言語を選び取ることは共和国を偏愛することを意味するわけではない。たとえそうであっても、この言語を使用する者、そして使用しない者をも歓待することが今、フランスに求められている。さもなければ、自らの起源を保持したままフランコフォンであり続ける「幸福なフランコフォン」は存続し得ない。

世界には数多くのフランス語の変種が存在することを認識した上で、「フランスのフランス語」との間にみられるヒエラルキーをも取り払わなければならない。フランコフォニーの将来はまさにここにかかっている。

フランス語の表現作家たちの多くがフランス語使用を支持するあり方を考えてみると、それは「フランスのフランス語」の中心性が排除されると同時に、フランス語の複数性が容認される時であるといえる。これに関して、フランスのアラン・ドゥコー（Alain Decaux）（1988-1991 年当時、フランコフォニー担当大臣）がパリで開催したフランコフォン作家会議に、カナダの代表として出席したこともあるナイーム・カタン（Naim Kattan）[4]の言葉は示唆に富む。やや長いが、最後にここに引用したい。

フランスがフランコフォニーに他の諸国と同じ地位で関わることを宣言したフランスの大臣の態度は、新しい時代を予期させる。(略)英語、スペイン語、ポルトガル語、フランス語といった言語は、もはやその起源となる国のものではない。しかし、フランス語に関しては、変化の兆しが見え始めたばかりである。(略)フランス文学は依然としてフランコフォン文学界の土台になっている。フランコフォン作家が、まず自分の国で認められてから、フランコフォニーのなかで完全に立場を固めるという時期はまだ来ていないのだろう。(略)フランス文化は、新たな普遍主義の出発点に立っている。フランスは自国の文化を拡散し続けるが、同時に多くの諸国の文化を彼らの言葉で受け入れ始めたところである。(略)フランコフォニーが地方分権化するほど、新たな普遍主義は広がっていく。それは、フランスが機動力となっていた過去と矛盾するものではなく、その続行と再開である。(略)フランスが中心に立ってはいるが、フランコフォンは全体が動いて初めて進行する文化であり、その普遍主義は単一的な定義を妨げる。したがって、たとえフランスがその中心源であったとしてもフランス語はもはやフランスだけのものではない[5]。

【注】

1　平林［1991：298］
2　フランコフォニー国際組織においてこの言葉が初めて公式に使われたのは、1997年に発布されたフランコフォニー憲章であると思われる。〈諸国語〉に代えて〈パートナー諸言語〉という言葉を使うようになったのは無意識的といってよいが、フランコフォニー空間における諸言語の〈多様性〉や〈共存〉と同じものを指す表現形式の一つとして導入された（Chaudenson［2001：52, 53］）。
3　Stétié［2003：70］
4　イラクのバグダッド生まれでアラビア語を第一言語とする。フランスのソルボンヌ大学で学んだ後に移住したカナダで、作家・随筆家・評論家として活躍している。
5　*Internationale de l'imaginaire*［2006：44-46］

参考文献

Abou, Sélim ; Haddad, Katia (eds.) (1994) *Une francophonie différentielle,* Paris : L'Harmattan ; Agence francophone pour l'enseignement supérieur et la recherche.
Ager, Dennis (1996) *'Francophonie' in the 1990's : problems and opportunities,* Clevedon ; Philadelphia ; Adelaide : Multilingual Matters.
──── (1999) *Identity, insecurity and image : France and language,* London : Multilingual Matters.
Alidou, Hassana (2003) "Language policies and language education in Francophone Africa : a critique and a call to action," Makoni, Sinfree (eds.) *Black Linguistics : Language, Society, and Politics in Africa and the Americas,* London ; New York : Routledge 103-116.
Ashcroft, Bill ; Griffiths, Gareth ; Tiffin, Helen (1989) *The empire writes back : theory and practice in post-colonial literatures,* London ; New York : Routledge. = (1998) ビル・アッシュクロフト；ガレス・グリフィス；ヘレン・ティフィン（著）木村茂雄（訳）『ポストコロニアルの文学』青土社.
Balibar, Étienne ; Wallerstein, Immanuel (1988) *Race, nation, classe : les identités ambiguës,* Paris : Découverte. = (1995) エティエンヌ・バリバール；イマニュエル・ウォーラーステイン（著）若森章孝（他）（訳）『人種・国民・階級──揺らぐアイデンティティ』大村書店.
──── (1998) *Droit de cité,* La Tour-d'Aigues : Éditions de l'Aube. = (2000) エティエンヌ・バリバール（著）松葉祥一（訳）『市民権の哲学──民主主義における文化と政治』青土社.
──── (2004) "Dissonances dans la laïcité," *Le foulard islamique en questions,* Paris : Éditions Amsterdam. = (2004. 5-8) *Mouvements,* N° 33/34, Paris : Découverte.
Bambridge, Tamatoa (eds.) (2004) *HERMÈS 40 : Francophonie et mondialisation,* Paris : CNRS.
Batho, Jack (2001) "Le français, la Francophonie et les autres," *Politique étrangère,* Paris : Institut français des relations internationales 169-183.
Baubérot, Jean (2004) *Laïcité 1905-2005, entre passion et raison,* Paris : Seuil.
Beaudot, Alain（ボドー，アラン）（著）星埜守之（訳）(2004)「フランス語圏（フランコフォニー）文学は国境なき文学か」恒川・古澤（他）（編）『文化アイデンティティの行方』彩流社　90-100.
Beniamino, Michel (1999) *La francophonie littéraire : essai pour une théorie,* Paris : L'Harmattan.
Benot, Yves (1975) *Les indépendances africaines : idéologies et réalités,* Paris : F. Maspero. = (1981) イブ・ベノー（著）片岡幸彦（訳）『自立するアフリカ──イデオロギーと現実』新評論.
Bernabé, Jean ; Chamoiseau, Patrick ; Confiant, Raphaël (1993) *Éloge de la créolité,* Paris : Gallimard. = (1997) ジャン・ベルナベ（他）（著）恒川邦夫（訳）『クレオール礼賛』平凡社.
Bertrand, Olivier (2011) *Histoire du vocabulaire français : origines, emprunts et création lexicale,* Palaiseau : Éditions de l'École polytechnique.

Beti, Mongo(2006)*La France contre l'Afrique : retour au Cameroun,* Paris : Découverte.

―――― ; Kom, Ambroise(2006)*Mongo Beti parle : testament d'un esprit rebelle,* Paris : Homnisphères.

Betts, Raymond-Frederick(1991)*France and decolonization : 1900-1960,* Basingstoke : Macmillan.=(2004)レイモンド＝フレデリック・ベッツ（著）今林直樹・加茂省三（訳）『フランスと脱植民地化』晃洋書房.

Bhabha, Homi K.(1994)*The location of culture,* London : Routledge.=(2005)ホミ・K. バーバ（著）本橋哲也・正木恒夫・外岡尚美・阪元留美（訳）『文化の場所 ポストコロニアリズムの位相』法政大学出版局.

Birmingham, David(1993)*A concise history of Portugal,* Cambridge : Cambridge University Press.=(2002)デビッド・バーミンガム（著）高田有現・西川あゆみ（訳）『ポルトガルの歴史』創土社.

Boddaert, François(ed.)(2003)*Agotem N°1 : pourquoi ne sommes-nous plus francophones,* Sens : Obsidiane.

Brunot, Ferdinand ; Antoine, Gerald(eds.)(1985-)*Histoire de la langue française,* Paris : CNRS.

Calvet, Louis-Jean(1993 a)"The migrant languages of Paris," Sanders(ed.)*French today,* Cambridge ; New York : Cambridge University Press 105-120.

―――― (1993 b)*La sociolinguistique,* Paris : Presses universitaires de France.=(2002)ルイ＝ジャン・カルヴェ（著）萩尾生（訳）『社会言語学』白水社.

―――― (1996)*Les politiques linguistiques,* Paris : Presses universitaires de France.=(2000)西山教行（訳）『言語政策とは何か』白水社.

―――― (2001 a)"De l'inégalité des langues," Chaudenson ; Calvet ; Dumont(et al.)*Les langues dans l'espace francophone,* Paris : Institut de la Francophonie ; L'Harmattan 71-82.

―――― (2001 b)"Les politiques linguistiques en afrique francophone," Chaudenson ; Calvet ; Dumont(et al.)*Les langues dans l'espace francophone,* Paris : Institut de la Francophonie ; L'Harmattan 145-176.

―――― (2004)"La diversité linguistique : enjeux pour la francophonie," Bambridge(eds.)*HERMÈS 40,* Paris : CNRS 287-293.

Cerquiglini, Bernard(1999)*Les Langues de la France : Rapport au ministre de l'Éducation Nationale, de la Recherche et de la Technologie,* Paris : CNRS.

Césaire, Aimé(1939)*Cahier d'un retour au pays natal ;* (1955)*Discours sur le colonialisme,* Paris : Présence africaine.=(1997)エメ・セゼール（著）砂野幸稔（訳）『帰郷ノート／植民地主義論』平凡社.

Chaker, Salem（シャケール，サレム）（著）佐野直子（訳）(2000)「欧州地域語少数言語憲章は憲法違反か」（Quelques observations sur la Charte européenne des langues régionales ou minoritaires : Un exercice pratique de glottopolitique）糟谷・三浦（編）『言語帝国主義とは何か』藤原書店　315-327.

Chaudenson, Robert(1994)"Typologie des situations de francophonie," Abou ; Haddad(eds.)*Une francophonie différentielle,* Paris : L'Harmattan ; Agence francophone pour l'enseignement supérieur et la recherche 19-37.

―――― (1995)*Les Créoles,* Paris : Presses universitaires de France.=(2000)ロベール・ショダンソン（著）糟谷啓介・田中克彦（訳）『クレオール語』白水社.

────（2000）*Mondialisation : la langue française a-t-elle encore un avenir?*, Paris : Didier Erudition ; Institut de la Francophonie.

────（2001）"Les langues dans l'espace francophone : vers la notion de partenariat," Chaudenson ; Calvet ; Dumont（et al.）*Les langues dans l'espace francophone,* Paris : Institut de la Francophonie ; L'Harmattan 9–70.

──── ; Calvet, Louis-Jean ; Dumont, Pierre（et al.）（2001）*Les langues dans l'espace francophone : de la coexistence au partenariat,* Paris : Institut de la Francophonie ; L'Harmattan.

Chauprade, Aymeric（1996）*L'espace économique francophone,* Paris : Ellipses.

Chaurand, Jacques（1969）*Histoire de la langue française,* Paris : Presses universitaires de France.＝（1976）ジャック・ショーラン（著）川本茂雄・高橋秀雄（訳）『フランス語史』白水社.

Chevalier, Jean-Claude（2003）"La France et l'Europe : monolinguisme et plurilinguisme,"『フランス語教育』（*Revue japonaise de didactique du français*）．日本フランス語教育学会　31 : 1–8.

千代浦昌道（1991）「第12章　国際援助の現状」小田（編）『アフリカの21世紀　第3巻』勁草書房　338–370.

Cissé, Mamadou（1999）"Wolofal, realities and prospects," *Journal of the Faculty of Letters,* Prefectural University of Kumamoto（熊本県立大学文学部紀要）5(2) : 31–46.

────（シッセ，ママドゥ）（著）砂野幸稔（訳）（2005）「セネガルの言語政策——静観主義と介入主義の間で」原聖（編）『ことばと社会——脱帝国と多言語化社会のゆくえ——アジア・アフリカの言語問題を考える』三元社　154–191.

Condé, Maryse（1999）*Le cœur à rire et à pleurer : contes vrais de mon enfance,* Paris : Robert Laffont.＝（2002）マリーズ・コンデ（著）くぼたのぞみ（訳）『心は泣いたり笑ったり——マリーズ・コンデの少女時代』青土社.

Coursil, Jacques ; Perret, Delphine（2005）"Francophone Postcolonial Field," Murdoch ; Donadey（eds.）*Postcolonial theory and Francophone literary studies,* Gainesville, Fla. : University Press of Florida 193–210.

Crystal, David（2002）*The English Language,* London : Penguin.

淡徳三郎（1962）『アルジェリア解放戦争——FLN（国民解放戦線）の七年半』青木書店.

Debesse, Maurice ; Mialaret, Gaston（eds.）（1969）*Traité des sciences pédagogiques,* Paris : Presses universitaires de France.＝（1977）モーリス・ドベス；ガストン・ミアラレ（編）波多野完治（他）（訳）『世界の教育』白水社.

Debray, Régis（1999）*Le code et le glaive : après l'Europe, la nation?,* Paris : Albin Michel.

────（2004 a）*Ce que nous voile le voile : la République et le sacré,* Paris : Gallimard.

────（2004 b）*Haïti et la France : Rapport au ministre des Affaires étrangères,* Paris : Table Ronde.

────（2004 c）*Chroniques de l'idiotie triomphante : terrorisme, guerres et diplomatie 1990–2003,* Paris : Fayard.

Delas, Daniel（2003）"Francophone literary studies in France : Analyses and Reflections," Laroussi, Farid ; L. Miller, Christopher（eds.）*Yale French Studies : French and*

Francophone, the challenge of expanding horizons N° 103, New Haven : Yale University Press 43-54.
Deniau, Xavier (1998, 2001) La francophonie, Paris : Presses universitaires de France.
Derrida, Jacques (1996) Le monolinguisme de l'autre : ou La prothèse d'origine, Paris : Galilée.＝(2001) ジャック・デリダ (著) 守中高明 (訳)『たった一つの、私のものではない言葉——他者の単一言語使用』岩波書店.
Dumont, Georges-Henri (1993) La Belgique : hier et aujourd'hui, Paris : Presses universitaires de France.＝(1997) ジョルジュ＝アンリ・デュモン (著) 村上直久 (訳)『ベルギー史』白水社.
Dumont, Pierre(1983)Le français et les langues africaines au Sénégal ; préface de Léopold Sédar Senghor, Paris : ACCT ; Karthala.
――― (1990) Le français, langue africaine, Paris : L'Harmattan.
――― (2001) L'interculturel dans l'espace francophone, Paris : L'Harmattan.
海老坂武 (1992)『思想の冬の時代に』岩波書店.
Effa, Gaston Paul (2003) "Senghor et le français : la francophonie en question," Boddaert (ed.) Agotem N° 1, Sens : Obsidiane 7-12.
江口一久 (1992)「第3章 アフリカの言語」日野 (編)『アフリカの21世紀 第2巻』勁草書房 60-86.
Eloise, A. Brière (2005) "Quebec and France," Murdoch ; Donadey (eds.) Postcolonial theory and Francophone literary studies, Gainesville, Fla. : University Press of Florida 151-174.
Etiemble, René (1964) Parlez-vous franglais?, Paris : Gallimard.
Fanon, Frants (1971) Peau noire, masques blancs, Paris : Seuil.＝(1998) フランツ・ファノン (著) 海老坂武・加藤晴久 (訳)『黒い皮膚・白い仮面』みすず書房.
――― (1974) Les damnés de la terre, Paris : Maspero.＝(1996) 鈴木道彦・浦野衣子 (訳)『地に呪われたる者』みすず書房.
フランス憲法判例研究会 (編) (2002)『フランスの憲法判例』信山社出版.
藤木登 (1983)「フランスの第三世界政策」木戸・蔵重 (編)『第三世界と国際政治』晃洋書房 139-158.
福田邦夫 (2006)『独立後第三世界の政治・経済過程の変容——アルジェリアの事例研究』西田書店.
Furet, François (1985) Jules Ferry, fondateur de la République, Paris : Éditions de l'École des Hautes Études en Sciences Sociales (EHESS).
Giordan, Henri (dir.) (1984) Par les langues de France, Paris : Centre Georges Pompidou.＝(1987) アンリ・ジオルダン (著) 原聖 (訳)『虐げられた言語の復権』批評社.
――― (ジオルダン, アンリ) (著) (2004) 佐野直子 (訳)「ヨーロッパにおける言語問題」『ことばと社会——ヨーロッパの多言語主義はどこまできたか』三元社 63-79.
Glissant, Édouard (1981) Le discours antillais, Paris : Seuil.
――― (1984) La Lézarde, Paris : Seuil.＝(2003) エドゥアール・グリッサン (著) 恒川邦夫 (訳)『レザルド川』現代企画室.
Gordimer, Nadine (ゴーディマ, ナディン) (述) 高野フミ (監訳) (1993)『ナディン・ゴーディマは語る——アフリカは誰のものか』岩波書店.
Graddol, David (1997) The Future of English, London : The British Council.

Grisé, Yolande（ed.）（1995）*États généraux de la recherche sur la francophonie à l'extérieur du Québec : actes du colloque tenu à Ottawa les 24, 25 et 26 mars 1994,* Ottawa : Les Presses de l'Université d'Ottawa.
Gross, Jean-Pierre（2000）*Égalitarisme Jacobin et droits de l'homme 1793–1794 : la grande famille et la terreur,* Paris : Arcantères.
羽場久浘子（2003）「ヨーロッパ拡大とハンガリーおよび周辺地域マイノリティの〈民主化〉」日本比較政治学会（編）『EU のなかの国民国家』早稲田大学出版部　173-200.
Hagège, Claude ; Fodor, Istvan（eds.）（1983–1994）*Language reform : history and future,* Hamburg : Buske.
―――（1987）*Le français et les siècles,* Paris : Odile Jacob.
―――（1996）*Le français, histoire d'un combat,* Paris : Michel Hagège.
―――（2000）*Halte à la mort des langues,* Paris : Odile Jacob. =（2004）クロード・アジェージュ（著）糟谷啓介（訳）『絶滅していく言語を救うために――ことばの死とその再生』白水社.
Hall, Stuart ; Du Gay, Paul（eds.）（1996）*Questions of cultural identity,* London : Thousand Oaks, Calif ; Sage, cop. =（2001）ステュアート・ホール；ポール・ドゥ・ゲイ（編）宇波彰（監訳）『カルチュラル・アイデンティティの諸問題――誰がアイデンティティを必要とするのか』大村書店.
浜忠男（2003）『カリブからの問い――ハイチ革命と近代世界』岩波書店.
原聖（編）『ことばと社会――脱帝国と多言語化社会のゆくえ――アジア・アフリカの言語問題を考える』三元社.
原輝史・宮島喬（1993）『フランスの社会』早稲田大学出版部.
原口武彦（1985）『アビジャン日誌――西アフリカとの対話』アジア経済研究所.
Hargreaves, Alec G.（1995）*Immigration, 'race' and ethnicity in contemporary France,* London ; New York : Routledge. =（1997）アリック・G・ハーグリーヴス（著）石井伸一（訳）『現代フランス――移民からみた世界』明石書店.
長谷川秀樹（2001 a）「コルシカ島の自治改革とフランス政界の混乱」『日本島嶼学会 2001 年次東京大会，自由研究報告』9-18.
―――（2001 b）「コルシカ地位改革の法的分析――立法権・地域語・権限移譲」『立命館大学人文科学研究所紀要』77 : 35-60.
―――（2002 a）「〈少数言語〉としてのフランス語――合衆国ルイジアナ州を事例として」『フランス語教育』日本フランス語教育学会　30 : 73-85.
―――（2002 b）『コルシカの形成と変容』三元社.
橋本福夫（編）（1970）『第三世界からの証言――全集・現代世界文学の発見 9』学芸書林.
林瑞枝（1984）『フランスの異邦人――移民、難民、少数者の苦悩』中公新書.
Helvig, Jean-Michel（2004）"Un débat inachevé," *La laïcité dévoilée,* Paris : Libération et Éditions de l'Aube.
日野舜也（編）（1992）『アフリカの 21 世紀　第 2 巻――アフリカの文化と社会』勁草書房.
平林正司（1991）「第 10 章　英・仏とアフリカ――フランス」小田（編）『アフリカの 21 世紀　第 3 巻――アフリカの政治と国際関係』勁草書房　290-302.
平野千果子（2002）『フランス植民地主義の歴史――奴隷制廃止から植民地帝国の崩壊まで』人文書院.
細谷千博・長尾悟（編）（2000）『テキストブック　ヨーロッパ統合』有信堂.

堀田泰司（1998）「コート・ジボワール共和国の教育改革の現状と日本の協力」『国際教育協力論集』広島大学教育開発国際協力研究センター　1(1)：125-135.
―――・坂井一成（2002）「フランスの教育援助政策の現状と課題」『国際教育協力論集』広島大学教育開発国際協力研究センター　5(2)：45-54.
―――（2003）「コートジボワール――学校教育に対する親の意識」澤村（編著）『アフリカの開発と教育』明石書店　195-216.
市之瀬敦（2004）『海の見える言葉――ポルトガル語の世界』現代書館.
伊谷純一郎（他）（編）（1999）『アフリカを知る事典』平凡社.
岩本勲（1994）『現代フランス政治の変貌』晃洋書房.
Jaffe, Alexandra（1999）*Ideologies in action : language politics on Corsica,* Berlin ; New York : Mouton de Gruyter.
Jean, Léopold Diouf（1999）"A Bilingualism of development for Senegal," *Journal of the Faculty of Letters,* Prefectural University of Kumamoto（熊本県立大学文学部紀要）5(2)：23-29.
Joubert, Jean-Louis（1997）*La Francophonie,* Paris : CLE International.＝（1999）ジャン＝ルイ・ジュベール（著）三浦信孝・西山教行（編）『ラ・フランコフォニー』第三書房.
Judge, Anne（1993）"French : a planned language?," Sanders (ed.) *French today,* Cambridge ; New York : Cambridge University Press 7-26.
―――（2000）"France : One state, one nation, one language?," Barbour, Stephen ; Carmichael, Cathie (eds.) *Language and nationalism in Europe,* New York : Oxford University Press 44-82.
梶茂樹・砂野幸稔（編著）（2009）『アフリカのことばと社会――多言語状況を生きるということ』三元社.
梶田孝道（1993）『統合と分裂のヨーロッパ――EC・国家・民族』岩波新書.
亀井伸孝（2006）「アフリカ言語・教育研究の現在――ノルウェー、オスロにおけるLEA 2006会議報告」『アフリカ研究』日本アフリカ学会　69：157-160.
加茂省三（2006）「アフリカ国家論――フランス語圏からのアプローチ」川端・落合（編）『アフリカ国家を再考する』晃洋書房　82-103.
鹿嶋友紀（2005）「サブサハラ・アフリカの言語政策の取り組みと今後の課題――教授言語を中心とする政策課題」『国際教育協力論集』広島大学教育開発国際協力研究センター　8(2)：97-109.
Kastoryano, Riva（1996）*La France, l'Allemagne et leurs immigrés : négocier l'identité,* Paris : A. Colin ; Masson.
―――（dir.）（2005）*Les codes de la différence : race, origine, religion : France, Allemagne, États-Unis,* Paris : Presses de la Fondation des sciences politiques.
糟谷啓介（1987）「言語とヘゲモニー」『一橋論叢』日本評論社　98(4)：561-578.
―――（1990）「〈国語〉のふたつのモデル――マンゾーニとアスコリ」『一橋論叢』日本評論社　103(2)：211-229.
―――（1993. 5）「〈ネーション〉と啓蒙」『現代思想』青土社　124-132.
―――・田中克彦・山脇直司（編）（1997）『言語・国家、そして権力』新世社.
―――・三浦信孝（編）（2000）『言語帝国主義とは何か』藤原書店.
―――（2002. 12）「全体論的言語像の形成――〈高貴な俗語〉から近代国民語へ」『環別冊5・ヨーロッパとは何か』藤原書店　92-99.
片岡幸彦（1981）「現代のアフリカ――解説」イブ・ベノー（著）片岡幸彦（訳）『自立するアフリカ』新評論　7-28.

勝村務（2006）「世界経済論の焦点としてのアフリカ」『筑波学院大学紀要』1：85-100.
川端正久（2003）『アフリカ・ルネサンス――21世紀の針路』法律文化社.
―――・落合雄彦（編）（2006）『アフリカ国家を再考する』晃洋書房.
Kelman, Gaston（2004）"Le Cameroun," Bambridge（eds.）*HERMÈS 40*, Paris：CNRS 90-92.
Khatibi, Abdelkébir（1987）*Figures de l'étranger : dans la littérature française*, Paris：Denoël.=（1995）アブデルケビール・ハティビ（著）渡辺諒（訳）『異邦人のフィギュール』水声社.
―――（ハティビ，アブデルケビール）（著）澤田直（編訳）福田育弘（訳）（2004）『マグレブ　複数文化のトポス（*Maghreb : terre pluriculturelle*）――ハティビ評論集』青土社.
木戸蓊・蔵重毅（編）（1983）『第三世界と国際政治』晃洋書房.
紀平英作（編）（2004）『ヨーロッパ統合の理念と軌跡』京都大学学術出版会.
木村茂雄（編）（2004）『ポストコロニアル文学の現在』晃洋書房.
小林順子（編）（1997）『21世紀を展望するフランス教育改革――1989年教育基本法の論理と展開』東信堂.
Kolboom, Ingo（2001）"Francophonie internationale：plaidoyer pour une réflexion et un réflexe franco-allemands," *Politique étrangère*, Paris：Institut français des relations internationales 157-168.
小馬徹（1992）「第6章　アフリカの教育」日野（編）『アフリカの21世紀　第2巻』勁草書房　159-187.
小森田秋夫（2001）「ヨーロッパ統合とポーランド」宮島・羽場（編）『ヨーロッパ統合のゆくえ』人文書院　193-218.
Kourouma, Ahmadou（2000）*Allah n'est pas obligé*, Paris：Seuil.=（2003）アマドゥ・クルマ（著）真島一郎（訳）『アラーの神にもいわれはない――ある西アフリカ少年兵の物語』人文書院.
黒田一雄・横関祐見子（編）（2005）『国際教育開発論――理論と実践』有斐閣.
黒田則博（2001）「国際開発援助について〈北〉は何を議論してきたのか――最近の国際開発援助に関する考え方の動向」『国際教育協力論集』広島大学教育開発国際協力研究センター　4(2)：125-134.
―――（2003）「欧米諸国における対発展途上国教育援助政策・手法に関する一考察」『国際教育協力論集』広島大学教育開発国際協力研究センター　6(1)：71-81.
草場安子（1998, 2001）『現代フランス情報辞典――キーワードで読むフランス社会』大修館書店.
Kwame, Akyeampong（2002）"Reconceptualising Teacher Education in the Sub-Saharan African Context," *Journal of international cooperation in education*（国際教育協力論集）広島大学教育開発国際協力研究センター　5(1)：11-30.
Kymlicka, Will；Patten, Alan（eds.）（2003）*Language rights and political theory*, Oxford：Oxford University Press.
Laronde, Michel（2005）"Displaced Discourses," Murdoch；Donadey（eds.）*Postcolonial theory and Francophone literary studies*, Gainesville, Fla.：University Press of Florida 175-192.
Laroussi, Farid；L. Miller, Christopher（2003）"French and Francophone：the challenge of expanding horizons," *Yale French Studies N°103*, New Haven：Yale Univer-

sity Press.
Léger, Jean-Marc（1987）*La francophonie : grand dessein, grande ambiguïté,* Paris : Nathan.
Lionnet, Françoise（2005）"Afterword : Francophonie, Postcolonial Studies, and Transnational Feminisms," Murdoch ; Donadey（eds.）*Postcolonial theory and Francophone literary studies,* Gainesville, Fla. : University Press of Florida 258-269.
真島一郎（2003）「冷戦後の寓話、その闇――訳者解題」アマドゥ・クルマ（著）真島一郎（訳）『アラーの神にもいわれはない――ある西アフリカ少年兵の物語』人文書院　345-403.
――――（2006）「国家倫理と中間集団に関する覚書――ウフエ＝ボワニの寛容」『アフリカの「個人支配」再考』アジア経済研究所　123-140.
Manessy, Gabriel（1994）*Le français en Afrique noire : mythe, stratégies, pratiques,* Paris : L'Harmattan.
松田幹夫（1995）『国際法上のコモンウェルス――ドミニオンの中立権を中心として』北樹出版.
Maximin, Daniel（2003）"De la 'Francophonie', et comment y remédier," Boddaert（ed.）*Agotem N° 1,* Sens : Obsidiane 3-6.
Mazrui, Ali Al'Amin ; Mazrui, Alamin M.（1998）*The power of Babel : language & governance in the African experience,* Oxford : J. Currey ; Nairobi : E. A. E. P. ; Kampala : Fountain Publishers ; Cape Town : David Philip Publishers ; Chicago : University of Chicago Press.
Mény, Yves（2002）"The Republic and its Territory : The Persistence and the Adaptation of Founding Myths," Hazareesingh, Sudhir（ed.）*The Jacobin legacy in modern France : essays in honour of Vincent Wright,* New York : Oxford University Press 183-195.
Mérand, Patrick（1977）*La Vie quotidienne en Afrique noire : à travers la littérature africaine d'expression française,* Paris : L'Harmattan.＝（1992）パトリック・メラン（著）草間輝子（他）（訳）『アフリカの日常生活』新評論.
Michel, Henry（2003）*L'idée de l'État : essai critique sur l'histoire des théories sociales et politiques en France depuis la Révolution,* Paris : Fayard.
三島禎子（2001）「セネガル・モーリタニア紛争をめぐる民族間関係」和田（編）『現代アフリカの民族関係』明石書店　68-91.
三浦信孝（編）（1997）『多言語主義とは何か』藤原書店.
――――（2000）「フランス第三共和政の言語同化政策」『中央大学文学部紀要』181 : 95-112.
――――（2001 a）「問われるジャコバン共和国――フランスにおける共和主義と多文化主義」『仏語仏文学研究』中央大学仏語仏文学研究会　33 : 71-126.
――――（2001 b）『普遍性か差異か』藤原書店.
――――（2002）『現代フランスを読む』大修館書店.
――――・西山教行（編著）（2010）『現代フランス社会を知るための62章』明石書店.
宮島喬・羽場久浘子（編）（2001）『ヨーロッパ統合のゆくえ――民族・地域・国家』人文書院.
――――（2006）『移民社会フランスの危機』岩波書店.
――――（2010）『一にして多のヨーロッパ――統合のゆくえを問う』勁草書房.
宮川めぐみ（2003）「ガーナ――初等教育の普及と地域間格差」澤村（編著）『アフ

リカの開発と教育』明石書店　217-240.
宮本正興（1985）「グギ・ワ・ジオンゴ小伝」グギ（著）宮本（編）アフリカ文学研究会（訳）『アフリカ人はこう考える』第三書館　193-248.
―――・松田素二（編）（1997）『新書アフリカ史』講談社．
―――（2002）『文化の解放と対話――アフリカ地域研究への言語文化論的アプローチ』第三書館．
Murdoch, H. Adlai ; Donadey, Anne (eds.) (2005) *Postcolonial theory and Francophone literary studies,* Gainesville, Fla : University Press of Florida.
Nadeau, Jean-Benoît ; Barlow, Julie (2006) *The story of French,* Canada : Alfred A. Knopf. =（2008）ジャン゠ブノワ・ナドー，ジュリー・バーロウ（著）立花英裕（監）中尾ゆかり（訳）『フランス語のはなし』大修館書店．
中田瑞穂（2003）「中・東欧諸国における〈民主化〉と〈EU 化〉：チェコ共和国を一例に」日本比較政治学会（編）『EU のなかの国民国家』早稲田大学出版部　121-148.
中島明（2006）「在アフリカ公館便り　セネガル通信――サンゴールの見たアフリカと日本」『月刊アフリカ』アフリカ協会　46(4) 522：20-23.
中村紘一・新倉修・今関源成（監訳）（2002）『フランス法律用語辞典第 2 版』三省堂．
中村義孝（編訳）（2003）『フランス憲法史集成』法律文化社．
中村睦男・辻村みよ子・糠塚康江（他）（編）（2003）『欧州統合とフランス憲法の変容』有斐閣．
中野裕二（1996）『フランス国家とマイノリティ』国際書院．
中津孝司（2006）『アフリカ世界を読む』創成社．
N'guessan, Jérémie Kouadio (2001) "École et langues nationales en Côte d'Ivoire : dispositions légales et recherches," Chaudenson ; Calvet ; Dumont (et al.) *Les langues dans l'espace francophone,* Paris : Institut de la Francophonie ; L'Harmattan 177-204.
Ngũgĩ, wa Thiong'o (1964) *Weep not, child,* London : Heinemann. =（1989）グギ・ワ・ジオンゴ（著）松田忠徳（訳）『夜が明けるまで――動乱に蹂躙される小さき魂』門土社．
――― (1967) *A grain of wheat,* London : Heinemann. =（1985）小林信次郎（訳）『一粒の麦――独立の陰に埋もれた無名の戦士たち』門土社．
―――・宮本正興（編）アフリカ文学研究会（訳）（1985）『アフリカ人はこう考える――作家グギ・ワ・ジオンゴの思想と実践』第三書館．
――― (1986) *Decolonising the mind : the politics of language in African literature,* London : J. Currey, Portsmouth, N. H : Heinemann. =（1987）宮本正興・楠瀬佳子（訳）『精神の非植民地化――アフリカのことばと文学のために』第三書館．
Ngulube, Naboth M. J. (1997) *Culture and development,* N. Ngulube. =（2000）ナボス・ングルーベ（著）塚田幸三（訳）『アフリカの文化と開発――苦悩からの脱出』荒竹出版．
日本フランス語教育学会（2004）『フランス語教育　特別号――フランコフォニー・フェスティヴァル 2004 年』．
日本比較政治学会（編）（2003）『EU のなかの国民国家』早稲田大学出版部．
新倉俊一（他）（編）（1997, 1999）『事典現代のフランス』大修館書店．
Nimrod (2003) "Il est temps de considérer le français comme une langue africaine," Bod-

daert（ed.）*Agotem N° 1,* Sens： Obsidiane 81-93.
西川長夫（1999）『フランスの解体？――もう一つの国民国家論』人文書院.
――――（2001）『国境の越え方――国民国家論序説』平凡社.
西村茂（1993）「EC 統合とフランス」日本政治学会（編）『EC 統合とヨーロッパ政治』岩波書店　71-88.
西永良成（1998）『変貌するフランス――個人・社会・国家』NHK ブックス.
西山教行（2003）「フランコフォニーの成立と展望」『フランス語教育　特別号――フランコフォニー・フェスティヴァル 2003 年』10：21-31.
大林稔（編）（2003）『アフリカの挑戦――NEPAD（アフリカ開発のための新パートナーシップ）』昭和堂.
小田英郎（編）（1991）『アフリカの 21 世紀　第 3 巻――アフリカの政治と国際関係』勁草書房.
大木充・西山教行（編）（2011）『マルチ言語宣言――なぜ英語以外の外国語を学ぶのか』京都大学学術出版会.
大野正雄（編）（1994）『中東・アフリカ諸国の社会・教育・生活と文化』エムティ出版.
岡田昭男（1985）『フラン圏の形成と発展――フランス・フランを基軸とする通貨圏と経済統合の諸問題』早稲田大学出版部.
――――（2003）『アフリカ情勢分析 1――21 世紀に向う』信山社出版.
長部重康（1995）『変貌するフランス――ミッテランからシラクへ』中央公論社.
大山礼子（2006）『フランスの政治制度』東信堂.
Picoche, Jacqueline； Marchello-Nizia, Christiane（1996）*Histoire de la langue française,* Paris： Nathan.
Poignant, Bernard（1998）*Langues et cultures régionales,* Paris： Documentation française.
Poissonnier, Ariane； Sournia, Gérard； Le Goff, Fabrice（2006）*Atlas mondial de la francophonie : du culturel au politique,* Paris： Édtitions Autrement.
Prah, Kwesi Kwaa（2005）「アフリカの言語的未来――アフリカ諸語の運命」『アフリカ研究』日本アフリカ学会　67：91-105.
Renard, Raymond（2001）"Francophonie： de l'apartheid au partenariat," Chaudenson； Calvet； Dumont（et al.）*Les langues dans l'espace francophone,* Paris： Institut de la Francophonie； L'Harmattan 83-130.
Robillard, Didier de； Beniamino, Michel（1993）*Le français dans l'espace francophone : description linguistique et sociolinguistique de la francophonie,* Paris： Champion.
Roche, Christian（2006）*Léopold Sédar Senghor : Le président humaniste,* Toulouse： Privat.
Roy, Jean-Louis（1989）*La Francophonie : l'émergence d'une alliance?,* Montréal： Hurtubise.
櫻田大造（1999）『カナダ外交政策論の研究――トルドー期を中心に』彩流社.
Sanders, Carol（ed.）（1993）*French today : language in its social context,* Cambridge； New York： Cambridge University Press.
佐野直子（2010）「地域言語――多言語国家フランスの諸相」三浦・西山（編著）『現代フランス社会を知るための 62 章』明石書店　132-136.
佐藤章（2004）「コートディヴォワールにおける新家産制の変化・変質――1990 年以後期の政治分析に向けて」津田（編）『アフリカ諸国の「民主化」再考』アジア経済研究所　71-104.
――――（2005）「〈犠牲者〉から〈和平の障害〉へ――コートディヴォワール、L・

バボ政権の反仏姿勢」『アフリカレポート』アジア経済研究所　40：39-43．
────（2006a)「内戦下コートディヴォワールにおける政権派民兵の政治的役割」『アフリカレポート』アジア経済研究所　43：43-49．
────（編）（2006b)『アフリカの「個人支配」再考』アジア経済研究所　3．
佐藤和之（2000)「国連公用語と日本語」『言語』大修館書店　20(8)．
────（2002)「日本の言語政策」『社会言語科学』社会言語科学会　4(2)．
澤村信英（編著）（2003)『アフリカの開発と教育──人間の安全保障をめざす国際教育協力』明石書店．
Sembène, Ousmane（1957）*Ô Pays, mon beau peuple!*, Paris：Le livre contemporain；Amiot-Dumont.＝（1975）藤井一行（訳）『セネガルの息子』新日本出版社．
────（1966）*Véhi-Ciosane ou Blanche-Genèse, suivi du Mandat*, Paris：Présence africaine.＝（1983）片岡幸彦（訳）『消えた郵便為替』青山社．
────（1981）*Le dernier de l'empire*, Paris：L'Harmattan.＝（1988）片岡幸彦・下田文子（訳）『帝国の最後の男』新評論．
────（センベーヌ，ウスマン）（述）小栗康平（聞き手）（1989）『アフリカから日本へのメッセージ』岩波書店．
Senghor, Léopold Sédar（1948, 1969）*Anthologie de la nouvelle poésie nègre et malgache de langue française*, Paris：Presses universitaires de France.
────（1962）"Le français, langue de culture," *Esprit：Le français, langue vivante*, numéro 311, Paris：（s. n.）837-844．（Senghor, Léopold Sédar（1964）"Le français, langue de culture," *Liberté 1：Négritude et humanisme*, Paris：Seuil 358-363 に再掲）
────（1964）*Liberté 1：Négritude et humanisme*, Paris：Seuil.
────（1971）*Liberté 2：Nation et voie africaine du socialisme*, Paris：Seuil.
────（1977a）*Liberté 3：Négritude et civilisation de l'universel*, Paris：Seuil.
────（1977b）"Fonction et signification du premier festival mondial des arts nègres," *Liberté 3：Négritude et civilisation de l'universel*, Paris：Seuil 58-63.＝（1970）井上謙治（訳）「第1回黒人芸術国際フェスティバルの役割と意味」橋本（編）『第三世界からの証言』学芸書林 235-242．
────（1983）*Liberté 4：Socialisme et planification*, Paris：Seuil.
────（1988）*Ce que je crois：négritude, francité et civilisation de l'universel*, Paris：B. Grasset.
────（1993）*Liberté 5：Le dialogue des cultures*, Paris：Seuil.
志摩園子（2001)「ヨーロッパ統合とバルト三国」宮島・羽場（編）『ヨーロッパ統合のゆくえ』人文書院　245-270．
嶋岡晨・松田忠徳（訳）（1975)『世界黒人詩集──世界詩人選集4』飯塚書店．
清水貞俊（1998)『欧州統合への道──ECからEUへ』ミネルヴァ書房．
白石顕二（2006)『アフリカルチャー最前線』柘植書房新社．
Silverman, Maxim（1992）*Deconstructing the nation：immigration, racism, and citizenship in modern France*, London；New York：Routledge.
Spivak, Gayatri Chakravorty；Harasym, Sarah（eds.）（1990）*The post-colonial critic：interviews, strategies, dialogues*, New York（etc.）：Routledge.＝（1992）スピヴァク（著）S. ハレイシム（編）清水和子・崎谷若菜（訳）『ポスト植民地主義の思想』彩流社．
Spolsky, Bernard（2004）*Language policy*, Cambridge；New York：Cambridge University Press.

Stétié, Salah（2003）"La langue française et moi," Boddaert（ed.）*Agotem N°1*, Sens: Obsidiane 58–73.
杉山幸丸（1996）『アフリカは立ちあがれるか――西アフリカ自然・人間・生活探訪』はる書房.
砂野幸稔（1994）「セネガルにおけるフランス語使用――その歴史1 フェデルブ以前」『熊本女子大学学術紀要』46: 63–73.
────（1996）「エメ・セゼール論1」『熊本県立大学文学部紀要』2(1) 48: 123–136.
────（1997a）「エメ・セゼール論2」『熊本県立大学文学部紀要』3(1) 49: 23–55.
────（1997b）「エメ・セゼール小論――解説」Césaire（著）砂野（訳）『帰郷ノート／植民地主義論』189–262.
────（1997c）「同化と直接統治〈フランス領西アフリカ〉」宮本・松田（編）『新書アフリカ史』講談社　323–331.
────（1998a）「セネガルにおけるウォロフ化の進行と場面による言語選択（1）ダカール」『熊本県立大学文学部紀要』4(1): 49–70.
────（1998b）「セネガルにおけるウォロフ化の進行と場面による言語選択（2）ジガンショール」『熊本県立大学文学部紀要』4(2): 31–56.
────（1999a）「セネガルにおけるウォロフ化の進行と場面による言語選択（3）サンルイ」『熊本県立大学文学部紀要』5(2): 1–22.
────（1999b）「セネガルにおけるウォロフ化の進行と場面による言語選択（4）ポドール」『熊本県立大学文学部紀要』6(2): 17–33.
────（2000a）「セネガルにおけるウォロフ化の進行と場面による言語選択（5）タンバクンダ」『熊本県立大学文学部紀要』6(2) 55: 15–35.
────（2000b）「セネガルにおけるウォロフ化の進行と場面による言語選択（6）バケル」『熊本県立大学文学部紀要』7(1) 56: 83–103.
────（2001a）「セネガルにおけるウォロフ化の進行と場面による言語選択（7）ファティック」『熊本県立大学文学部紀要』7(2) 57: 29–50.
────（2001b）「アフリカ文学研究――回顧と展望」『アフリカ研究』日本アフリカ学会 57: 9–11.
────（2002）「セネガル政府の言語政策の推移　1960年代から−2001年まで」『熊本県立大学文学部紀要』8(2) 59: 99–114.
────（2003）「セゼールを回収する権利は誰にあるのか？――ジェイムズ・クリフォードの〈文化の窮状〉とエメ・セゼールの文化論（1）」『熊本県立大学文学部紀要』10(1): 13–26.
────（2005a）「セネガルにおける言語ナショナリズムの系譜」『熊本県立大学文学部紀要』11(64): 17–43.
────（2005b）「フランス植民地帝国とセネガルの諸言語」原（編）『ことばと社会』三元社　102–120.
────（2006）「言語政策の代理執行――〈万人のための教育〉という名の曖昧な多言語主義」多言語社会研究会『第4回東京研究大会　予稿集』三元社　135–144.
────（2007）『ポストコロニアル国家と言語――フランス語公用語国セネガルの言語と社会』三元社.
鈴木裕之（2000）『ストリートの歌――現代アフリカの若者文化』世界思想社.
────（2001）「新しいモードの出現――アビジャン・レゲエの示す超民族性」和

田（編）『現代アフリカの民族関係』明石書店　310-326.
武内進一（2006）「アフリカ諸国の統治と国際社会」『月刊アフリカ』アフリカ協会　46(1)：12-15.
田中克彦（1978）『言語からみた民族と国家』岩波書店.
─────（2000）「公用語とは何か」『言語』大修館書店　20(8).
田中拓道（2006）『貧困と共和国──社会的連帯の誕生』人文書院.
谷口利律（2009）「仏語圏西アフリカ諸国における二言語教育──導入の理念と現状」『比較教育学研究』39：170-190.
Tétu, Michel（1988）*La francophonie : histoire, problématique et perspectives,* Paris : Hachette.
─────（1997）*Qu'est-ce que la francophonie?,* Paris : Hachette.
Thomas, Dominic（2005）"Intersections and Trajectories : Francophones Studies and Postcolonial Theory," Murdoch ; Donadey(eds.)*Postcolonial theory and Francophone literary studies,* Gainesville, Fla. : University Press of Florida 235-257.
鳥羽美鈴（2005 a）「フランコフォニーの政治性」『一橋論叢』日本評論社　133(3)：121-142.
─────（2005 b）「レジス・ドブレのフランス共和主義思想──その批判的検討」『相関社会科学』東京大学大学院総合文化研究科　14：71-84.
─────（2005 c）「フランコフォニーとフランス──言語・文化的多様性と共和国」長谷川秀樹（編）『フランコフォニー（フランス語圏）研究』千葉大学大学院社会文化科学研究科　114：83-170.
─────（2006 a）「フランコフォニーの拡大」『ふらんす』白水社　81(3)：34-37.
─────（2006 b）「フランコフォニーと東欧諸国」, *Revue japonaise de didactique du français Vol.1, N°2, Études francophones,* 日本フランス語教育学会　117-125.
─────（2010）「フランスと旧植民地」三浦・西山（編著）『現代フランス社会を知るための62章』明石書店　346-351.
戸田真紀子（編）（2006）『帝国への抵抗──抑圧の導線を切断する』世界思想社.
Tréfault, Thierry（2001）"Bambara et français à l'École malienne : la recherche de la complémentarité," Chaudenson ; Calvet ; Dumont（et al.）*Les langues dans l'espace francophone,* Paris : Institut de la Francophonie ; L'Harmattan 227-258.
Truchot, Claude (ed.)（1994）*Le plurilinguisme européen : théories et pratiques en politique linguistique,* Paris : Honoré Champion Editeur.
土屋哲（1994）『現代アフリカ文学案内』新潮社.
津田みわ（編）（2004）『アフリカ諸国の「民主化」再考』アジア経済研究所　3.
津田幸男（1990）『英語支配の構造』第三書館.
恒川邦夫・菅波和子（訳）日本セネガル友好協会（編）（1979）『レオポルド・セダール・サンゴール詩集』日本セネガル友好協会.
─────・古澤ゆう子（他）（編）（2004）『文化アイデンティティの行方』彩流社.
Turcotte, Denis（1981）*La politique linguistique en Afrique francophone : une étude comparative de la Côte d'Ivoire et de Madagascar,* Québec : Presses de l'Université Laval.
鵜飼哲（1997）『抵抗への招待』みすず書房.
梅本洋一（他）（編）（2000）『現代フランスを知るための36章』明石書店.
海原峻（1998）『ヨーロッパがみた日本・アジア・アフリカ──フランス植民地主義というプリズムをとおして』梨の木舎.
Valette, Jacques（1994）*La France et l'Afrique : l'Afrique subsaharienne de 1914 à 1960,*

Paris : SEDES.
Verschave, François-Xavier（1999）*La Françafrique : le plus long scandale de la République,* Paris : Stock.＝（2003）フランソワ＝グザヴィエ・ヴェルシャヴ（著）大野英士・高橋武智（訳）『フランサフリック——アフリカを食いものにするフランス』緑風出版.
和田正平（編）（2001）『現代アフリカの民族関係』明石書店.
Walker, James（2000）*Les attitudes envers les anglicismes : une étude sociolinguistique des emprunts dans différentes communautés francophones,* Villeneuve d'Ascq : Presses universitaires du Septentrion.
Wallerstein, Immanuel Maurice（1979）*The capitalist world-economy,* Cambridge ; New York : Cambridge University Press.＝（1987）ウォーラーステイン（著）藤瀬浩司・麻沼賢彦・金井雄一（訳）『資本主義世界経済1——中核と周辺の不平等』名古屋大学出版会／（1987）日南田靜眞（監）（訳）『資本主義世界経済2——階級・エスニシティの不平等，国際政治』名古屋大学出版会.
渡辺啓貴（1998）『フランス現代史』中公新書.
Weil, Patrick（2005）*La République et sa diversité : immigration, intégration, discriminations,* Paris : Seuil ; La République des Idées.
Wijnands, Paul（1993）*Dictionnaire des identités culturelles de la francophonie : analyse du discours identitaire de langue française à travers 3000 notions,* Paris : Conseil international de la langue française.
Wolton, Dominique（2004）"Introduction : Aux carrefours de l'Histoire," Bambridge（eds.）*HERMÈS 40,* Paris : CNRS 15-17.
―――（2006）*Demain la francophonie,* Paris : Flammarion.
Yacono, Xavier（1993）*Histoire de la colonisation française,* Paris : Presses universitaires de France, 6 e éd. corr.＝（1998）平野千果子（訳）『フランス植民地帝国の歴史』白水社.
山田文比古（2005）『フランスの外交力——自主独立の伝統と戦略』集英社.
山田肖子（2004）「アフリカにおける内発的な教育理念と外生的カリキュラムの適応に関する課題」『国際教育協力論集』広島大学教育開発国際協力研究センター 7(2)：1-13.
安田敏朗（1999）『「国語」と「方言」のあいだ——言語構築の政治学』人文書院.
―――（2002）「「国語国字問題」としての「英語第二公用論」」『言語文化』一橋大学語学研究室 39.
矢頭典枝（1997）「アングロフォンと仏語憲章——ケベックの言語的少数派を取り巻く言語環境」『カナダ研究年報』日本カナダ学会 17：1-17.
―――（2008）『カナダの公用語政策』リーベル出版.
イ・ヨンスク（1996）『「国語」という思想——近代日本の言語認識』岩波書店.
米村明夫（編）（2003）『世界の教育開発——教育発展の社会科学的研究』明石書店.
Young, Robert J. C.（2003）*Postcolonialism : A Very Short Introduction,* Oxford University Press.＝（2005）ロバート・J・C・ヤング（著）本橋哲也（訳）『ポストコロニアリズム』岩波書店.

機関誌・その他

- *Atlas de la francophonie : le monde francophone*（1989）Groupe de recherche en geolinguistique, Québec : Publications du Québec.
- *Atlas de la langue française : histoire, géographie, statistiques*（1995）Philippe Rossillon (eds.) Paris : Bordas.
- *Dictionnaire général de la francophonie*（1986）J. -J. Luthi, A. Viatte, G. Zananiri (eds.) Paris : Letouzey et Ané.
- *Document de suivi du Vade-mecum relatif à l'usage de la langue française dans les organisations internationales, septembre 2008*（2008）Paris : Organisation Internationale de la Francophonie.
- *2ᵉ Document de suivi du Vade-mecum relatif à l'usage de la langue française dans les organisations internationales, octobre 2010*（2010）Paris : Organisation Internationale de la Francophonie.
- *État de la francophonie dans le monde : données 1997–1998 et 6 études inédites*（1998）Haut Conseil de la Francophonie, Paris : Documentation française.
- *Internationale de l'imaginaire*（2006）"Cette langue qu'on appelle le français" N° 21, Paris : maison des cultures du monde.
- *L'Administration publique des pays francophones à l'aube des années 2000*（1998）Paris : Documentation française.
- *L'Année francophone internationale*（2002）Québec : AFI-CIDEF ; Université Laval.
- *La Francophonie dans le monde 2002–2003*（2003）Organisation Internationale de la Francophonie, Haut Conseil, Paris : Larousse.
- *La Francophonie dans le monde 2004–2005*（2005）Organisation Internationale de la Francophonie, Haut Conseil, Paris : Larousse.
- *La Francophonie dans le monde 2006–2007*（2007）Organisation Internationale de la Francophonie, Paris : Nathan.
- *La langue française dans le monde 2010*（2010）Organisation Internationale de la Francophonie, Paris : Nathan.
- *La lettre*（2006. 3）Paris : BIEF（Bureau International de l'Édition Française）.
- *L'état de la France : un panorama unique et complet de la France*（2002）Paris : Découverte.
- *Le courrier des pays de l'Est*（2001. 1）"La Francophonie en Europe centrale et orientale" N° 1011, Paris : Documentation française.
- *Le Français dans le monde : Revue de la Fédération Internationale des Professeurs de Français*（2000–2003）Paris : CLE International.
- *L'Intelligent : jeune Afrique*（2006）"Senghor" Hors-série N° 11, Paris : Groupe Jeune Afrique.
- *Observatoire National des Zones Urbaines Sensibles : Rapport 2005*（2005. 12）Délégation interministérielle à la ville.
- *OIF–Programmation 2006–2009*（2006）Paris : Organisation Internationale de la Francophonie.
- *Programmation de l'Agence intergouvernementale de la Francophonie 2004–2005*（2005）Roger Dehaybe (eds.) Paris : AIF.
- *Quid*（2003）Remy, Dominique.
- *Rapport au Parlement sur l'emploi de la langue française*（2003, 2005, 2006, 2010）Paris : Ministère de la Culture et de la Communication.

- *Rapport du colloque*（2004. 6）"Développement durable : leçons et perspectives"
  （フランコフォニー国際組織がワガドゥグで 2004 年 6 月 1 日 − 4 日に開催したシンポジウムの報告書）.
- *Rapport du secrétaire général de la Francophonie, de Ouagadougou à Bucarest 2004−2006*（2006）Paris : Organisation Internationale de la Francophonie.
- *Rapport du secrétaire général de la Francophonie, de Québec à Montreux 2008−2010*（2010）Paris : Organisation Internationale de la Francophonie.
- *Rapport du Sénat portant sur la stratégie d'action culturelle de la France à l'étranger*（2004−2005）N° 91, Paris : Commission des Affaires culturelles.
- *Tableaux de l'économie française*（2002）Paris : Insee.
- *The French review : devoted to the interests of teachers of French*（1927）Vol.1, N° 1, New York : American Association of Teachers of French.
- フランス外務省ホームページ　http ://www.diplomatie.gouv.fr
- フランス国民教育省ホームページ　http ://www.education.gouv.fr
- フランス文化コミュニケーション省ホームページ　http ://www.culture.gouv.fr
- フランス憲法院ホームページ　http ://www.conseil-constitutionnel.fr
- フランス政府法令省ホームページ　http ://www.legifrance.gouv.fr
- フランス国民議会ホームページ　http ://www.assemblee-nationale.fr
- 在日フランス大使館ホームページ　http ://www.ambafrance-jp.org
- フランコフォニー国際組織（OIF）ホームページ　http ://www.francophonie.org
- フランコフォニー市長国際会議（AIMF）ホームページ　http ://www.aimf.asso.fr
- TV5 MONDE ホームページ　http ://www.tv5.org
- サンゴール大学ホームページ　http ://www.usenghor-francophonie.org
- 欧州評議会条約局ホームページ　http ://conventions.coe.int
- 欧州連合（EU）ホームページ　http ://europa.eu
- カナダ外務・国際貿易省ホームページ　http ://www.international.gc.ca
- コモンウェルス事務総局ホームページ　http ://www.thecommonwealth.org
- ラバル大学言語政策研究所ホームページ　http ://www.tlfq.ulaval.ca
- 経済協力開発機構（OECD）ホームページ　http ://www.oecd.org
- ル・モンド紙『*Le Monde*』（フランス日刊紙）
- リベラシオン紙『*Libération*』（フランス日刊紙）
- フィガロ紙『*Le Figaro*』（フランス日刊紙）
- フラテルニテ・マタン紙『*Fraternité Matin*』（コートジボワール日刊紙）http ://www.fratmat.info
- ソレイユ紙『*Le Soleil*』（セネガル日刊紙）　http ://www.lesoleil.sn
- ル・クリエ紙『*Le Courrier*』（ベトナム日刊紙）　http ://lecourrier.vnanet.vn

年表1　フランコフォニー国際組織設立の歴史

1880	フランコフォニーという語が、地理学者オネジム・ルクリュ（1837-1916）の『フランス、アルジェリアと諸植民地』に初めて登場。
1950	「国際フランス語記者協会」設立。 （AIJLF: Association internationale des journalistes de langue française） （⇒　1971年にUIJPLF、2001年にはUPFと改名される。）
1960	「フランス語を共有する諸国の教育相会議」設立。 （CONFEMEN: Conférence des ministres de l'éducation des pays ayant le français en partage）
1961	「部分的あるいは全体的フランス語の大学連合」設立。 （AUPELF: Association des universités partiellement ou entièrement de langue française）
1967	「フランス語使用議員国際会議」設立。 （AIPLF: Association internationale des parlementaires de langue française） （⇒　後にAPFとなる。）
1969	「フランス語を共有する諸国・政府の青年スポーツ相会議」設立。 （CONFEJES: Conférence des ministres de la jeunesse et des sports des états et gouvernements ayant le français en partage）
1970	「文化技術協力機構」設立。 （ACCT: Agence de Coopération Culturelle et Technique） （⇒　1995年にAgence de la Francophonie、1999年にフランコフォニー政府間機構 AIF: Agence intergouvernementale de la Francophonie、2005年11月からはOIFとなる。）
1979	「フランコフォニー市長国際会議」設立。 （AIMF: Association internationale des maires francophones）
1986	第1回サミット、ベルサイユ（フランス）開催。
1987	第2回サミット、ケベック（カナダ）開催。
1989	第3回サミット、ダカール（セネガル）開催。
1991	第4回サミット、パリ（フランス）開催。
1993	第5回サミット、グランドベー（モーリシャス）開催。 サミット名の変更。
1995	第6回サミット、コトヌー（ベナン）開催。 フランコフォニー憲章の採択を決定。
1997	第7回サミット、ハノイ（ベトナム）開催。 フランコフォニー事務総長のポスト設置。
1999	第8回サミット、モンクトン（カナダのニューブランズウィック）開催。
2002	第9回サミット、ベイルート（レバノン）開催。 アメリカ同時多発テロ事件の発生で、2001年10月から延期。
2004	第10回サミット、ワガドゥグ（ブルキナファソ）開催。 新フランコフォニー憲章の採択を決定。また、その規定に従い、2005年以降、フランコフォニー政府間機構をフランコフォニー国際組織へ一本化。

2006	第11回サミット、ブカレスト（ルーマニア）開催。
2008	第12回サミット、ケベック（カナダ）開催。 2008年はケベック生誕400周年にあたる。
2010	第13回サミット、モントルー（スイス）開催。 2008年のサミット終了時点では、マダガスカルが次のサミット開催地であると予告されたが、翌年、スイスに変更された。

（フランコフォニー国際組織のホームページより筆者作成）

年表2　フランスの欧州地域少数言語憲章調印まで

1951・1	「地方言語及び方言の学校教育に関する法案」（ディクソンヌ法）が可決されてブルトン語、バスク語、カタルーニャ語、オクシタン語が教育可能な地方言語となる。
1981	ECの欧州議会が「地域語・地域文化の共同体憲章並びに民族的少数派の権利憲章に関する決議」を採択。
1982・6	サヴァリ通達が発布される。
1992・2	EC加盟国が合意して7日にマーストリヒト条約（欧州連合条約）に調印がなされる。
1992・6	92年2月7日に調印されたマーストリヒト条約の批准時に憲法改正が行われた。その一つとして第2条に「共和国の言語はフランス語である」という一文が加えられた。
1992・11	欧州審議会（COE）が「欧州地域少数言語憲章」の採択。
1994・3	マーストリヒト条約で定めた「地域委員会」の設置。
1994・8	「フランス語の使用に関する法律」（トゥーボン法）が可決され、フランス語の使用義務がさらに強化される。
1995	「民族的少数派の保護のための枠組条約」がコンセイユ・デタ（国務院）によって違憲とされてフランスは調印を見送る。
1997	保守派のジュッペから社会党のジョスパン首相に政権交代。「地域言語文化に関する調査団」が発足されて憲章調印の準備が進められる。
1999・5	フランスの歴代政府（首相府）が容易に応じなかった「欧州地域少数言語憲章」に7年後にして署名。
1999・6	憲法院の違憲判決。

（三浦信孝（編）（2001）『普遍性か差異か』藤原書店の関連年譜を参照）

資料1　フランコフォニー国際組織加盟国・地域（全75メンバー）
（地域別、OIF加盟年を基準に配列）　　　　　　　　　　　　　　　　2010年現在

【西フリカ】	OIF加盟年	現OIF加盟形態	フランス語話者比率(%)	公用語／国語（通用語）
ベナン	1970	全権	32	フランス語（フォン語他）
ブルキナファソ	1970	全権	20	フランス語（モレ語他）
コートジボワール	1970	全権	34	フランス語（ジュラ語他）
マリ	1970	全権	18	フランス語／バンバラ語・ボボ語・ボゾ語・ドゴン語・ハサニャ語・プール語・ソニンケ語・ソンガイ語・タマシェク語・カソンカン語・マデンカン語・マニンカカン語・セヌホ語〔13の国語を認定〕
ニジェール	1970	全権	12	フランス語／ハウサ語・アラビア語・ブドゥマ語・フルベ語・グルマンチェ語・カヌウリ語・ソンガイ＝ザルマ語・トゥアレグ語・タサワク語・トゥブゥ語
セネガル	1970	全権	24	フランス語／ウォロフ語・セレール語・プラール語・ジョーラ語・マリンケ語・ソニンケ語〔他、今後書記法が規定される全ての言語〕
トーゴ	1970	全権	33	フランス語（エウェ語他）
ギニアビサウ	1979	全権	5	ポルトガル語（クレオール語）
ギニア	1981	全権	22	フランス語（プラール語他）
カーボベルデ	1996	全権	3.5	ポルトガル語（クレオール語）
ガーナ	2006	準	4	英語（アカン語）

【中央アフリカ・インド洋】	OIF加盟年	現OIF加盟形態	フランス語話者比率(%)	公用語／国語（通用語）
ブルンジ	1970	全権	*5	フランス語・キルンジ語
ガボン	1970	全権	55	フランス語（ファン語他）
ルワンダ	1970	全権	3	フランス語・英語・キニャルワンダ語
チャド	1970	全権	14	フランス語・アラビア語
モーリシャス	1970	全権	15	フランス語・英語・クレオール語
中央アフリカ	1973	全権	29	フランス語・サンゴ語
セイシェル	1976	全権	30	フランス語・英語・クレオール語
コンゴ民主共和国	1977	全権	46	フランス語／キコンゴ語・リンガラ語・スワヒリ語・チルバ語
コモロ	1977	全権	21	コモロ語／フランス語・アラビア語
ジブチ	1977	全権	50	フランス語・アラビア語
コンゴ	1981	全権	56	フランス語（マヌクツバ語他）
赤道ギニア	1989	全権	7	スペイン語・フランス語（ファン語・ブビ語）

			フランス語話者比率(%)	公用語／国語（通用語）
マダガスカル	1989	全権	*5	マダガスカル語・フランス語・英語／マダガスカル語〔憲法改正（2007年4月27日）以降、マダガスカル語は公用語かつ国語〕
カメルーン	1991	全権	36	フランス語・英語（フルフルデ語他）
サントメ・プリンシペ	1999	全権	*20	ポルトガル語（クレオール語）
モザンビーク	(2006)	オブ	0.3	ポルトガル語（マクワ語）

【北アフリカ・中近東】	OIF加盟年	現OIF加盟形態	フランス語話者比率(%)	公用語／国語（通用語）
チュニジア	1970	全権	64	アラビア語（フランス語）
レバノン	1973	全権	*18	アラビア語（フランス語）
モーリタニア	1980	全権	13	アラビア語・フルベ語・ソニンケ語・ウォロフ語（フランス語）〔アラビア語は公用語かつ国語〕
モロッコ	1981	全権	32	アラビア語（フランス語・ベルベル語）
エジプト	1983	全権	0.4	アラビア語
アラブ首長国連邦	(2010)	オブ	−	アラビア語

【アメリカ】	OIF加盟年	現OIF加盟形態	フランス語話者比率(%)	公用語／国語（通用語）
カナダ	1970	全権	30	フランス語・英語
（カナダ）ケベック	1971	全権	93	フランス語
（カナダ）ニューブランズウィック	1977	全権	43	フランス語・英語

【カリブ】	OIF加盟年	現OIF加盟形態	フランス語話者比率(%)	公用語／国語（通用語）
ハイチ	1970	全権	12	フランス語・クレオール語〔1987年、クレオール語も公用語に規定〕
ドミニカ国	1979	全権	*2	英語
セントルシア	1981	全権	*2	英語（クレオール語）
ドミニカ共和国	(2010)	オブ	−	スペイン語（クレオール語）

【アジア・太平洋】	OIF加盟年	現OIF加盟形態	フランス語話者比率(%)	公用語／国語（通用語）
ベトナム	1970	全権	*0.7	ベトナム語
バヌアツ	1979	全権	45	フランス語・英語・ビスマラ語
ラオス	1991	全権	3	ラオ語
カンボジア	1993	全権	3	カンボジア語
グルジア	(2004)	オブ	−	グルジア語

アルメニア	2008	準	0.6	アルメニア語
タイ	(2008)	オブ	0.8	タイ語

【中・東欧】	OIF加盟年	現OIF加盟形態	フランス語話者比率(%)	公用語／国語（通用語）
ブルガリア	1993	全権	4	ブルガリア語
ルーマニア	1993	全権	9	ルーマニア語（ハンガリー語）
モルドバ	1996	全権	*25	モルドバ語（ロシア語）
ポーランド	(1997)	オブ	1	ポーランド語
アルバニア	1999	全権	*10	アルバニア語
リトアニア	(1999)	オブ	2	リトアニア語
スロベニア	(1999)	オブ	2	スロベニア語・イタリア語・ハンガリー語
チェコ	(1999)	オブ	1.5	チェコ語
マケドニア	1999	全権	7	マケドニア語
スロバキア	(2002)	オブ	1	スロバキア語
クロアチア	(2004)	オブ	0.6	クロアチア語（セルビア語他）
ハンガリー	(2004)	オブ	0.4	ハンガリー語
セルビア	(2006)	オブ	−	セルビア語
ウクライナ	(2006)	オブ	0.6	ウクライナ語
ラトビア	(2008)	オブ	0.9	ラトビア語
ボスニア・ヘルツェゴビナ	(2010)	オブ	−	ボスニア語・クロアチア語・セルビア語
エストニア	(2010)	オブ	−	エストニア語
モンテネグロ	(2010)	オブ	−	モンテネグロ語

【西欧】	OIF加盟年	現OIF加盟形態	フランス語話者比率(%)	公用語／国語（通用語）
ベルギー	1970	全権	64	フランス語・オランダ語・ドイツ語
フランス	1970	全権	100	フランス語
ルクセンブルク	1970	全権	72	フランス語・ドイツ語・ルクセンブルク語
モナコ	1970	全権	*78	フランス語
ベルギー・フランス語共同体	1980	全権	98	フランス語
スイス	1996	全権	50	フランス語・ドイツ語・イタリア語・ロマンシュ語
アンドラ	2004	全権	40	カタルーニャ語（スペイン語・ポルトガル語・フランス語）
ギリシャ	2004	全権	4	ギリシャ語
オーストリア	(2004)	オブ	5	ドイツ語

| キプロス | 2006 | 準 | 4 | ギリシャ語・トルコ語 |

出典：フランコフォニー国際組織ホームページ、*La langue française dans le monde 2010*（2010）

注1) 参照文献において、「フランス語話者（Francophones）」とは、フランス語を母語とする者、または、レベルの違いは問わず「フランス語で読み書きできる」者と定義される。従来、フランコフォニー国際組織の機関誌は、フランス語を話すことはできるが、読み書きできない者も計上していた。そのため、とりわけコートジボワールなど識字率や就学率が低く留まる諸国においては、フランス語話者の人口比が以前の数値より大幅に減少している。

注2) ハイフン（−）はデータが得られなかったことを意味する。また、近年の数値が得られないため過去のデータを再掲するものにアスタリスク記号（＊）を附す。

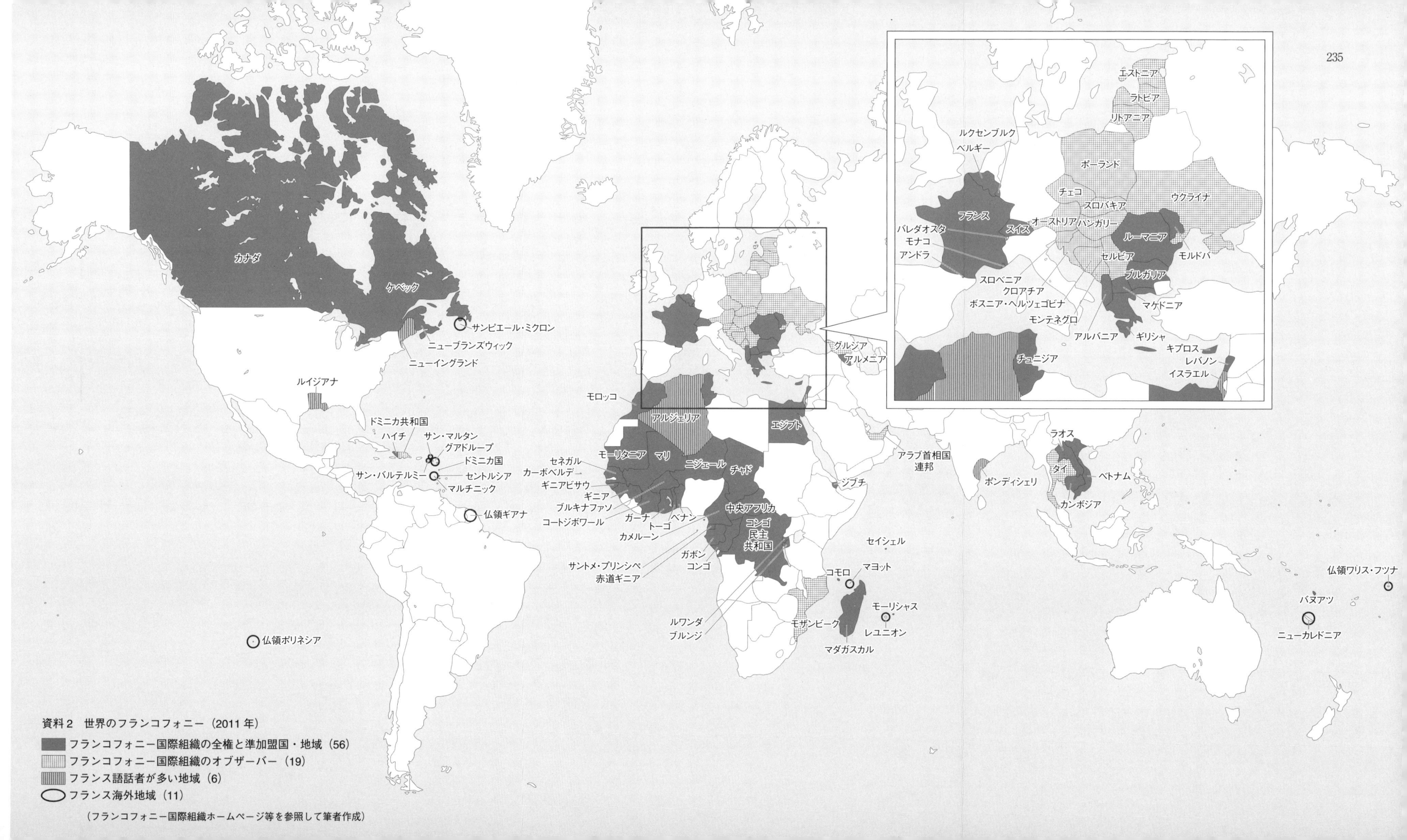

資料2　世界のフランコフォニー (2011年)

■ フランコフォニー国際組織の全権と準加盟国・地域 (56)
▦ フランコフォニー国際組織のオブザーバー (19)
▥ フランス語話者が多い地域 (6)
○ フランス海外地域 (11)

(フランコフォニー国際組織ホームページ等を参照して筆者作成)

謝辞　Remerciements

　本書は、日本人研究者による、おそらく初のフランコフォニー研究書であると自負しているが、「フランコフォニー」を前面に打ち出して研究助成を得るのは決して容易ではなかったし、今なお容易でない。日本とフランコフォニーとの接点が見出しにくいこと、フランコフォニー研究の広がりと奥深さが正しく理解されていないこと、これらがその大きな要因であると思う。

　そのなか、「フランコフォニー」を副題に掲げた本書の出版を引き受けて下さった関西学院大学出版会の田中直哉氏には、大変感謝している。また、関西学院大学社会学部並びに高等教育推進センターには出版助成を頂いた。

　本書は、一橋大学大学院言語社会研究科に提出した博士論文をもとにしている。この場を借りて、論文審査の先生方はじめ、研究活動を様々なかたちで支えて下さった一橋大学及び他大学の教職員の方々、そして、勉学をともにした皆さまに心から感謝の意を表したい。

　日本国外では、CNRS–CERI–Sciences-Po のリバ・カストリアノ氏（M[me] Riva Kastoryano）が、著者のような見ず知らずの研究者を快く受け入れ、ヨーロッパ社会に関する新たな知見を与えて下さった。貴重な時間を割いてインタビューに応じて下さった駐仏スイス大使でフランコフォニー組織改革・新規加盟国委員長のジャン＝ピエール・ベトバリア氏（M. Jean-Pierre Vettovaglia）にも改めて厚く御礼申し上げる。

　なお、フランコフォニー国際組織が拡大し続けることで絶えずデータ更新作業に追われるなか、これに一区切りつけて、国際組織と「フランコフォニー」という概念の周知を図りたいという思いから出版を急いだ本書によって、フランコフォニー研究の奥深さというものを十分に提示できたとは考えていない。実に、フランコフォニー研究は、社会言語学、歴史学、国際政治学、文学などさまざまな学問分野に関わる。著者は、本書のなかでその広がりを可能な限り示そうと試みたが、各分野において考察を深め

る必要性を感じている。
　末筆ながら、私の希望や意思をいつも尊重し、その実現のために惜しみない愛情をもって全力で支えてくれた両親に言いたい。どうもありがとう。

　　2012年2月吉日

　　　　　　　　　　　　　　　　　　　　　　　　　鳥羽　美鈴

著者紹介

鳥羽　美鈴（とば　みすず）

パリ政治学院（L'Institut d'études politiques de Paris）博士課程に留学後、一橋大学大学院言語社会研究科修了。博士（学術）。日本学術振興会特別研究員、横浜国立大学及び一橋大学大学院の非常勤講師を経て、2011 年現在、関西学院大学社会学部助教。主要著書（分担執筆）に「学校教育による平等・統合とその挫折：移民の子どもの教育の現在」宮島喬編『移民の社会的統合と排除：問われるフランス的平等』（東京大学出版会、2009 年）、「フランスと旧植民地」三浦信孝・西山教行編著『現代フランス社会を知るための 62 章』（明石書店、2010 年）がある。

関西学院大学研究叢書　第 146 編

多様性のなかのフランス語
フランコフォニーについて考える

2012 年 3 月 30 日初版第一刷発行

著　者	鳥羽美鈴
発行者	田中きく代
発行所	関西学院大学出版会
所在地	〒662-0891 兵庫県西宮市上ケ原一番町 1-155
電　話	0798-53-7002
印　刷	協和印刷株式会社

©2012 Misuzu Toba
Printed in Japan by Kwansei Gakuin University Press
ISBN 978-4-86283-101-9
乱丁・落丁本はお取り替えいたします。
本書の全部または一部を無断で複写・複製することを禁じます。
http://www.kwansei.ac.jp/press